人文社会科学类学术丛书

当代发展经济学中的反贫困思想研究

吴亮　著

WUHAN UNIVERSITY PRESS
武汉大学出版社

图书在版编目(CIP)数据

当代发展经济学中的反贫困思想研究/吴亮著.—武汉：武汉大学出版社,2023.11
人文社会科学类学术丛书
ISBN 978-7-307-24081-0

Ⅰ.当… Ⅱ.吴… Ⅲ.扶贫—研究—中国 Ⅳ.F126

中国国家版本馆 CIP 数据核字(2023)第 202276 号

责任编辑:范绪泉　　责任校对:汪欣怡　　版式设计:马　佳

出版发行:**武汉大学出版社**　(430072　武昌　珞珈山)
(电子邮箱:cbs22@ whu.edu.cn　网址:www.wdp. com.cn)
印刷:湖北云景数字印刷有限公司
开本:720×1000　1/16　印张:12.25　字数:219 千字　插页:1
版次:2023 年 11 月第 1 版　　2023 年 11 月第 1 次印刷
ISBN 978-7-307-24081-0　　定价:58.00 元

前　言

人类的历史是一部进化史，也是一部有关“贫困”的斗争史。贫困作为困扰世界各国的难题，不仅存在于生产力较为落后的发展中国家，也存在于生产力高度发达的资本主义国家。贫困作为当今世界最严峻的问题之一，不仅危害着个人能力的发展，也影响着内部团结和外部的安稳。鉴于贫困的危害性，各国都将消除贫困作为其奋斗的目标和任务。

我国作为世界第一人口大国，发展起步较晚，贫困的历史包袱较为沉重。但经过多年的反贫困斗争，我国已经取得了举世瞩目的成就。1978—2020年，42年间，我国实现了2.5亿农村人口脱贫，已经全面消除了绝对贫困。但随着绝对贫困的消除，相对贫困问题突出，社会矛盾也随之日益激化。如何消除我国新时期的贫困问题，实现共同富裕的奋斗目标。这是一个未知的问题，也是党和国家积极探索实践的方向。

随着社会的发展，贫困的内涵和外延不断扩大，贫困不仅涉及基本生存资料的获取，还关乎个人能力的发展。对贫困问题的研究，也不再局限于经济领域，已逐步拓展到社会、伦理道德等领域。2016年5月，在哲学社会科学工作座谈会上，习近平总书记指出：“要坚持古为今用、洋为中用，融通各种资源，不断推进知识创新、理论创新、方法创新”。因而，对西方发展经济学反贫困思想进行系统性梳理，可以为我们实现共同富裕的目标提供借鉴的依据，让我们多走些坦途、少走些岔路。基于此，本书结合联合国的《四个十年发展策略》将发展经济学中反贫困思想分成三个时期，即“一维”贫困观时期、“二维”贫困观时期和“多维”贫困观时期，并对不同时期最具有典型代表意义的发展经济学家的学术成果进行梳理和归纳。同时，结合当时的历史背景，对不同时期的反贫困思想进行简要的评价，吸取其中精华的论点，为构建和谐社会、实现中国特色社会主义打下坚实的思想基础。

本书共七章。第一章介绍了选题的背景及意义，贫困的内涵和外延，国内外研究现状，研究的体系与方法；第二章综述了当代之前西方主流的反贫困思想，重点介绍了“重农学派先驱”布阿吉尔贝尔、“古典经济学派巨擘”亚当·斯密、“庸俗政治经济学鼻祖”托马斯·马尔萨斯以及“福利经济学之父”阿瑟·庇古四人的反贫困思想；第三章则论述了发展经济学中反贫困理论的发展轨迹及主要类型；第四至第六章则分别对“一维”贫困观时期、“二维”贫困观时期和“多维”贫困观时期代表人物的反贫困思想进行梳理、归纳和分析。其中，“一维”贫困观时期选取的代表人物是纳克斯和莱宾斯坦，该时期的反贫困策略是以经济增长为主；“二维”贫困观时期选取的代表人物是两位诺贝尔经济学奖得主缪尔达尔和舒尔茨，该时期的反贫困手段是以经济增长与社会结构改革为主；“多维”贫困观时期选取的代表人物是两位诺贝尔经济学奖得主阿马蒂亚·森和埃斯特·迪弗洛，该时期主要是以人的自由发展和可持续发展为目标。第七章则是对当代发展经济学反贫困思想的综合考察，主要论述了当代发展经济学反贫困思想的积极意义与其存在的局限性，以及对我国夯实扶贫成果、实现小康社会的重要启示。

目　　录

第一章 绪　　论

第一节 选题背景及意义

一、选题背景

贫困，作为人类发展史上无法避免和消除的障碍，困扰着世界各国经济的平稳发展。世界银行2015年的统计显示①，目前全世界尚有约1/8的人口处于极度贫困状态，且大部分居住在撒哈拉沙漠以南的非洲和亚洲的发展中国家或地区；超过3亿的相对贫困人口则生活在发达国家。对发展中国家而言，贫困不仅有碍于人类的自身发展，也阻碍经济的可持续增长；对发达国家而言，贫困容易造成“个人迷失”及社会割裂。此外，贫困还会带来结构上的不均衡，滋生社会问题，扰乱社会的正常运行秩序。可以说，贫困是困扰世界发展的重大难题。

学者也曾关心过贫困问题，如马尔萨斯曾提出人口致贫的理论框架，马克思也曾阐明资本家的贪婪是大众贫穷的根源，庇古则是从福利经济学探究贫困问题。然而，随着时代的变迁，现有的反贫困理论已不足以解释当下的贫困问题。同时，由于现代经济学家似乎对贫困问题不感兴趣，因而学者们的理论研究中也“没有贫困问题的地位”②。1965年5月，西奥多·W. 舒尔茨在其发表的文章《贫困经济学（一位经济学家关于对穷人的看法）》③中指责现代

---

① The World Bank. Ending extreme poverty and sharing prosperity：progress and policies [OL]. https：//openknowledge. worldbank. org/bitstream/handle/10986/23604/Ending0extreme0rogress0and0policies. pdf? sequence=1&isAllowed=y/，2015-10-4.

② 西奥多·W. 舒尔茨. 论人力资本投资. 吴珠华，等，译. 北京：北京经济学院出版社，1990：55.

③ 西奥多·W. 舒尔茨. 论人力资本投资. 吴珠华，等，译. 北京：北京经济学院出版社，1990.

经济学家研究的偏颇，对贫困问题理论研究的轻视，他写道："经济学家们在经济稳定和经济增长方面做出了大量的研究分析，关于穷人特征的文献专著，个人收入的分配，低收入者消费水平的年龄、性别和家庭结构也屡见不鲜，但是这些著述却没有联成一个整体，也没有提出任何为了解释有关贫困的一些重要经济问题的经济学假说……但是倘若我们必须要指责什么人的话，还是应当指责经济学家，因为他们没有将关于贫困问题的理论纳入经济学的研究范畴"①。在这里，舒尔茨明确地指出需将"贫困理论"纳入经济学的研究范畴，并创建了专门研究贫困问题的理论性学科"贫困经济学"。② 随着世界范围内贫困问题的日益恶化——发达国家日益突出的相对贫困、发展中国家伴随着经济发展而同步增长的绝对贫困人口，贫困问题再次重回经济学家的研究视野。20 世纪 60 年代的瑞典经济学家、诺贝尔奖获得者冈纳·缪尔达尔的三部巨著《亚洲的戏剧：对一些国家贫困的研究》《世界贫困的挑战——世界反贫困大纲》及《富国和穷国：70 年代的发展战略》，深化了对贫困问题的研究。20 世纪 90 年代末的阿玛蒂亚·森及 21 世纪的安格斯·迪顿以及埃斯特·迪弗洛等也因对贫困问题的独到见解而获得诺贝尔经济学奖。"三 P"③ 问题之一的贫困问题再次成为学界关注的焦点。

世界各国人民、各国政府、许多国际组织和民间机构都致力于摆脱贫困，发展形势整体虽然较为乐观，但贫困问题依然严峻。据 2015 年世界银行的统计报告④，世界人口虽然从 1990 年的 53 亿增长到 2015 年的 73 亿，但是极端贫困人口数量整体减少超过 10 亿，极端贫困率也低于 11%，较 1990 年下降了 2/3 以上。死亡率下降速度较快，5 岁以下儿童死亡率较 1990 年下降了 1/2，孕产妇死亡率下降了 45%。儿童的辍学人数在 2000—2015 年间下降了 1/2，青年识字率也提高到了 91%，性别差异有所减缓。尽管取得了上述进步，但是大量人类剥夺、不平等现象依然存在。全球仍有 1/7 的人口处于极端贫困，仍有 1/3 的人口存在营养不良的状态，7. 95 亿人口长期处于饥饿状态，约

---

① 西奥多·W. 舒尔茨. 论人力资本投资. 吴珠华，等，译. 北京：北京经济学院出版社，1990：54.

② 西奥多·W. 舒尔茨. 论人力资本投资. 吴珠华，等，译. 北京：北京经济学院出版社，1990：54.

③ "三 P"即 population（人口）、poverty（贫困）和 pollution（污染）。

④ The World Bank. Ending extreme poverty and sharing prosperity：progress and policies [OL]. https：//openknowledge. worldbank. org/bitstream/handle/10986/23604/Ending0extreme 0rogress0and0policies. pdf? sequence = 1&isAllowed = y/，2015-10-4.

7.58 亿成年人缺乏基本的读写能力。贫困不仅仅只是发展中国家的问题，发达国家的贫困人口也在增加。据国际劳工组织 2018 年的估算①，2012 年，发达国家的贫困人口已经超过了 3 亿，有 36%的儿童生活在相对贫困线下，英国成年人有 800 万的功能性文盲，美国则有 3200 万。一个更为严峻的现实是，经济成果在全球的分配不均，导致贫富差距的不断拉大，2000 年以来，全球财富增长总量的 50%被全球最富有的 1%人口占有，而最贫困的 50%的人口只获得经济增长红利的 1%。长期的剥夺和不平等阻碍了人的发展，剥夺了穷人的权利和机会，滋生了暴力和极端主义。仅 2014 年全球暴力极端主义和恐怖主义事件就高达 15000 起，导致的死亡人数也翻了 10 倍，增长到 32685 人，而且死亡人数有持续扩大的趋势。

贫困问题作为世界性难题，其解决需要社会各界通力协作。为了加强国际间的合作，消除贫困，联合国将每年的 10 月 17 日定为国际灭贫日，并宣布 1997—2006 年为第一个“国际消除贫困的十年”，2008—2017 年定为第二个“国际消除贫穷十年”。2000 年联合国又通过《千年宣言》②，旨在 2015 年之前将世界极端贫困人口减少 1/2；2002 年通过的《蒙特雷共识》③，旨在全面落实《千年宣言》、消除贫困、改善社会状况、提高生活水平等各项可持续发展目标；2004 年又创设了 GCAP 全球消除贫困联盟，旨在督促各国领导确切落实千年发展目标，消除贫困；2016 年各国签署的《2030 年可持续发展议程》④，旨在呼吁各国政府采取积极的行动，为实现 17 项可持续发展目标共同努力。

全球减贫行动成效显著的主要原因是发展中国家经济的飞速增长带来贫困人口数量的不断下降。中国作为全球最大的发展中国家，其经济的迅猛发展创造了世界瞩目的“脱贫奇迹”。40 多年的高速增长中，中国创造了 7 亿多人脱贫致富的奇迹，为世界贡献了超过 70%的脱贫比例，与此同时，中国也成为世界第二大经济体，脱离低收入国家队伍，迈入中等收入国家行列。中国的总

① 国际劳工组织．世界就业和社会展望：2016 年趋势．北京：中国财政经济出版社，2018.

② 联合国．联合国千年宣言［OL］. https：//www. un. org/zh/documents/treaty/A-RES-55-2，2000-09-08.

③ 联合国．蒙特雷共识［OL］. https：//www. un. org/zh/documents/treaty/A-CONF-198-11，2002-03-22.

④ 联合国．变革我们的世界：2030 年可持续发展议程［OL］. https：//www. un. org/zh/documents/treaty/A-RES-70-1，2015-09-25.

体 GDP 也由 1979 年的 2621 亿美元上升为 2022 年的 17.85 万亿美元；人均 GDP 也由 1979 年的 270 美元增加到 2022 年的 12741 美元，部分发达地区（如上海、深圳）的人均 GDP 已达到了高收入国家的水平。同时，中国绝对贫困人口数量迅速下降。以中国农村为例，经济的持续发展和大规模的扶贫运动给中国农村带来巨大变化，农村贫困人口大幅度减少，由 1978 年的 2.5 亿人下降至 2017 年的 3046 万人，贫困人口年均减少 548.85 万人，农村贫困发生率也由 1978 年的 31.85%下降至 2018 年的 1.7%，到 2020 年更是全面消除了困扰中国数千年的绝对贫困问题（详见表 1.1）。

表 1.1　　**2010—2020 年中国农村贫困人口及发生率**

年份	标准（元/年）	当年贫困人口减少（万人）	年底贫困人口（万人）	贫困发生率（%）
2010	2300		16566	7.77
2011	2536	2339	12238	8.08
2012	2673	2339	9899	8.32
2013	2736	1650	8249	8.56
2014	2800	1232	7017	7.20
2015	2855	1442	5575	5.70
2016	2962	1240	4335	4.50
2017	3200	1289	3046	3.10
2018	3535	1386	1660	1.70
2019	3747	1109	551	0.6
2020	4000	551	0	0

资料来源：根据国家统计局、国务院扶贫办网站公布数据整理。

与我国脱贫成就相对的是一条较低的贫困标准线，远低于世界银行公布的国际贫困线 2.15 美元/天，即 5300.68 元/年①。但需要强调的是，我国的贫困线标准并非是恒定的，而是随着经济的发展，呈现出动态发展的趋势。如 1985 年我国的贫困标准是 206 元/年，2010 年则为 2300 元/年，到 2020 年则

① 人民币对美元汇率参照 2022 年 8 月 1 日，中国银行官方公布牌价：1 美元 = 6.7546 人民币。

上调为 4000 元/年，35 年间我国贫困线标准增长了约 19.4 倍。但在很大程度上来看，中国贫困线仍仅是一条确保“吃饭权”的贫困线，其贫困标准的制定是依据每人每天食物摄入热量 2100 大卡路里进行测算。按照食物消费占支出的 60%测算，中国在 1985 年首次将贫困线标准定为 206 元/年，1997 年虽有所调整，但是在测算体系中食物开支占比却提高到了 85%。可以说，中国的贫困线只能保持居民解决基本的温饱，无力支撑一个人正常生活所需。

为改善民生、消除贫困，自 1949 年中华人民共和国成立以来，我国先后经历了救济式扶贫（1949—1977）、项目式扶贫（1978—1985）、开发式扶贫（1986—2000）和参与式扶贫（2001—2010）四个发展阶段（黄国勤，2018①），在稳定社会、降低贫困发生率、弥合城乡差距等方面起到了积极作用，但仍未涉及深层次变革。为全面消除绝对贫困，自 2011 年开始，我国步入“精准式扶贫”阶段，2011 年 12 月制定了《中国农村扶贫开发纲要（2011—2020 年）》② 为全国农村扶贫工作进行系统、全面的规划；2013 年 11 月，习总书记在十八洞村考察时首次提出“精准扶贫”的重要思想，为扶贫开发定准基调；2014 年 12 月《国务院办公厅关于进一步动员社会各方面力量参与扶贫开发的意见》③ 发布，发动社会各方面力量参与扶贫，成果喜人，随后贫困发生率不断下降。据统计，2018 年，仅湖北省就有 105.5 万人脱贫，17 个贫困县成功“摘帽”；2020 年，全国实现了现行标准下农村贫困人口的全部脱贫。但是，在我国扶贫工作取得突出进展和成绩的基础上，也面临着新的问题与挑战，如相对贫困问题凸显、新型贫困标准和治理机制尚未制定等。此外，由新冠疫情造成的经济震荡，导致现有扶贫手段造血效能减弱，陷入贫困和返贫的风险陡增。在消除绝对贫困后，我国该如何应对社会主要矛盾的新变化，如何应对相对贫困、人文贫困、大流行病所带来的新形势、新挑战，是我国亟待考虑的问题。贫困，作为全球性难题，国际组织、社会各界都曾提出了一些理论和解决策略，这些理论和策略虽未从根源上全面消除贫困，但在缓解区域性贫困上发挥了积极作用。对贫困问题的深入研究，尤其是西方学者发

① 黄国勤．中国扶贫开发的历程、成就、问题及对策．中国井冈山干部学院学报，2018，11（3）：117-124.

② 中共中央，国务院印发．中国农村扶贫开发纲要（2011—2020 年）［OL］. http：//www.gov.cn/gongbao/content/2011/content_2020905.htm，2011-12-1.

③ 国务院办公厅．国务院办公厅关于进一步动员社会各方面力量参与扶贫开发的意见［OL］. http：//www.gov.cn/govweb/zhengce/content/2014-12/04/content_9289.htm，2014-12-04.

展经济学反贫困思想的优秀成果，有助于准确分析贫困的成因，理顺其发展脉络和趋势，对于我国全面打赢脱贫攻坚战、接续推进乡村振兴，全面实现小康社会具有极其重要理论与实践意义。

二、选题意义

对贫困的认知和界定取决于经济发展水平，发达国家和发展中国家对贫困的界定有着明显的差距（叶兴庆，殷浩栋，2020①）。与之相对应的是两者在贫困内涵、贫困成因、表现形态等方面也存在较大差异，进而有关减贫理念、减贫策略等方面也差距甚大。我国作为世界上最大的发展中国家，若脱离自身国情，照搬照抄发达国家的减贫模式，不仅不利于减贫事业的进一步发展，还会陷入社会割裂的困境。因而，只有研究发展中国家的减困思想才更契合我国的实际，才具有一定的理论与实践意义。

（一）理论意义

本选题的理论意义主要体现在如下层面：首先是确保反贫困思想研究的连续性。国内针对西方反贫困思想的研究比较零散，目前尚未有较为全面的专著和论文对其进行系统性梳理，现有研究大部分侧重于马尔萨斯、马克思、庇古、冈纳·缪尔达尔、阿玛蒂亚·森等单个学者的反贫困思想，而对其他经济学家的反贫困思想研究相对较少，尤其是只涉及发展中国家的反贫困思想研究就更加缺乏。因此，本书系统的研究西方发展经济学中反贫困思想不仅保证了反贫困思想研究的连续性，也填补了国内关于西方发展经济学中反贫困思想研究领域的空白。

其次是研究西方发展经济学中反贫困思想的可行性。目前我国关于反贫困思想的研究相对较少，主要是源于：（1）研究态度的问题。部分学者认为，随着经济的发展贫穷将逐渐减少，导致贫穷问题在经济因素中微不足道，缺乏研究的价值。(2) 研究材料的问题。许多发展中国家没有收集贫困指标的相关数据，要么收集的数据不完整甚至严重失真，导致研究的结果与事实相背离。(3) 研究理论的问题。马尔萨斯、马克思、庇古等传统经济学者的反贫困理论已经无法解释当下的贫困问题，而当代早期时候的大部分经济学家对贫困研究不太感兴趣，导致贫困理论研究的匮乏。但是随着贫困问题的恶化，经

① 叶兴庆，殷浩栋．发达国家和地区的减贫经验及启示．西北师大学报：社会科学版，2020，57（4）：7.

济学家逐渐意识到贫困问题的重要性，开始关注贫困问题。同时，伴随着经济的发展、意识的提高、信息的公开、统计方法的完善，供经济学家获得可靠数据的途径增多，使研究贫困、量化贫困具备可行性。此外，近年来诺贝尔奖得主冈纳·缪尔达尔、阿玛蒂亚·森、安格斯·迪顿、埃斯特·迪弗洛等学者均十分关注欠发达国家的贫困问题，深化对其的研究，为研究贫困问题提供理论支撑，这使得系统性研究西方发展经济学中的反贫困思想成为可能。

最后是研究反贫困思想，尤其是发展经济学中反贫困思想的必要性。从社会的发展史来说，人类的历史是一部与贫困的斗争史。对贫困问题的研究不仅有助于理清贫困产生的缘由，也有助于发现行之有效的脱贫策略，进而可促进社会的公正和稳定。目前国内对贫困问题的研究较为丰富，尤其是对收入分配、低收入者的消费结构等，而对反贫困思想的研究则较少，尤其是对发展经济学中反贫困思想的研究更是处于空白。我国属于发展中国家，因而与发达国家所面临的贫困问题和挑战不甚相同。我国现有关于反贫困问题研究的不均衡，容易导致对贫困问题认识的片面以及造成理论的屏障。因此，对反贫困思想，尤其是发展经济学中反贫困思想的研究就显得尤为必要。

（二）实践意义

本选题的现实意义主要体现在如下层面：第一，研究反贫困思想是维持人类尊严和全面实现小康社会的客观需要。贫困是对人权的否定，是对人类尊严的践踏。贫困使得穷人和社会底层无法参与可能对其生活产生积极影响的政治、经济、文化等活动，从而形成了一种天然屏障，这不仅剥夺了穷人的权利和机会，也加剧了社会的不平等。鉴于贫困的消极影响，2016 年我国提出了“十三五”期间实现全面脱贫的攻坚任务。自此全国自上而下凝心聚力迈入精准扶贫的历史新阶段。因而，研究西方发展经济学中的反贫困思想，不仅是维护社会秩序、实现社会公平、维护个人尊严的客观需要，也是实现共同富裕、全面建设小康社会的客观需求。

第二，研究反贫困思想是实现社会平稳发展的客观要求。随着经济的发展，社会财富高度集中，不平等和阶层割裂现象日益严重。贫困人口对社会的不认同，直接关乎着社会的稳定。在物质生活匮乏的情况下，穷人易于对社会产生愤懑情绪，往往另辟蹊径地从精神上寻找慰藉。因此，在宗教的感召下，许多贫者为追求所谓的“公平”和“正义”而参加“圣战”，不断地制造冲突和极端暴力事件。因此，研究西方发展经济学中的反贫困思想，对弥合贫富差距、消除阶级对立现象和维持社会平稳可持续的发展具有重要的现实意义。

第三，研究发展经济学中反贫困思想是经济发展的客观需要。经研究发现，贫困与低收入相生相伴，低收入和低消费相关联，而低消费则严重制约着国民经济的良性发展。相较于富者，穷人具有更大的边际消费倾向，货币的周转率也更高。因此，消除贫困，也有助于挖掘贫者的消费潜力，进而有助于提升社会整体的消费倾向。同时，贫困也常常与低劳动生产率相伴，而劳动生产率又往往受劳动者的素质、资本的有机构成和外部经济环境的影响。因而，研究西方发展经济学中的反贫困思想，结合我国的国情，筛选行之有效的扶贫政策，不仅有助于提升贫困人口的劳动素质，提高资本的有机构成水平和科技水平，还有助于促进社会资源的优化配置，提高劳动生产率，最终实现经济的可持续发展。

综上所述，研究西方发展经济学中的反贫困思想，首先可以填补国内经济思想史对发展经济学中反贫困思想研究的空白，让公众对西方发展经济学中的反贫困思想有一个较为系统、全面的认识。其次，研究西方发展经济学中的反贫困思想，也有助于促进反贫困理论的创新。再者，对西方发展经济学中反贫困思想的梳理和总结，不仅有助于我们更好地了解贫困问题，也有助于我们找寻行之有效的脱贫策略。

第二节 贫困的内涵和外延

自人类社会发展以来，贫困就一直相伴而生，已经成为一种常见的社会现象。作为一个历史性、动态性的概念，贫困随着时间、空间、思想观念的变化而产生新的理解。纵观古今中外，不少学者都对贫困的内涵和外延做出不同的解释。

一、贫困的内涵

（一）资源匮乏说

在古汉语中，“贫”“困”的释义均指向财货匮乏，但从词源角度看，两个字内涵略有不同。“贫”为会意兼形声字，“从分，从贝”①。其中，“分”字“从八、从刀”，意为“一分为二”“分开”，而“贝”为意符形声字，广泛与货币或财物之意相关。“贫”作为“分”和“贝”的串联组合，是指财

① 许慎．说文解字（第二册卷十二）．汤可敬，编．北京：中华书局，2020：2167.

物被分散或转移出去，故在《说文解字》中，“贫”被释义为“财分少也”①。《庄子·让王》和唐·元结《贼退示官吏》则分别言：“无财谓之贫”② 和“人贫伤可怜”③，均将“贫”引申为财货的匮乏。而“困”为会意字，“由‘木’在‘囗’中会意”④，表示废弃衰败的房屋，故《说文解字》言：“困，故庐也”⑤，而《广雅·释诂》则将“困”意为“穷也”。虽然，“贫”与“困”是类似的概念，但在古语中，困比贫的程度更甚。东汉郑玄、贾公彦注疏《周礼·地官·禀人》道：“行而无资谓之乏，居而无食谓之困”⑥。可见，“贫”只是财物匮乏而不是无财物，而“困”则指“全无生业”⑦ 的境况。因而，从词源出发，贫困泛指释义为财物匮乏，生活艰难。

西方经济学者对贫困的释义也多从财物多寡的角度来阐述。如亚当·斯密认为：“个人的贫与富取决于其享有生活必需品、便礼品和娱乐品的多寡”⑧。马尔萨斯在《人口原理》（1798⑨）中更是直接将贫困表述为：资源增长的有限难以匹配人口增长的无度。而奥本海默在《贫困真相》（1993⑩）一书中将贫困定义为：因物质、社会和情感上的匮乏，导致个人日常的开支少于平均水平。世界银行在《1981年世界发展报告》（1983⑪）指出，因缺乏足够的资源而使得某些个人、家庭和群体难以享受社会公认的基本生活，就是处于贫困状态。欧共体委员会在《向贫困开战的共同体特别行动计划的中期报告》

---

① 许慎．说文解字（第二册卷十二）．汤可敬，编．北京：中华书局，2020：1004.

② 庄子及其后学者原撰．庄子浅注（修订本）．曹础基，编．北京：中华书局，2000：432.

③《唐诗鉴赏大全集》编委会．唐诗鉴赏大全集．北京：中国华侨出版社，2010：212-213.

④ 许慎．说文解字（第二册卷十二）．汤可敬，编．北京：中华书局，2020：2137.

⑤ 许慎．说文解字（第二册卷十二）．汤可敬，编．北京：中华书局，2020：2137.

⑥ 郑玄，贾公彦注疏．十三经注疏·周礼注疏（卷第十六）．李学勤，编．北京：北京大学出版社，1999：425.

⑦ 左丘明．春秋左传正义（卷第四十七）．李学勤，编．北京：北京大学出版社，2000：1335.

⑧ 亚当·斯密．国民财富的性质与原理．赵东旭，丁毅，译．江西：江西教育出版社，2014：28.

⑨ 托马斯·马尔萨斯．人口原理．陈小白，译．北京：华夏出版社，2012.

⑩ Oppenheim C. Poverty：the Fact. Child Poverty Action Group，1993（08）：101-108.

⑪ 世界银行．1981年世界发展报告．《世界发展报告》翻译小组，译．北京：中国财政经济出版社，1983.

(1993①) 中也将贫困释义为：个人、家庭和人的群体的资源匮乏，使得他们被排除在群体可接受的最低生活标准外。

(二) 收入贫困说

关于收入与贫困的关系，19 世纪末英国学者西博姆·朗特里在著作《贫困：城镇生活研究》中描述为："如果一个家庭的总收入不足以维持家庭人口最基本的生存活动要求，那么，这个家庭就基本上陷入了贫困之中"②。从朗特里的定义来看，收入为因，贫困为果。这一经典论断对后世产生了深远影响，至今仍有很多经济学者从这一因果关系来理解贫困。如劳埃德雷·诺兹(1982)③ 认为：在美国，家庭的贫困是指收入难以维持基本的生活。保罗·萨缪尔森在《经济学》一书中指出："很显然，贫困是一种没有足够收入的情况"④。童星、林闽钢 (1994⑤) 也认为，贫困是因为低收入使得个人或家庭缺乏必要的物质基础和发展机会。有些学者则认为，贫困与收入应该互为因果关系。如罗格纳·纳克斯 (1953⑥) 认为，低收入导致贫困，贫困也导致收入低。理查德·纳尔逊、哈维．莱宾斯坦等学者也均持有相同的观点。

随着深层次的研究发现，收入虽然不足以解释贫困，但是收入作为客观的评价指标有助于人们对贫困的理解和计量。如在 2015 年《消除绝对贫困、共享繁荣—进展与政策》⑦ 的报告中，世界银行就将国际贫困的标准从 2005 年的日均收入 1.25 美元/日上调到 2015 年的 1.9 美元/日。中国也于 2016 年上调其贫困标准，将农民人均纯收入 3000 元/年以下定义绝对贫困。可见，直至今日，以收入标准来衡量贫困仍是国际上通行的方法。

---

① 欧共体委员会．向贫困开战的共同体特别行动计划的中期报告．1993，第 98 卷.

② B. Seebohm Rowntree，Poverty，A Study of Town Life. Macmillan Publishers，1901.

③ 劳埃德·雷诺兹．微观经济学分析和政策．马宾，译．北京：商务印书馆，1982.

④ 保罗·萨缪尔森，威廉·诺德豪思．经济学（第 16 版）．萧琛等，译．北京：华夏出版社，1999.

⑤ 童星、林闽钢．我国农村贫困标准线研究．中国社会科学，1994（3）：86-98.

⑥ 拉格纳·纳克斯．不发达国家的资本形成问题．瑾斋，译．北京：商务印书馆，1966.

⑦ The World Bank. Ending extreme poverty and sharing prosperity：progress and policies [OL]. https：//openknowledge. worldbank. org/bitstream/handle/10986/23604/Ending0extreme0rogress0and0policies. pdf? sequence = 1&isAllowed = y/，2015-10-4.

（三）能力贫困说

世界银行曾多次用能力来定义贫困。如在1990年世界银行发布的《世界发展报告》① 中将贫穷界定为个体缺乏达到最低生活水准的能力，如营养、健康等。在《2000/2001年世界发展报告》（2001②）中，世界银行再次拓展了贫困的内涵，将应对外部冲击的能力也纳入贫困研究的范畴。诺贝尔经济学奖得主阿玛蒂亚·森在《以自由看待发展》（2002③）一书中更加深入的论述这一观点。森研究发现低收入只是导致贫困的诸多原因之一，可行能力的缺乏才是贫困产生的根源。在论著《论人力资本投资》（1990④）中，发展经济学家舒尔茨指出，人力资本投资不足导致个人能力缺乏，这是贫困产生的因由。杰斐逊等（2012⑤）也指出，个人技术水平的高低是能力贫困产生的主因。综合而言，能力贫困突破了传统将贫困与收入等同的观念，这为我国扶贫政策打开了新的通道。反贫困不应只局限于物质或资源上的救助，而更应该致力于人能力的提升。古亦有云："授之以鱼不如授之以渔"。但是，我们也应该看到，能力贫困也有其局限性，其过于关注主观能力，而忽视了外在条件，许多贫者不是不愿对自己投资，而是缺乏相应的机会和施展的平台。

（四）不平等说

不平等说认为，贫穷的根本原因源自不平等。如2014年厄尔瓜多总统拉斐尔·科雷亚在一次演讲中曾言："不平等是导致拉美贫穷的根本原因，而不是资源稀缺"。米勒和罗比（1971）⑥ 从社会等级阶层的角度出发，通过观察社会中极富的10%和20%人口与其他社会阶层收入分配上的差别，其发现贫

---

① 世界银行.1990年世界发展报告.北京：中国财政经济出版社，1991.

② 世界银行.2000/2001年世界发展报告.2000/2001年世界发展报告翻译组，译.北京：中国财政经济出版社，2001.

③ 阿玛蒂亚·森.以自由看待发展.任赜，于真，译.北京：中国人民大学出版社，2002.

④ 西奥多·W. 舒尔茨.论人力资本投资.吴珠华，等，译.北京：北京经济学院出版社，1990.

⑤ Jefferson P N. The Oxford Handbook of the Economics of Poverty. Oxford：Oxford University Press，2012.

⑥ Miller S M，Roby P. Poverty：Changing social stratification. The Concept of Poverty，1971：124-145.

困问题的本质就是不平等。这种观念具有一定的道理，因为在如今的社会中，贫困标准线一般是根据当时的社会生活标准来确定的，贫困就好像表现为社会中最穷困的群体与其他群体之间的不平等。在《苏格兰贫困报告》（2014①）中 CPAG 深入分析了苏格兰 1979—1990 年的扶贫政策，经分析发现虽然不平等与贫困之间有一定的联系，但其并不是唯一的因素，收入、福利、政策等因素也会导致贫困。森在《贫困与饥荒》（2001②）中也指出："试图把贫困当作一个不平等问题来分析，或者以某种与此相近的方式来看待两者的关系，都是不恰当的"。可见，贫困和不平等之间虽然有一定的关联，但是两者并非完全等同。同时，森还指出："贫困不意味着不平等，不平等也不意味着贫困……不平等在贫困的一般存在中所起的作用就可以被纳入贫困概念之中了"。③ 因此，贫困与不平等并非相等关系，两者的关系更像是包含与被包含关系。

（五）其他有关贫困的界定

基于人类发展的角度，联合国开发计划署在《1997 年人类发展报告》④中，重新定义了贫困的概念，首次提出了"人文贫困"的概念。在"人文贫困说"⑤ 里，贫困被界定为是一个多维度的概念，收入贫困（即经济贫困），只是其中一个方面，还应涵盖需求贫困和能力贫困两个方面。其中，经济贫困是指个人的收入低于一国所设定的贫困线；需求贫困是指个人无法获取日常所需，包括食物、健康、教育、就业和参与活动；而能力贫困则是指个人缺乏一定的获取、处理、运用和创造知识的能力。

有时，贫困也是一种政策性定义。如布阿吉尔贝尔（1707⑥）认为，贫困

① CPAG. Poverty in Scotland 2014: The independence referendum and beyond. CPAG Scotland, 2014.

② 阿玛蒂亚·森. 贫困与饥荒——论权利与剥夺. 王宇，王文玉，译. 北京：商务印书馆，2001：17-19.

③ 阿玛蒂亚·森. 贫困与饥荒——论权利与剥夺. 王宇，王文玉，译. 北京：商务印书馆，2001：24.

④ 联合国开发署. 1997 年人类发展报告. 北京：中国财政经济出版社，1997：83.

⑤ United Nations Development Programme (UNDP). Human Development Report 1997. New York: Oxford University Press, 1997: 16.

⑥ 布阿吉尔贝尔. 法国详情及补篇. 伍纯武，译. 北京：商务印书馆，1981.

是税收政策失灵的具体表现，伊丽莎白·拉蒙德（1989①）则认为，贫困是源于15世纪的圈地运动，而冈纳·缪尔达尔（1991②）则认为，现有的土地制度、种姓制度、裙带关系等社会结构造就了贫困。还有些学者认为贫困是一种直观感受，“像美一样，贫困，总存在于注视者的眼中”③。

综上所述，贫困是一个复杂、多维的历史性概念。随着研究的深入，贫困的内涵也在不断拓展，从早期的资源型贫困逐渐拓展到能力贫困、人文贫困等，贫困所涉及的领域也逐渐涵盖政治、经济、文化、社会等领域。

二、贫困的外延

由于不同时期学者对贫困内涵的理解不同，导致其对贫困外延的划分也相应有所差异。基于不同的视角，贫困外延划分的主要类型有：狭义贫困和广义贫困，绝对贫困和相对贫困，主观性贫困和客观性贫困，持久性贫困，暂时性贫困和选择性贫困，整体性贫困和边缘性贫困，制度性贫困、区域性贫困和阶层性贫困，生存性贫困、温饱型贫困和发展型贫困等。虽然各有各的划分依据，但目前较为认可的仍是基于贫困范围划分的狭义贫困和广义贫困，以及基于贫困程度划分的绝对贫困和相对贫困两类。

（一）狭义贫困和广义贫困

狭义贫困主要是指经济意义上的贫困，即在一定的生产方式背景下，人的劳动所得无法维持社会公认的最低生活开支。一般来说，狭义贫困具有三个特性：一是直观性，狭义贫困可直观反映贫者的生活水平；二是可度量性，狭义贫困可用一定的实物量作为评判标准，不涉及其他非经济因素，因而可进行定量分析；三是复合性，狭义贫困即表现为实物需求量的绝对数量，同时又暗含了社会成员之间实物需求量的相对比较；四是动态性，随着经济的发展，狭义贫困的衡量标准也在不断地发展变化。根据马斯洛的需求理论，处于狭义贫困的人追求的主要是衣食住行等物质需求的基本满足，而不涉及其他更高层次的、“非物质方面”的需求。不发达国家，尤其是非洲和南亚一些地区，如何

① 伊丽莎白·拉蒙德．论英国本土的公共福利．马清槐，译．北京：商务印书馆，1989.

② 冈纳·缪尔达尔．世界贫困的挑战-世界反贫困大纲．顾朝阳，等，译．北京：北京经济学院出版社，1991.

③ Orshansky M. How Poverty is Measured. Monthly Labor Review. 1969，92（2）：37-41.

满足民众的物质需求是其亟待解决的问题。因此，对于欠发达国家而言如何消除狭义贫困具有较强的理论与现实意义。

广义贫困则是指经济贫困以外，包括政策贫困、社会贫困、能力贫困、资源贫困等非经济因素的贫困，涵盖营养、健康、寿命、受教育程度、社会服务等方面的状况。综合来看，广义贫困大大拓宽了狭义贫困的外延，陷于广义贫困困境的人，不仅经济收入较低，社会地位也很低下，在社会生活中也往往受到排斥甚至被剥夺权利。贾瓦哈拉尔·尼赫鲁言曾言："真正的穷人从来不进行罢工，因为他们没有有形的财力或权利"①。

相较于狭义贫困，广义贫困具有四个方面的特性：

第一，隐蔽型，广义贫困缺乏衡量的标准和评价体系，因而，常常往往容易被公众忽视。

第二，多元性，广义贫困是指政治、经济、文化、精神、心理等多个因素的匮乏。因而，广义贫困是一个多元、复合的概念。

第三，动态性，随着社会的发展，人类意识的提高，广义贫困的内涵也将随之发生变化，从早期的政策贫困逐渐拓展到能力贫困、人文贫困等。

第四，继发性，当物质贫困得到改善后，根据马斯洛的需求理论，安全需求、社交需求、尊重需求和自我实现需求将会逐级出现，且任务一级比一级艰巨。

从贫困发生的范围来看，广义贫困和狭义贫困是包含与被包含的关系；从贫困发展的基础来看，狭义贫困是基础，而广义贫困是经济发展下对贫困问题理解的逐步深入。因而，在面对贫困问题时，应当先理清狭义贫困和广义贫困之间的逻辑发展顺序，同时也应认识到贫困问题的动态发展性，了解到随着经济和生活质量的提高，贫困问题必然为会从单纯的经济因素向精神因素（如文化、心理等）过渡。因而，在治理贫困时，应将解决物质贫困放在首要地位，以为后期的广义贫困奠定物质基础。

（二）绝对贫困与相对贫困

以贫困的严重程度为标准，贫困分为绝对贫困和相对贫困。

绝对贫困又称生存贫困，最早是由英国学者西博姆·朗特里于 1901 年提

① 冈纳·缪尔达尔．世界贫困的挑战-世界反贫困大纲．顾朝阳，等，译．北京：北京经济学院出版社，1991：55.

出。在《贫困：对城市生活的研究》（1901①）一书中，朗特里将绝对贫困界定为：收入不足以支付为维持身体正常功能所需的最低生活必需品的支付，朗特里还依据此概念计算出了绝对贫困线。彼特·阿尔柯克（1993②）则认为，绝对贫困是一个客观概念，是指个人的收入无法涵盖延续生命的必须花费。童星、林闽钢（1994③）则是将绝对贫困定义为：收入在特困线以下，连基本温饱都无法解决。中国国家统计局则认为，“绝对贫困是指在一定的社会生产方式和生活方式下，个人和家庭依靠总收入不能维持其基本的生存需要，生活不得温饱，劳动力的再生产难易维持”④。还有许多学者（如：汤森，1979⑤；阿尔柯克，1993⑥）也对绝对贫困的定义进行了阐释，但究其本质而言，绝对贫困者的收入是都无法满足人正常机能所需。换言之，即贫困者处于“衣不蔽体，食不果腹”的境况。

一般而言，绝对贫困具有三个特性：一是危害性大，绝对贫困者是无力维持人身体机能的最低需求，因而导致自身的生存受到威胁；二是收入和支出低，绝对贫困者的低微的收入难以满足自身生存所需，因而会抑制其消费的需求；三是生产效能低，由于缺乏一定的物质基础，绝对贫困者难以维持简单的生产和扩大再生产，因而易于陷入“贫困的恶性循环”。鉴于绝对贫困的危害性，各国政府纷纷出台相关政策致力于消除绝对贫困，如在 2016 年，中国调动社会各阶层的力量，实行精准扶贫政策以全面的消除绝对贫困。

相对贫困则是一个较为主观的概念，是建立在与其他社会成员生活水平相较的基础上。所以，相对贫困又称之为相对低收入贫困或比较型的贫困。亚当·斯密（1776⑦）将相对贫困界定为：满足维持生命必须物质资料的基础之上，但在维持体面生活必需品之下的贫困。在《我国农村贫困标准线研究》

① Rowntree B S. Poverty：A study of town life. New York：The Macmillan company，1901.

② Alcock P. Understanding Poverty. London：Macmillan Press，1993.

③ 童星，林闽钢．我国农村贫困标准线研究．中国社会科学，1994（3）：86-98.

④ 国家统计局中国城镇居民贫困问题研究课题组．中国城镇居民贫困问题研究．统计研究，1991，8（6）：12-18.

⑤ Townsend P. Poverty in the United Kingdom：A Survey of Household Resources and Standards of Living. Berkeley and Los Angeles：University of California Press，1979.

⑥ Alcock P. Understanding Poverty. London：Macmillan Press，1993：34.

⑦ 亚当·斯密．国民财富的性质与原理．赵东旭，丁毅，译．南昌：江西教育出版社，2014.

一文中，童星、林闽钢（1994①）则将相对贫困定义为：位于温饱线以上，但是生活水平低于社会公认的平均线，能够进行简单的再生产的贫困。显然，与绝对贫困的“绝对性”相比，相对贫困算是比较温和的贫困了。此外，关于相对贫困的评判标准，说法也不尽相同。有些学者将低于人均收入 1/2 的人口归为相对贫困人口，有些学者则认为低于人均收入的 2/5 的社会成员才是相对贫困人口，还有些学者的标准则更为宽松，个人收入低于平均收入 1/3 的社会的人口才被归类为相对贫困人口。

与绝对贫困一样，相对贫困也具有三个特征：一是相对性，相对贫困的判定是通过居民之间的相互比较才能确定，因而其界定须有可供对比的参照系；二是主观性，相对贫困作为一个主观概念，在一定程度上是需要通过社会的主观价值才能加以判断，如一些国家习惯以低于人均收入一定比例作为贫困的标准，而有些国家则用中位数收入的一定比例作为参照物；三是长期性，相对贫困的本质是不平等，因而只要社会仍存在不平等，相对贫困问题就难以根除。

综合来看，绝对贫困与相对贫困并不是两个完全割裂的个体，它们之间存在着一定的联系。一方面，随着社会的发展和科技的进步，维持人生存所需的必备品也在不断地扩大，这使得绝对贫困在一定程度上具有了相对的意义。另一方面，不同国家相对贫困的标准也不一样，如一些欠发达国家相对贫困线的收入在发达国家可能都达不到绝对贫困的标准。可见，在时间的跨度里，绝对贫困是相对的，而在空间的维度里，相对贫困又是绝对的。

第三节 国内外研究综述

一、西方经济学中关于致贫原因的研究

贫困作为经济学研究的永恒主题，广受社会各界关注。对于贫困成因，学者们的观点各异，但大致可归纳为天经地义说、政策失误说、人口失衡说、恶性循环说、权利贫困说等。

（一）天经地义说

18 世纪的部分学者认为，贫富差距是自然规律，因而富者可以骄奢淫逸，安享生活，而穷者就应甘于困苦，心甘情愿地成为富者、国家财富增长的垫脚

① 童星，林闽钢．我国农村贫困标准线研究．中国社会科学，1994（3）：86-98.

石。因此，这些学者主张推行愚民政策、废除救济法案，认为这样人类才会和谐共处。

在《社会和贫困——英国济贫思想，1795—1834 年》（1969①）一书中，英国经济学家波因特礼赞富者，其认为富者的勤劳创造了丰裕，而穷者的懒惰导致了贫瘠。因而，贫富是天经地义的，任何人都无法也不应该去改变。鉴于穷人的“社会负效应”，波因特主张通过劳动的强制性及采取和平的手段——饥饿和贫困——向穷者施压，迫使他们勤奋劳动。此外，点滴的激励，会激起贫者更大的干劲，令他们愿意为富者卖命。因此，在波因特看来，让雇工（贫者）时常处于饥饿的状态，是社会财富增长的基础。这一观点，在约瑟夫·汤森德的《济贫法论述》（1971②）中得到了极致的体现。在汤德森看来，出于抑制贫困人口过度繁衍的目的，需要采取一些控制手段，以维持社会的整体均衡，而饥饿是社会均衡最佳的平衡论，因此，汤德森主张饥饿刺激，以驱使贫者勤奋劳作。

在《蜂蜜的预言》（1720③）中，伯纳德·曼德维尔指出，个人的恶习，将有益于社会。因而，曼德维尔认为穷人的贫困理所应当，也是社会所需。如果富人没有挥霍，穷人将无法自处；如果没有丑恶，真善美将不复往昔。因此，在曼德维尔看来，为了真善美的存在，还需要丑恶，为了穷人的苟活，还需要阔佬的奢靡。穷人作为最可靠的财富，是社会幸福、国家富裕的奠基石。因此，曼德维尔主张富者应为穷人提供价格低廉的、丰富的必需品，这样才能使民众在最简陋的条件下安逸生活。由于知识会扩大人们的可选择范围，增加人们的欲望；因此为了国家的福利，曼德维尔还主张推行愚民教育政策限制劳动阶级的受教育范围，使其知识只界定在职业范围以内。同时，曼德维尔还指出，取消慈善学校并不会导致英国迈向愚昧，因为能付得起学费的阶级都具有独立思考的能力，因而并不会受神职人员教育的影响。此外，曼德维尔还提议政府应该善用政策，吸引穷人工作，这样国家不仅可以获得廉价的劳动力，也有利于增强本国商品的国际竞争力。

---

① Poynter J R. Society and Pauperism—English Ideas on Poor Relief, 1795-1834. Toronto: University of Toronto Press, 1969.

② Townsend J. A Dissertation on The Poor Laws. Berkeley: University of California Press, 1971.

③ 伯纳德·曼德维尔．蜂蜜的预言（第一卷）．肖聿，译．北京：商务印书馆，2016.

(二) 政策失误说

法国重农学派先驱布阿吉尔贝尔，将法国的贫困归结于政策失误。在论著《法国详情及补篇》（1707①）中，布阿吉尔贝尔明确指出，国民收入锐减的根源在于消费不足，而消费不足的主要根源在于达依税的任意配征以及酒水和关税的畸高。因达依税税额摊派上的流弊、征收时的絮乱以及特权阶级税收上所受到的照顾，使得沉重的税赋都压在了广大穷人的身上。荷重的捐税导致土地的荒芜，物价的高涨，破坏了国内的消费和对外贸易。在布阿吉尔贝尔看来，制度的失误不仅会导致消费的不足，也会引发生产、收入、消费等的恶性循环，进而破坏了消费与收入之间的内生联系。在布阿吉尔贝尔看来，法国税收政策的失误，产生一系列恶的效应，不仅毁掉了法国若干年积累的财富，也是造成当时法国民穷财尽的主要原因。因此，布阿吉尔贝尔主张对赋税制度进行改革，取消有权阶级捐税上的特权，按照能力大小承担税负（即富者多缴，穷者少缴），同时清除税收征收过程中的弊病，落实公平征税原则。

著名的经济学家，亚当·斯密在《国民财富的性质与原理》（1776②）中虽没有明确指出政策的失当是导致当时社会整体贫困的原因之一，但是在斯密例举论述中，不难看出其存在的身影。斯密认为，在资本有限的背景下，一国应当遵循事物的发展规律，因而资本的投入应优先满足农业的需求，再满足制造业的需求，最后再满足外贸的需求。但是受原来风俗遗留习惯的影响，欧洲各国常常采取错置的产业发展政策，这不仅违背了事物发展的自然规律，也抑制了社会的整体进步。同时，斯密还指出一国若实行限制资本和劳动自由流动的政策，不仅会限制衰退行业劳动者的再就业，也会迫使他们不得不向教区寻求救济。在斯密看来，济贫法的实施同时也会限制人员的跨区域流动，这与社会的整体利益不符。此外，斯密还指出，清政府时期，中国实行闭关锁国的政策，不仅有损于本国经济，也阻断了中国与世界其他各国之间相互扶持、相互依存、共谋发展的贸易关系。在斯密看来，对外贸的忽视，不给予国际贸易任何法律的保护的通商原则是陷所有邻国于赤贫境地，损人不利己，自然而然也会阻碍本国贸易的发展。

此外，作为政策制定和执行失当的产物，软政权与腐败也是一国贫困的原

---

① 布阿吉尔贝尔．法国详情及补篇．伍纯武，译．北京：商务印书馆，1981.

② 亚当·斯密．国民财富的性质与原理．赵东旭，丁毅，译．南昌：江西教育出版社，2014.

因之一。缪尔达尔（1991①）指出，南亚地区的政治权利主要掌握在上等阶级手中，在政府制定和执行的过程中，他们似乎陷入两难的境地。一方面，他们制定促经济发展、实现更大平等的计划和政策，另一方面，在实施过程中又往往阻挠目标的实现。比如，南亚所有的国家都推行土地改革，并将其写入本国的法令全书中，但是这项有益于贫困阶层的法案，由于缺少自下而上的社会力量和政治力量。因而，在实施的过程中，存在被拖延，存在例外条款，甚至出现未被执行的情况。在缪尔达尔看来，政府的松散和行政执行的随意性，常常会被“掌握着经济、社会和政治大权的人所利用来谋个人私利”②，这样不仅会导致腐败的盛行，也会加重贫困阶级的负担。盛行的腐败还会扰乱经济和政治的稳定，以及降低民众对腐败行为的容忍度。缪尔达尔（1991③）指出，腐败的行为不仅会削弱民众对社会或国家的忠实感，导致人心涣散，还会对一国的经济发展造成强大的阻碍和抑制。此外，腐败的盛行还会助长计划中的不合理，阻碍计划的有效实施，同时还会导致南亚行政机器的迟缓。

（三）人口失衡说

人口失衡说主要是从质和量两方面进行探讨。在量的方面，托马斯·马尔萨斯研究发现，贫穷是人口增长的必然产物，因而现有的社会变革注定是徒劳无功的。在马尔萨斯看来，食物是人类生存所必需，但是大自然可供给的空间和营养是有限的，而人的情欲却始终存在，因而人口的繁衍能力是无限的。据此，马尔萨斯在《人口原理》（1798④）中提出了著名的“两个级数”的观点：若不采取措施加以抑制，人口会呈几何级数增长，而生活资料会呈算数级数增长。因为，以无限的人口增长应对有限的生活资料，必然会导致以下恶果：第一，随着两者缺口的不断扩大，人均生活资料呈下降趋势，穷人的生活必定会恶化，最终将导致饥荒与贫困的发生；第二，人口的增长会导致劳动力数量多于市场所需，必然会导致劳动力价格的下降，而由于对食物需求的上涨，必然会使得食物价格上升，从而使得养家糊口的难度加大。在《论财富

① 冈纳·缪尔达尔．世界贫困的挑战-世界反贫困大纲．顾朝阳，等，译．北京：北京经济学院出版社，1991.

② 冈纳·缪尔达尔．世界贫困的挑战-世界反贫困大纲．顾朝阳，等，译．北京：北京经济学院出版社，1991：184.

③ 冈纳·缪尔达尔．世界贫困的挑战-世界反贫困大纲．顾朝阳，等，译．北京：北京经济学院出版社，1991.

④ 托马斯·马尔萨斯．人口原理．陈小白，译．北京：华夏出版社，2012.

的分配》(2022①) 一书中，乔治·拉姆塞也指出，造成个人和国家贫困的根源是为数众多的人口。这些人口在幼年时期无法生产任何产品，还有些人在成长的过程中会被病痛夺取生命，这都将造成国家财富的浪费。基于这一观点，拉姆塞主张通过“强制性限制”和“预防性限制”这两种方法来控制人口的过度增长。在这两种抑制方法的作用下，分配生活费基金的人数将会减少，工人阶级的生活状况也会得到改善。

在质的方面，诺贝尔经济学奖得主舒尔茨 (1953)② 认为，不发达国家之所以贫困，并不是因为物质资源稀缺，而是由于人力资源的短缺以及对自身人力投资的轻视。由于稀缺资源，穷国一般将资本用于购买机械设备等固定资产，而忽视对人力资本的投资。同时，受文化观念的影响，许多穷国的民众认为农业的准入门槛是极低的，任何健康强健的人都可以从事农业劳作，从事包括农业劳动在内的体力劳动是低贱的。因而，在这种观念下的影响，对农民的投资仅只能起到美化国民教育水平的作用，是不必要的消费。受资本规模的限制，一个贫穷的国家承担不起这种消费，因而，在与其他利益事项产生竞争时，对农民的教育投资常会被优先砍掉。在舒尔茨看来，穷国的教育资源分配也存在以下一些问题：第一，过分重视高等教育，而忽视初等和中等教育；第二，过分强调引进所需的技能和知识，而忽视生产这些技能的知识；第三，应急计划多，长远规划少；第四，出国留学所学的知识是适应外国经济需要的技能和知识，而不适应本国的需要。正是受这些问题的困扰，使得穷国的教育计划与本国的经济发展割裂开来。冈纳·缪尔达尔 (1991③，2001④) 在其著作中也指出，落后国家普遍存在对健康和教育投入不足的情况，这严重影响了该国的人口质量。对健康的忽视，导致劳动投入和生产效率的下降，起到了维持贫困的作用，而对教育的忽视，使得人的能力无法与物资投资相匹配。在两者的作用下，最终制约了一国的经济增长。

---

① 乔治·拉姆塞．论财富的分配．李任初，译．北京：商务印书馆，2022.

② 西奥多·W. 舒尔茨．论人力资本投资．吴珠华，等，译．北京：北京经济学院出版社，1990.

③ 冈纳·缪尔达尔．世界贫困的挑战-世界反贫困大纲．顾朝阳，等，译．北京：北京经济学院出版社，1991.

④ 冈纳·缪尔达尔．亚洲的戏剧-南亚国家贫困问题研究（重译本）．方福前，译．北京：首都经济贸易大学出版社，2001.

（四）恶性循环说

自20世纪50—60年代，西方经济学家对贫困的成因及消除政策进行了大量的研究，提出了许多的理论及建构模型。如罗格纳·纳克斯在《不发达国家的资本形成问题》中系统性的探究了不发达国家贫困的根源及其解决的路径，并提出了著名的“贫困恶性循环理论”①。从资本供给和需求的角度分析，纳克斯发现“一个国家因为穷所以穷”②。在《不发达国家的一种低水平均衡陷阱理论》（1956③）一文中，理查德·纳尔逊也得出了相同的结论，再次佐证了欠发达国家的贫困是一种稳定的内生现象。如果没有任何外力的推动，发展中国家将会自动达到一种低水平均衡的状态。只要一国的人均收入还低于理论值，国民收入的增长将会被人口增长所消耗，进而使得人均收入退回维持生存的水平，且固定不变。因而，只有国家进行大规模的资本投资，才能促进经济的增长，才会使得国民收入的增长超过人口增长，才会突破低水平均衡，才能使得国民收入与人口增长在一个较高的水平达到均衡。

为规划不发达国家反贫困的有效路径，摆脱纳克斯“贫困恶性循环”的困境，哈维·莱宾斯坦于1957年在《经济落后与经济成长》④ 中提出著名的“临界最小努力”理论。莱宾斯坦认为，不发达国家切断低收入与贫困孪生关系的关键在于外部刺激和内部努力程度与临界值的比较。在莱宾斯坦看来，努力的临界值取决于四个方面：内在不经济、外在不经济、诱发性和自发性因素障碍的克服、以及非经济层面与经济增长的关系。如果外部刺激和内部努力小于临界值，则难以打破贫困均衡，但如果两者大于临界值，那就可以突破现有的贫困均衡。不发达国家由于长期处于贫困状态，使得国民经济缺乏内在的推动力，资本也因而难以形成有效的规模，该国也就无法摆脱“低水平收入均衡陷阱”。莱宾斯坦还指出，发展中国家普遍存在收入增长滞后于人口增长的现象，这使得发展中国家的人均收入难以突破临界值。因此，莱宾斯坦主张在发展中国家进行大规模的投资，直到使得国民收入的增长超过人口的增长，只

① 罗格纳·纳克斯．不发达国家的资本形成问题．谨斋，译．北京：商务印书馆，1966.

② 托马斯·马尔萨斯．人口原理．陈小白，译．北京：华夏出版社，2012：6.

③ Richard R N. A Theory of the Low-Level Equilibrium Trap in Underdeveloped Economies. The American Economic Review，1956，46（5）：894-908.

④ 哈维·莱宾斯坦．经济落后与经济成长．赵凤培，译．北京：中华书局，1957.

有这样人均收入才会提高，低收入水平的均衡才会被突破。

（五）权利贫困说

被称为“经济学界良心”的阿玛蒂亚·森一生都致力于研究贫困问题，尤其是对饥饿、饥荒、不平等问题的关注。森（2001①，2002②，2007③）的贫困观突破了传统经济学研究桎梏，在经济与伦理的框架下探究贫困的本质，这不仅拓宽了贫困的内涵，还将贫困问题的研究引入更深层的“可行能力的剥夺”。在森的论著中，其批判了功利主义单一的经济发展观，提出了以人为本的发展观，提倡以自由看待发展，以可行能力作为福利评判的标准。在对理论进行研究的同时，森也不忘对贫困的测度进行分析，并提出了独具特色的贫困度量方法——森指数。

与森的研究不同，威廉·伊斯特利主要是研究缘何践踏穷人的思想会在技术官僚和政策专家中占主流。在著作《权威政治》（2016④）中，威廉将矛头对准权威政府、技术官僚和专家们，运用了大量生动的现实案例论证发展援助中的诸多迷失，并阐述了经济发展中的权威与自由之辩。伊斯特利将权威与自由之争分为白板论和以史为鉴、国家福祉与个人幸福、有意识的设计与自发性的解决这三个议题。作为穷人权利的持方，威廉认为这三个议题的前者都会对个人的经济与自由带来负面的影响，而后者不仅内在具有价值，更是实现发展的重要手段。因此，伊斯特利希望专家们能够明辨是非，避免运用专业知识来“助纣为虐”。此外，伊斯特利还希望专家们能够尊重本国的历史与文化，采取更为温和的改良策略，赋予穷人更多经济与权利的自由。

二、西方经济学中关于脱贫政策的研究

鉴于贫困现象的负面效应，各国学者纷纷从多个视角探讨脱贫的政策。依据学者是们脱贫策略的不同，本书将其大致归类为：“经济扶贫”“经济与制度扶贫”“权力扶贫”和“可持续扶贫”的反贫困策略。

---

① 阿玛蒂亚·森．贫困与饥荒—论权利与剥夺．王宇，王文玉，译．北京：商务印书馆，2001.

② 阿玛蒂亚·森．以自由看待发展．任赜，于真，译．北京：中国人民大学出版社，2002.

③ 阿玛蒂亚·森．生活水准．徐大建，译．上海：上海财经大学出版社，2007.

④ 威廉·伊斯特利．权威政治．冯宇，邓敏，译．北京：中信出版集团，2016.

（一）“经济扶贫”的反贫困研究

“二战”结束后，世界经济格局呈现出贫富的两极化。受富国成功经验的启发，纳克斯和莱宾斯坦等学者提出了以大规模投资促进增长即经济扶贫的思想。在纳克斯（1953①）看来，要想打破不发达国家低水平均衡的状态，唯一的办法就是同时对多部门加大投资规模，实施平衡增长战略，只有这样国民的储蓄能力才能得以提高，资本的形成和积累才能形成，普遍存在的贫困才能消除。当然，不发达国家也应致力于国内市场发展，以全面提高生产的效率和居民的实际购买力，进而促进国内市场需求和产量的同向增长。在纳克斯看来，不发达国家还应引导劳动力的分流，将农村过剩的劳动力从农业上抽走并安排到资本工程建设的产业上，这样不仅有助于消除“隐蔽型失业”，也有助于激发一国国民潜在的储蓄能力。

莱宾斯坦在《经济落后与经济成长》（1957②）中的第二部分也列举了一些可在一定条件下使用的因素或方法，以促使低水平的准安定均衡向持久的、良性的经济成长转向。比如，一国可以进行专业化生产，这样可以提高活动执行的效率，进而可有效增加劳动产出。在莱宾斯坦看来，在劳动人口固定的情况下，落后国家专业化程度的加大必然会导致农业向制造业转变。同时，由于每个人活动范围的缩小，使其得以从庶务中脱离出来，进而可以引起第三产业的增长。再比如，可以对一国经济进行刺激，当然这个刺激应当有一个最低限度，这样就可以促使该国经济从落后向发展转变。

（二）“经济与制度扶贫”的反贫困策略

随着社会的发展，学者们研究发现：单纯从“经济维度”发力是无法摆脱贫困的，应将经济发展与社会结构改革两者结合统筹考量。比如，在分析南亚国家贫困的成因时，缪尔达尔研究发现，受传统的社会结构、人口的快速增长，消极的工作态度等因素的影响，古典经济学的反贫困理论在不发达国家不适用，自由的市场经济只会导致不发达国家贫困问题的恶化。因此，缪尔达尔主张政府干预，主张对农业、土地、人口、教育等方面采取更多更激进的改革政策，以促进不发达国家更快、更有效的发展。舒尔茨也认同对传统制度进行

① 拉格纳·纳克斯．不发达国家的资本形成问题．瑾斋，译．北京：商务印书馆，1966.

② 哈维·莱宾斯坦．经济落后与经济成长．赵凤培，译．北京：中华书局，1957.

改造，尤其是对传统农业制度。舒尔茨希望通过消除传统农业的不利因素，进而将传统农业改造成现代化的农业产业，以激活农业产业对经济的促进作用。当然，对于如何把弱小的传统农业改造成高效率的经济部门，舒尔茨也提出了三方面的解决之策，即加大科学研究投入、减少行政干预和增加人力资本投资。

综合来看，“经济和社会维度”的反贫困策略主要涉及的是农业产业。这一时期的学者大部分都认可农业在社会经济发展初期的重要地位，主张将羸弱的农业改造成高效率的生产部门。针对不平等、贫富分化、权力腐败等社会问题，这一时期的发展经济学家们则寄希望于一系列的社会变革，如土地制度改革、权利关系改革、教育制度改革等。此外，人口质量也是这一时期学者们关注的重点，本书主要从量和质两个方面展开论述。在量方面，学者们主张通过预防性抑制的手段来控制人口的过快增长；而在质的方面，学者们则主张对教育层次、教育模式等方面进行全方位变革以提高教育质量。

（三）“权力扶贫”的反贫困策略

随着世界经济高速发展，居民收入水平不断提升，贫困的内涵和外延也在不断地扩大，营养、健康、受教育水平、个人权利等都被纳入贫困考量的范围，并逐步形成了基于实证分析的“权力维度”的反贫困思想。比如，阿玛蒂亚·森将权利和自由视为其贫困理论的价值取向，并将实现个体自由的能力作为扶贫的最终目标。在森看来，饥饿和贫困是事物所有权关系的反映。因而，在林看来，个体的贫困源于交换权利的剥夺。在森后来的学术生涯中，森又提出以自由看待发展，以可行能力为标准的贫困评价体系。森的可行能力贫困主要是以人为中心，关注的核心也是人们是否有能力追求所在意的生活及实现实质的自由（黄荟，2010①）。因而，在森看来，反贫困的可行之道就是提高个人的能力，并基于可行能力理论提出了五个工具性自由，以促进个人能力的提升。当然，执政当局也应在扶贫过程中发挥积极的作用，比如为个人提供的“失业救济金”“老年养老金”“贫困救济金”等福利制度，这样可有效避免饥饿和饥荒的发生。

在《权威政治》（2016②）中，威廉·伊斯特利指出，任何治贫的方法都

① 黄荟．阿玛蒂亚·森的贫困概念解析——以他的自由发展观为视域．江汉论坛，2010，000（001）：141-144.

② 威廉·伊斯特利．权威政治．冯宇，邓敏，译．北京：中信出版集团，2016.

无法保持道德上的中立，他们要么尊重穷人的权利，要么侵犯穷人的权利。因而，从实用的角度，权威主义是穷人悲剧的根源。在伊斯特利看来，在权威政治下，穷人由于政治和经济权利的缺失，穷人注定是无法彻底摆脱贫困。那一国该如何摆脱权威政治呢？威廉·伊斯特从对历史的重视、对非国家因素的重视以及对人民在政治、市场、技术等方面参与的重视这三个方面着手，以帮助人们抵抗权威政治，赢得个人权利，从而实现经济的良性发展。综合来看，“权力维度”的反贫困策略关注的重心是人的自由和人的多维、全面的发展。

（四）“可持续扶贫”的反贫困策略

伴随经济社会发展，自然灾害、环境问题、健康问题等问题日益突出，人们也对环境与贫困的问题逐渐有了较深层的认识，并开始考虑新的反贫困方法以弥补前期反贫困策略的不足。因而，20 世纪 80 年代，一种新的反贫困观念——可持续扶贫——逐渐形成，并在 90 年代初得到国际社会的广泛认可。

由于可持续是一个多维、复合的概念，涉及社会、环境、生态、哲学、伦理等学科领域，因而，可持续扶贫理论具有思维层次上的综合性。由于可持续扶贫涉及的内容十分庞杂，学者们的反贫困策略和路径也各不相同。其中，宏观视角分析较为出名的有生态经济学家：蕾切尔·卡逊和罗马俱乐部。在《寂静的春天》（2000①）一书中，蕾切尔·卡逊从环境危机、生态平衡和新行动主义思想三个角度探讨人与环境的问题，而罗马俱乐部的丹尼斯·米都斯在《增长的极限》（1984②）中则是从“人类困境”的内外部角度，讨论人口、粮食危机、高能源消耗、工业化与环境污染的问题。微观视角分析较为出名的有诺贝尔奖得主：穆罕默德·尤努斯、埃斯特·迪弗洛、阿比吉特·班纳吉等。受实用主义哲学的影响，穆罕默德·尤努斯在 20 世纪 70 年代中后期尝试着向穷人提供小额信贷，以期通过为穷人提供金融服务助其走上自救的道路，并基于此创办了以格莱珉银行为主体的庞大的社会企业群。但是小额信贷真的有效吗？诺贝尔经济学奖获得者伊斯特·迪弗洛和阿比吉特·班纳吉在《贫穷的本质：我们为什么摆脱不了贫穷》（2018③）一书中持有不同的观点。

---

① 蕾切尔·卡逊．寂静的春天．吕瑞兰，李长生，译．北京：京华出版社，2000.

② 丹尼斯·米都斯．增长的极限．李宝恒，译．成都：四川人民出版社，1984.

③ 阿比吉特·班纳吉，埃斯特·迪弗洛．贫穷的本质：我们为什么摆脱不了贫穷．景芳，译．北京：中信出版集团，2018.

在两位学者看来，基于共同责任的社会平衡及不断发展的关系并不稳定，穷人发展的瓶颈更应归咎于他们生意的性质而非尤努斯所认为的资金匮乏。因而，两位学者主张在援助方式、政策、机制和监管等方面进行变革，只有这样才能将“好钢用在刀刃上”。

三、我国对西方反贫困理论的研究

国内对于西方反贫困思想还未建立整体研究架构，大多数研究主要是集中于某个学者的反贫困思想研究。

在论著《经济学说史》（2003①）中，鲁友章和李宗正对布阿吉尔贝尔的著作进行详细点评。在两位学者来看，布阿吉尔贝尔的反贫困思想虽然没有形成完整的经济理论体系，但其对底层群众的同情和关注，对统治阶级腐败无能的批判，都经得起马克思对其的评价——“为压迫阶级声辩的资产阶级”②。杨黛（2003③）则主要从农业方面论述布阿吉尔贝尔相关的思想，其指出农业是国民经济的基础，因而只有保持各部门之间相互协调的国民经济才可能实现持续增长。

陈可（2011④）研究发现，斯密时期的贫困主要发生在劳动力阶级，而导致贫困的原因主要是劳资双方在薪资上议价能力的不对等以及国民经济长期陷入停滞。因此，依赖于国民财富的增值和积累、社会的救济和富人的仁慈来消除贫困是脆弱的。在其另一篇论文中，陈可（2011⑤）将斯密与森的贫困经济思想进行了比较研究。经研究发现虽然两者都认为贫困是一种社会问题，在价值上是不善的。但是，斯密认为在市场经济的作用下，随着经济的发展贫困问题会自动消除，而森则寄希望通过个人权利的保障以提高个人的“可行能力”，最终实现人的发展与自由。从斯密和森的贫困观可以看出，在社会发展进程中，除了关注国民收入的增长，还需关注社会、经济、伦理的提升。

---

① 鲁友章，李宗正．经济学说史．北京：人民出版社，2003.

② 布阿吉尔贝尔．布阿吉尔贝尔选集．伍纯武，梁守锵，译．北京：商务印书馆，1984.

③ 杨黛．论布阿吉尔贝尔的经济思想及其现实意义．广东教育学院学报，2003，23（3）：35-38.

④ 陈可．亚当·斯密眼中的贫困．云南社会科学，2011（1）：56-58.

⑤ 陈可．亚当·斯密与阿马蒂亚·森贫困观比较研究．湖南大学学报（社会科学版），2011（6）：119-122.

在对马尔萨斯《人口原理》进行总结基础上，张静（2010①）研究发现，马尔萨斯的贫困是源于人口的增长大于物资资料的供给，是一种基于自然法则限制的贫困。孙祈文（2011②）持有相同的观点。在孙祈文看来，马尔萨斯研究的贫困是一种自然现象，是冷酷无情的自然法则将人口增长限制在规定的范围内。由于马尔萨斯反贫困思想过度强调自然法则的作用，而忽视了资本主义生产方式的内在矛盾，因而使得其扶贫观缺乏一定的有效性，但马尔萨斯主张对道德的抑制、以工作缓解贫困的方法还是值得我们借鉴的。

薛芳（2005③）在系统分析了庇古的福利经济学思想后指出：庇古经济研究的目的就是帮助人们改善社会，其主要是通过解决社会贫困问题的方式来增强人们的经济福利。薛芳还指出，庇古作为“旧福利经济学家”，其研究存在着很大的缺陷。在薛芳看来，庇古的福利经济学是建立在效用可以进行比较的基础上，主张利用社会财富的转移来实现福利的最大化。但实证经验表明，效用是无法比较的，这一论断直接动摇了庇古福利经济学的根基。在薛芳看来，庇古研究的理论基础虽然并不科学，但是其对弱势群体的关注，体现其研究的人文关怀精神；其对公平与效率价值观的强调，不仅是伦理上的进步，也与我国社会发展的两大重要目标相一致。

陈力军（1993）④认为，在发展中国家的低收入、低产出的现实状况下，任何试图从内部突破“贫困恶性循环”的经济发展政策，都无法有效促进发展中国家的经济发展。因而，只能从外部击破，通过对经济体制进行改革以解放生产力，这样才能改变发展中国家贫穷落后的状态。陈力军以中国的实践经验证明：实行体制改革是有助于促进社会生产力的发展，是有助于提高人民的生活水平和综合国力，也是有助于一国打破“恶性循环”进入“发展的良性循环”。刘利（2008⑤）则是对我国欠发达地区陷入“恶性循环”的具体原因进行分析。其指出只有坚持市场经济为主导，优化产业结构，转变政府职能，拓宽融资渠道，推进“三化”建设，欠发达地区才能突破“纳克斯怪圈”，经

---

① 张静．马尔萨斯的贫困观——评马尔萨斯的《人口原理》．赤峰学院学报（汉文哲学社会科学版），2010，31（7）：50-53.

② 孙祈文．马克思恩格斯对马尔萨斯贫困理论的批判．学理论，2011（7）：80-81.

③ 薛芳．庇古福利经济学伦理思想探析．南昌：江西师范大学，2005.

④ 陈力军．改革开放撞击着“贫困恶性循环”的怪圈．西北师大学报（社会科学版），1993（4）：98-101.

⑤ 刘利．欠发达地区县域走出“纳克斯困境”的路径．北方经济，2008（7）：67-68.

济才能实现良性的发展。

王稚文和华小琴（2012①）认为，“临界最小努力”、大推进理论”、“贫困的恶性循环”等理论虽然在不同程度上反映了当时低收入国家广泛存在的“低收入——低储蓄”的现象，但这与当下一些不发达国家“低收入——高储蓄”现实相背离，因而这些理论研究不具有现实的借鉴意义。姜汝祥（1992②）也指出，莱宾斯坦的“临界最小努力”没有确切给出面对不同存量和不同时序的分析方法，也没有具体指出如何获得“临界最小努力”，因此该理论在理论和实践中都是一个模糊的想法，不具备现实的可行性。尽管这些理论欠缺一定实践意义，但需要说明的是，这些理论给出一种思维取向——即一旦实行的刺激超过了临界值，整个经济就会走向良性循环。

杨虎涛和徐慧敏（2014③）认为，缪尔达尔的经济理论主要强调国家力量对规模经济的支撑作用，主要是从制度的视角解释社会经济不均衡发展的现象。两位作者还指出，缪尔达尔的“循环累积因果”思想并非是凡勃伦“累积变化”的传承，因为两者在提法和用法上都存在很大的差异。缪尔达尔的因果累积关系可以向上或向下作用，这使得系统演化的方向和结果呈现一定的不确定和不可预测性。因而，政府在制定政策时，应当找出一个启动良性循环的关键节点，从而促进经济的向上循环发展。在总结了缪尔达尔对南亚诸国“软政权”方面的思考后，刘小畅（2014④）研究发现，一国内部政治混乱的局面是导致“软政权”产生的现实原因，因而其主张让政权“硬化”，主张在广泛的区域进行斗争，以促使后发国家在现代化进程中实现有效的、渐进式的发展。

在对刘易斯与舒尔茨的反贫困思想进行比较分析后，王清（2011⑤）研究发现，两者的研究范围和对传统经济体所处状态的刻画上以及对资本含义都有所不同。相较而言，舒尔茨更关心农业领域的发展，着重于研究将传统农业改

---

① 王稚文，华小琴．低水平均衡陷阱与临界最小努力理论模型探析．西北成人教育学报，2012（3）：54-56.

② 姜汝祥．莱宾斯坦的落后经济理论与中国贫困地区发展．开发研究，1992（5）：22-24.

③ 杨虎涛，徐慧敏．演化经济学的循环累积因果理论——凡勃伦、缪尔达尔和卡尔多．福建论坛·人文社会科学版，2014（4）：28-32.

④ 刘小畅．软政权下的发展困境——关于缪尔达尔在《亚洲的戏剧》中对南亚经济问题的论述．求实，2014（A01）：43-45.

⑤ 王清．刘易斯与舒尔茨经济发展理论比较研究．经济纵横，2011（1）：20-24.

造成现代农业，并鼓励引进外部新要素促进贫困国家的经济发展。李学术（2007①）也指出，舒尔茨对传统农业的关注、对人力投资以及对制度变革的看法都极大缓解了不发达国家的贫困问题。但是，舒尔茨的反贫困思想也存在一些理论局限，舒尔茨只关注到传统农业中“技术停滞”的现象，而忽视了对创新问题的深入探究。“创新的缺位”使得依据舒尔茨的理论指引前进的国际扶贫实践，没有为不发达国家带来普遍的发展和进步。

蒋谨慎（2017②）、邹丽兵（2011③）和李芳和王涛（2018④）都认为，森的可行能力和权利剥夺的理论，不仅改变了传统贫困理论的内涵，也对我国理解贫困和精准扶贫的有效实施都具有重要的理论意义。马新文（2008⑤）也持有相同的观点，其认为森的研究将传统的经济发展拓展到人与社会的发展。此外，马新文还指出森指数及其后来“能力贫困指标”“人类贫困指标”都表明消除贫困不能只依靠经济的增长，还应给予个人更多的选择和机会，更大限度的自由，只有这样才能从本质上消除贫困。

在对安格斯·迪顿的文献进行了梳理和综述后，宋德勇和张瑾（2015⑥）研究发现，迪顿在贫困的测度、经济发展的机制以及研究方法这三个方面对发展经济学做出了突出的贡献。综合来看，迪顿的研究是基于家庭调查数据的基础上，其运用经济计量工具对贫困进行实证分析的方法对我国建立微观数据库，重视并利用微观数据来分析家庭消费行为起到了借鉴意义。王成峰（2019⑦）则从迪顿对“援助错觉”和“援助两难”的阐释入手，揭示了反贫困过程中正义与人道之间的冲突。在王成峰看来，援助固然是人道的，但却可能有损于正义，并最终有碍于人道。因而，在扶贫过程中，我们应当先理清人

① 李学术．从创新视角对舒尔茨贫困经济学的再认识．中国软科学，2007（7）：105-114，146.

② 蒋谨慎．论阿玛蒂亚·森对贫困理论的变革 社会科学家，2017（5）：41-45.

③ 邹丽兵．贫困的另一种诠释：权利的获得与剥夺——兼评阿玛蒂亚·森贫困理论．内江科技，2011，32（2）：27，24.

④ 李芳，王涛．基于阿玛蒂亚·森“能力贫困”的精准扶贫困境研究．世界农业，2018（2）：190-194.

⑤ 马新文．阿玛蒂亚·森的权利贫困理论与方法述评．国外社会科学，2008，000（002）：69-74.

⑥ 宋德勇，张瑾．埃斯特·迪弗洛对发展经济学的贡献．经济学动态，2015（12）：121-130.

⑦ 王成峰．正义还是人道：贫困治理中一个亟待解决的问题．华中科技大学学报（社会科学版），2019，033（004）：24-29.

道与正义之间的关系，实行差异化的治贫策略。

杨守涛（2012①）从社会企业的内涵、作用以及如何建立和发展社会企业三方面阐述于穆罕默德·尤努斯的社会企业思想。杨守涛指出，虽然尤努斯的社会企业思想拓宽了社会问题解决的机制，存在一定合理性以及有利评价的客观性，但是尤努斯的社会企业思想也有着其内在和外在的局限性。在杨守涛看来，目前国内外的背景还不具备接受社会企业的文化氛围和外在环境，也许采取渐进式的发展路径，更有益于达成尤努斯社会企业的构想。李雪妍（2016②）结合《贫穷的本质：我们为什么摆脱不了贫穷》一书的内容从“饥饿”问题的角度探究难以摆脱贫困的原因。在李雪妍看来，对未来预期不明确和抗风险能力差是导致贫困深植于穷人基因里的原因。

此外，国内还有一些学者也研究了贫困问题的相关理论。比如，李孝（2008③）主要以马克思经典作家、西方经济学家和我国当代经济学者有关的贫困理论为基础，利用统计数据，对我国的贫困进行分析；刘博（2011④）则主要是立足于马克思与当代前西方学者的贫困思想，基于现实的案例，来探索我国解决贫困的有效路径；尚玥佟（2001⑤）则是以马克思主义为指导，运用理论、实证以及统计的分析方法，试图构建一个反贫困理论框架；朱霞梅（2010⑥）则是基于人的发展视角，尝试着在科学观的理论指导下，探究具有社会主义特色的反贫困指导理论及实践路径；李明忠（2007⑦）则主要是探究我国土地制度、扶贫信贷制度、资源配置等方面与贫困的关系；叶万普（2003⑧）运用发展经济学和制度经济学的一般原理，从横向和纵向上研究发展中国家与发达国家的贫困问题。

综上，我们可以看出，国内现有的研究要么是集中于某个学者，要么是以

① 杨守涛．穆罕默德·尤努斯的社会企业思想研究．陕西行政学院学报，2012，26（2）：71-74.

② 李雪妍．“玻璃人”的世界：以饥饿为例透视“无法摆脱”的贫穷——从《贫穷的本质：我们为什么摆脱不了贫穷》一书谈起．青年时代，2016（21）：65.

③ 李孝．摆脱贫困的思考．长春：吉林大学，2008.

④ 刘博．脱贫经济理论研究．长春：吉林大学，2011.

⑤ 尚玥佟．发展中国家贫困化理论与发贫困战略．北京：中国社会科学研究生院，2001.

⑥ 朱霞梅．反贫困的理论与时间研究——基于人的发展视角．上海：复旦大学，2010.

⑦ 李明忠．贫困的经济学分析：要素流转视角．上海：复旦大学，2007.

⑧ 叶普万．贫困经济学研究．西安：西北大学，2003.

西方学者的思想为基础对贫困问题进行实证研究，而缺乏理论层次的思想研究。因而，本书试图对当代发展经济学中反贫困思想进行系统性梳理和归纳以填补这一领域的空白。

第四节 研究的体系与方法

一、研究的目标

本书主要分析《联合国四个十年发展战略》中扶贫策略的特点，梳理出与之契合并着重研究发展中国家反贫困问题的西方学者的思想。同时，结合不同时期的社会经济发展状况，评述西方学者反贫困思想所做的贡献和存在的不足，形成西方发展经济学中反贫困思想的通史性研究成果，以期填补该理论研究的空白。该书的研究成果不仅有助于我们全面了解西方发展经济学家反贫困思想随社会经济发展的演变路径，也有助于我们了解贫困的形成机制，避免全球陷入恒久贫困的窘境，为我国持续推进中华民族的伟大复兴，实现共同富裕目标提供丰富思想源泉。

二、研究的总体思路和研究内容

（一）论文的总体研究思路

本书聚焦于研究与《联合国四个十年发展战略》减贫思想契合度高的六位西方发展中经济学者的反贫困思想，其中，有四位为诺贝尔奖得主。通过对六位学者的反贫困思想进行梳理、归纳、评价和总结，解析二战后发展经济学中反贫困思想演变的规律以及其研究的方法，同时结合研究对象所处的时代背景，探析六位学者的反贫困思想对于摆脱贫困窘境、构建和谐稳定社会、促进经济协同发展所起到的重要作用。此外，学习和借鉴学者们反贫困思想中的长处，祛除其存在的不足和短板，为实现共同富裕，缓解中国特色社会主义新时代所面临的主要矛盾提供理论的借鉴。

（二）研究内容和结构

本书共七章。第一章介绍了选题的背景及意义，贫困的内涵和外延，国内外研究现状，研究的体系与方法；第二章综述了当代之前西方主流的反贫困思想，重点介绍了“重农学派先驱”布阿吉尔贝尔、“古典经济学派巨擘”亚当·斯密、“庸俗政治经济学鼻祖”托马斯·马尔萨斯以及“福利经济学之父”阿瑟·庇古四人的反贫困思想；第三章则论述了发展经济学中反贫困的理论发展轨迹及主要类型；第四至第六章则分别对“一维”贫困观时期、“二维”贫困观时期和“多维”贫困观时期代表人物的反贫困思想进行梳理、归纳和分析。其中，“一维”贫困观时期选取的代表人物是纳克斯和莱宾斯坦，该时期的反贫困策略是以经济增长为主；“二维”贫困观时期选取的代表人物是两位诺贝尔经济学奖得主缪尔达尔和舒尔茨，该时期的反贫困手段是以经济增长与社会结构改革为主；“多维”贫困观时期选取的代表人物是两位诺贝尔经济学奖得主阿马蒂亚·森和埃斯特·迪弗洛，该时期主要是以人的自由发展和可持续发展为目标。第七章则是对当代发展经济学反贫困思想的综合考察，主要论述了当代发展经济学反贫困思想的积极意义与局限性，以及对我国夯实扶贫成果、实现小康社会的重要启示。

（三）研究的技术路线图

西方发展经济学反贫困思想研究的技术路线图如图 1.1 所示。

三、拟解决的问题和创新之处

（一）拟解决的问题

第一，理清贫困的内涵和外延，以及其产生的背景和造成的影响；第二，从众多经济学家中选取与《联合国四个十年发展战略》减贫思想相契合且最具典型代表性的发展经济学家，并从他们的研究论著中，关于健康问题、贫困问题、不平等问题、福利问题、人力投资等的分析论述中，梳理、归纳和提炼有关反贫困思想的论述；第三，从多维度、多视角对西方发展经济学中反贫困思想进行解读和批判；第四，在研究论著时，要找出研究对象直接或间接的反贫困思想，探寻真正价值取向；最后，从众多的研究中，寻找符合我国当前的历史背景并可为我国全面实现共同富裕、构建和谐社会提供借鉴的反贫困思想。

（二）创新之处

第一、研究体系的创新。目前，国内经济思想史学科对西方发展经济学中的反贫困思想的研究尚不够集中，尚未有较为全面的学术专著和学术论文对其展开系统性研究。本书顺着《联合国十年发展战略》中反贫困思想形成和发

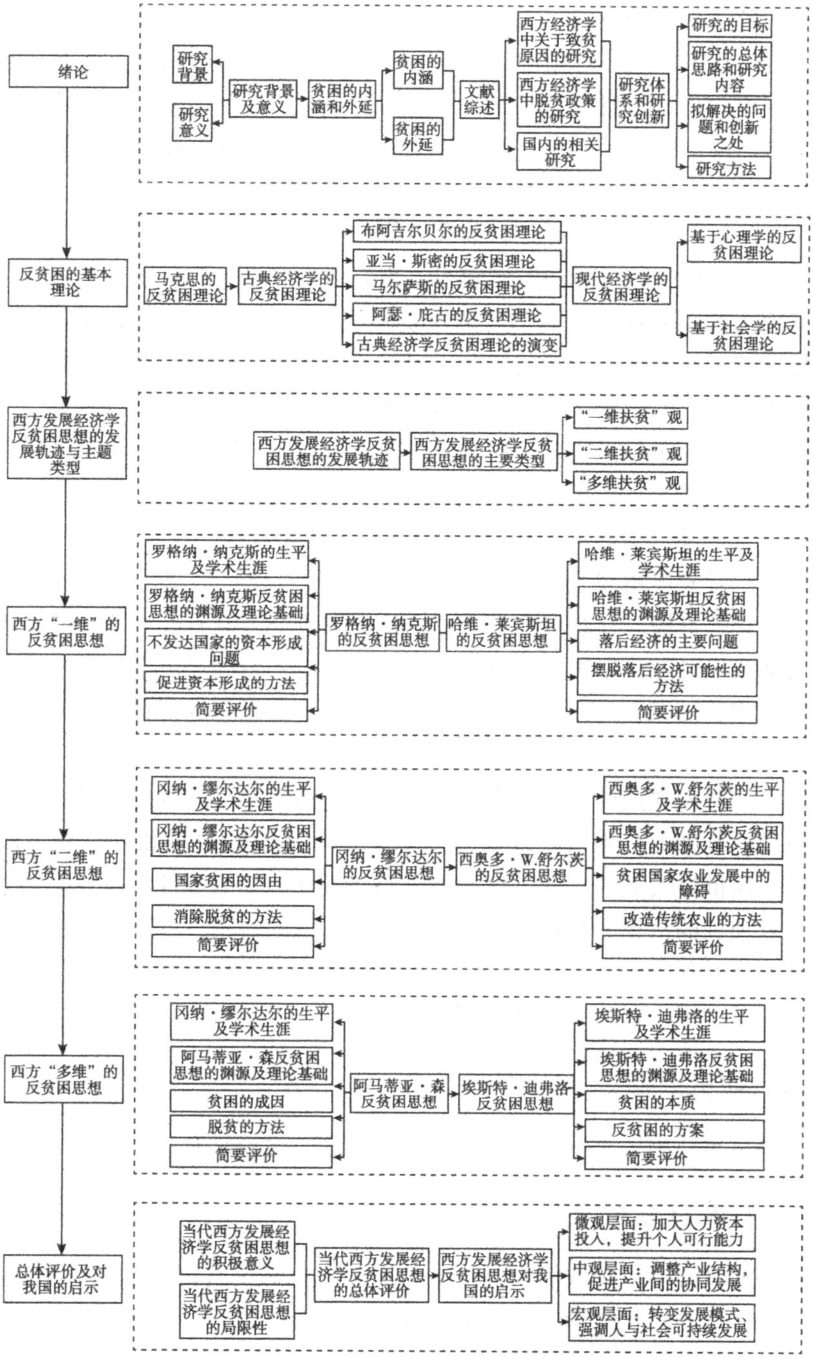

图1.1　西方发展经济学反贫困思想研究的技术路线图

展的时间脉络，梳理不同时期最具典型代表的经济学家、国际组织的论著和研究报告等，从中归纳和总结出 20 世纪 40 年代中后期至今的西方发展经济学中的反贫困思想。这一研究正好填补国内关于西方发展经济中反贫困思想的空白，是国内首次全面、系统、综合研究西方发展经济学中反贫困思想的通史性专著。

第二、研究对象的创新。目前国内部分学者将研究对象投放在反贫困思想领域，对西方反贫困思想研究则较少。现有的大多研究均聚焦在马尔萨斯、马克思、阿玛蒂亚·森等单个学者的反贫困思想上，而甚少涉及冈纳·缪尔达尔、埃斯特·迪弗洛等学者的反贫困思想，且现有文献研究对象并未区分发达和发展中国家，都是混杂在一起。本书着重研究西方经济学家对于欠发达国家的反贫困思想，包括诺贝尔奖得主冈纳·缪尔达尔、阿玛蒂亚·森、罗格纳·纳克斯、哈维·莱宾斯坦等，希望从这些学者的反贫困思想中汲取经验，为我国巩固脱贫成果、全面推进乡村振兴提出一些建议。

第三、研究视角多元化。反贫困思想不仅涉及经济、政治、制度等方面，还涵盖文化、习俗、社会关系等方面，这要求研究者具有较为扎实的经济、社会、人文等学科理论知识。本书借助经济思想史、发展经济学思想、社会人文等方面的相关知识，对西方发展经济学家的反贫困思想进行梳理、归纳、总结和提炼，以多元、多维度的视角对其进行综合性研究。

第四、研究观点的创新。在对西方发展经济学中反贫困思想进行梳理、归纳和总结的基础上，本书发现随着历史发展，贫困的内涵和外延在不断地扩大。第二次世界大战后，西方反贫困思想在人性和物的属性上对社会关系等方面都有其独到的认识，其反贫困思想在伦理道德的背景下，回归了经验主义分析的传统，对贫困的认识也从传统的收入贫困拓展到功能性贫困，从绝对贫困拓展到相对贫困，最后到人文贫困。

四、研究方法

本书主要使用了文献分析法、历史分析法、比较研究法和辩证分析法。

（一）文献分析法

本书通过阅读所选取的西方发展经济学家有关反贫困研究的学术性成果，分析理论产生的时代背景，提炼研究对象的思想观点，总结和评价研究对象反贫困思想的特色。所有这些目标的完成都是建立在阅读大量国内外文献的基础上，这虽然会花费大量的时间和物力成本，但这能确保研究材料来源的真实可靠，以及研究结果的客观中肯。

（二）历史分析法

通过对研究对象有关论著的科学分析，本书结合西方发展经济学家所处时代的社会、经济、政治、文化背景，对其反贫困思想做出客观的评价，并希望从中归纳出西方发展经济学反贫困思想的历史演变路径并为我国巩固脱贫成果、全面推进乡村振兴提供理论依据。

（三）比较研究法

通过对目标学者反贫困思想进行跨区域、跨时空的横向比较，总结彼此反贫困思想的特点和作用，并做出合理的评价。本书不仅对当代之前四位经济学家的反贫困思想进行比较，还对“一维”扶贫观、“二维”扶贫观和“多维”扶贫观的反贫困思想内部和相互之间进行了比较，形成了多维度，多视角的比较体系，以揭示研究对象反贫困思想的理论价值及其局限性。

（四）辩证分析法

辩证分析法是本书贯穿始终的一个基本方法，主要强调从全面和发展的角度看待问题，以揭示事物的内在规律及其本质。反贫困思想的研究需依据唯物辩证法，去除次要的因素，找出最主要、最关键的矛盾，以揭示贫困产生和发展的客观规律，并为我国实现共同富裕、构建和谐社会提供借鉴意义。

第二章　反贫困基本理论

贫困是世界性难题，各国都存在不同程度的贫困问题；贫困也是历史性问题，贫困现象与人类社会发展相生相伴。如何消除贫困，实现共同富裕，是诸多经济学家的研究目的。本章依照时间顺序，对学者们的反贫困思想进行梳理和回顾。

第一节　马克思的反贫困理论

无产阶级贫困化是马克思剩余价值理论的核心思想。在《资本论》中，马克思指出私有制和雇佣劳动制导致了市民社会无产阶级贫困的历史必然性。在资本主义制度下，“利益成为了纽带，人成为了金钱的奴隶。私有制的存在，将个人隔绝成为互相排斥、独立的个体，利益的统治必然表现为对财产的统治”。① 在这种制度下，工人自由得一无所有，劳动是唯一可供出售的商品。马克思将工人的劳动分为必要劳动和剩余劳动。基于对财货的追求，资本家必然会最大限度地攫取工人剩余劳动的成果，而“这种剥削的劳工关系，为富人创造了财富，而为穷人产生了赤贫；为富人建造了宫殿，而为穷人制造了贫民窟”。②

资本主义发展的不同阶段，资本家榨取剩余劳动的方式也略有差异。在14—17世纪资本主义发展初期，生产技术以手工劳动为主，“资本家对剩余劳动的贪欲只能通过无限度地延长工作日”③。资本家无限度的贪欲突破道德底线以及工人的生理极限，缩短了劳工的寿命。以英国棉纺织业为例，仅在90

① 马克思．马克思恩格斯文集（第一卷）．中共中央马克思列宁恩格斯斯大林著作编译局，译．北京：人民出版社，2009：94-95.

② 马克思．马克思恩格斯文集（第五卷）．中共中央马克思列宁恩格斯斯大林著作编译局，译．北京：人民出版社，2009：274.

③ 马克思．马克思恩格斯文集（第三卷）．中共中央马克思列宁恩格斯斯大林著作编译局，译．北京：人民出版社，2009：69.

年间，就消耗掉了9代的纺织工人。资本残酷的剥削，激起劳工的激烈反抗，迫使政府进行立法干预。可是，资本家的厚颜无耻，很快找到了应对的三部曲：首先，延长成年男性劳工的工作日，因为初期的立法存在一个空白——只对妇女儿童的工作时长有所限制；其次，对工人吃喝时间进行规定，禁止工人上班期间饮食；最后，对妇女儿童采取“驿马式”的换班制度。随着劳资阶级矛盾的激化，催生了英国资产阶级民主革命、法国资产阶级民主革命，迫使国家颁布缩短工作日的法令。然而，历史证明，随着资本主义的深入发展，孤立的工人无力反抗资本的剥削。此外，工场手工业的分工加速了工人阶级割裂，出卖劳动力给同一资本家成为各局部劳动的内在联系。“在工场手工业中，局部工人生产的产品不是商品，变成商品的只是局部工人生产的共同产品”。① 工场手工业以工人畸形化发展来提高相对剩余劳动的做法，加强了资本家对工人阶级统治的权威性。

18世纪制造工具机的出现，促使资本主义的生产方式从工厂手工业向机器大工业过渡。机器的使用，使得生产完全脱离了人力的限制，拓宽了资本家的剥削范围。机器使得体力劳动不再成为必选项，大量未被使用的妇女和儿童被投入到劳动中来，资本主义雇佣关系也发生了巨大的变化，资本剥削的范围也从成年劳工拓展到全体家庭成员。其次，机器的使用加大了资产阶级剥削的力度。机器生产相对剩余价值，在直接方面导致成年男劳工的劳动费用被均摊到家庭各个成员劳动力价值上；在间接方面导致劳动再生产所需商品价格下降，进而使得劳动力贬值。再次，机器的应用制造了过剩的劳动人口，导致工人间的竞争加剧，迫使工人在与资本家的斗争中处于劣势，被迫接受资本家强加的规则。“机器本应是缩短劳动时间最有力的工具，却成为资本家掠夺工人及其家眷全部生活时间变成增值资本价值的劳动时间最可靠的手段”。②

在马克思看来，资本主义社会提高劳动生产力的方法都是以牺牲劳工为代价，发展生产力的工具也都将成为资产剥削的手段，势必会造成社会贫富阶级的两极化。诚如马克思所言：“在一极是财富的积累，同时在另一极，即在把自己的产品作为资本来生产的阶级方面，是贫困、劳动折磨、受奴役、无知、粗野和道德堕落的积累。那么无产阶级该如何脱离贫困泥潭”？③ 马克思指出，

① 马克思，资本论．曾令先，等，译．南京：江苏人民出版社，2011：99.

② 马克思．资本论．曾令先，等，译．南京：江苏人民出版社，2011：121.

③ 马克思．马克思恩格斯文集（第五卷）．中共中央马克思列宁恩格斯斯大林著作编译局，译．北京：人民出版社，2009：744.

寄希望资本主义高速发展以摆脱贫困的厄运，是天真的幻想。资本主义制度下，无产阶级的贫困比“赫斐斯塔司的楔子把普罗米修斯钉在岩石上钉得还要牢”①。既然无产阶级贫困化是由社会制度造成，那就需从“制度”的源头上寻找答案。在马克思看来，“无产者只有废除现存的占有方式，才能取得社会生产力”②。因而，在《共产党宣言》等著作中，马克思呼吁“全世界无产者，联合起来”③，用暴力推翻资本主义，废除资产阶级所有制，让“剥夺者被剥夺”，只有这样才能破除无产阶级的堕落、贫困的根源。同时，马克思还指出：在取得政权后，“只有无产阶级将社会化生产资料从私有制变成公有制，使得生产资料摆脱资本的属性，充分展现其社会属性，人也将成为自己社会结合的主人，成为自身的主人—自由的人”④。

综合来看，马克思突破了古典经济学狭隘的视角，重新审视了贫困问题，创先从制度的层面分析贫困的根源。在马克思看来，资本主义制度是无产阶级贫困的根源，只有武装推翻资本主义，掘除资本剥削的劳工关系，无产阶级才能摆脱贫困厄运。不同于古典经济学者“上帝的视角”，马克思的反贫困思想从贫者的立场出发，为他们奔走、呼吁，成为关注“人类本身”的理论先驱。马克思将消灭资本主义无产阶级贫困化和“人类本身”全面自由的发展结合起来，为后来学者的反贫困理论注入了前瞻性和人文性，也为人类社会的反贫困道路指明了方向。

第二节　古典经济学的反贫困理论

古典经济学又称国民经济学，最早是由马克思在《1844年经济学哲学手稿》中提出，后被学界广泛沿用。关于古典经济学的划分有两种观点（具体如图2.1所示）：

一种是马克思的划分。马克思认为，古典经济学在英国是从威廉·配第，

---

① 马克思．马克思恩格斯文集（第五卷）．中共中央马克思列宁恩格斯斯大林著作编译局，译．北京：人民出版社，2009：743.

② 马克思．马克思恩格斯文集（第二卷）．中共中央马克思列宁恩格斯斯大林著作编译局，译．北京：人民出版社，2009：42.

③ 马克思．马克思恩格斯文集（第二卷）．中共中央马克思列宁恩格斯斯大林著作编译局，译．北京：人民出版社，2009：421.

④ 马克思．马克思恩格斯文集（第三卷）．中共中央马克思列宁恩格斯斯大林著作编译局，译．北京：人民出版社，2009：566.

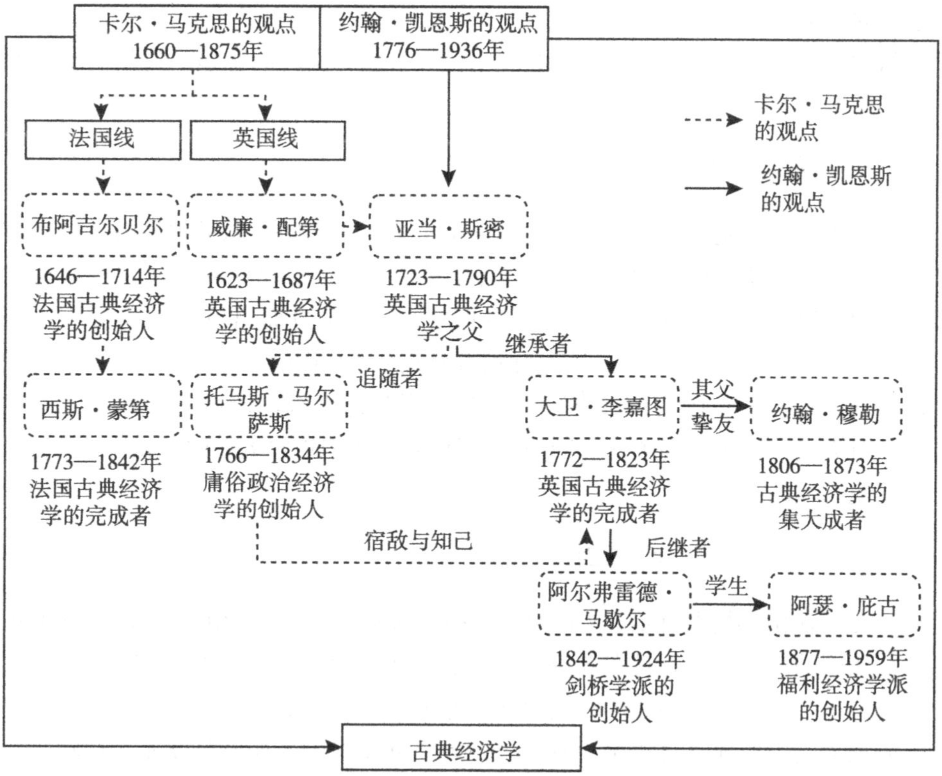

图 2.1　古典经济学历史演进图

中经亚当·斯密、托马斯·罗伯特·马尔萨斯，到大卫·李嘉图结束；在法国则是从布阿吉尔贝尔开始，到西斯蒙第结束。

另一种是凯恩斯的划分。凯恩斯认为，古典经济学是指 1776—1936 年之间的主流经济学，由 1776 年亚当·斯密开创，主要包括大卫·李嘉图、约翰·穆勒，以及受大卫·李嘉图经济学影响并发扬光大的人阿瑟·庇古等。

结合两者的观点，古典经济学家的主要代表归纳起来为威廉·配第、亚当·斯密、托马斯·罗伯特·马尔萨斯、大卫·李嘉图、布阿吉尔贝尔、西斯蒙第、约翰·穆勒和阿瑟·庇古。其中，威廉·配第关于反贫困的理论研究着墨较少；大卫·李嘉图的反贫困思想受亚当·斯密影响，其关于人口、地租和福利的观点已经包含在其他古典经济学家的讨论中；尽管，西斯蒙第主张政府干预经济实现物质福利最大化的思想先于阿瑟·庇古，但后者的影响力更为深远；约翰·穆勒的折中思想延伸到其对经济和社会政策的看法上，使得其著作是“一种如此奇怪的混合体，以至于自由放任、干预，甚至社会主义倡导者这样的分类很难适用于他”①。综上，本文将选取布阿吉尔贝尔、亚当·斯密、马尔萨斯和阿瑟·庇古作为古典经济学代表人物，沿时间脉络，对他们反贫困理论进行系统性的梳理和分析。

一、布阿吉尔贝尔的反贫困理论

作为农学派先驱，法国最早的经济学家之一，布阿吉尔贝尔被马克思亲切的尊称为“老头”②。1675 年，布阿吉尔贝尔上任为鲁昂法院的法官，耳闻目睹法国人民穷困的生活和深受奴役的悲惨处境，挺身而出勇于“为被压迫阶级声辩”③。其先后撰写了《法国详情及补篇》《谷物论》《论财富、货币和赋税的性质》及《法国的辩护书》等著作，强烈谴责统治阶级的腐败无能，表达了对人民贫困生活的关注和同情，并详尽分析造成国穷民穷的原因，并提出了摆脱困境的办法。

（一）民穷财尽的原因

在《法国详情及补篇》（1707④）中，布阿吉尔贝尔指出：相较于三十年前，法国的产品，不管是在农业和工业收入上，已减少五六亿，且弊病严重，每况愈下。虽然当时的法国充满银钱，廪满仓流，但那只是少数人，绝大多数则陷入赤贫的境地。每年至少有二三四万人死于贫困，尤其是婴儿，在幼儿期时期他们既缺乏双亲的照顾又缺乏适当的营养和药品，使得当时法国婴儿的死亡率超过 1/2；等到年龄稍大时，由于物质资源极端的匮乏，使得他们缺乏足够的气力干活谋生，很多甚至不及中年就死了。

与法国得天独厚的自然条件不一样，英国和荷兰不论从人口、土壤肥沃、气候等方面都略逊一筹。但是，英国和荷兰没有穷人，没有人以乞讨为业，不管多么穷困，两国的臣民都有足够的食物可以果腹，甚至有肉和酒，都能穿得起毛料的衣服和皮鞋。他们也自愿将个人收入的 1/5 和 1/3 捐税，这每年可以给他们的国王带来近 8000 万英镑的收入，相当于法国的 3 亿多法郎。德意志

① 哈里·兰德雷斯，大卫·C·柯南德尔．经济思想史．周文，译．北京：人民邮电出版社，2011：184.

② 马克思．马克思恩格斯全集（第四卷）．中共中央著作编译局，译．北京：人民出版社，1958：108.

③ 马克思．政治经济学批判——马克思恩格斯全集．北京：人民出版社，1962：41.

④ 布阿吉尔贝尔．法国详情及补篇．伍纯武，译．北京：商务印书馆，1981.

各邦与法兰西相较，土地十分的贫瘠，也缺乏可供进行制造业的大城市，可是每年却可以为其君主提供150万利佛尔。

为什么法国与英国、荷兰、德意志各国之间贫富差距如此巨大？在布阿吉尔贝尔看来，这是因为这些国家的居民可以自由通商，人们可以以适宜的价格出售和购买一切所需的物品，这样自然而然就会导致君主捐税收入的上涨，居民也就可以安居乐业。然而，法国现行的政策制度却与之相反，严重损害了哺育整个社会的两个器官（农业和商业）健康发展。

公众贫困化的原因之一——达依税。法国达依税税收政策的失误造成了严重的后果。布阿吉尔贝尔不无夸张地说："比例失调的法令在一小时内破坏的财富，比若干年创造的财富还要多"①。在路易十四统治时期，法国的税赋不仅沉重，税率变化也不定，摊派的额度也十分的不公平，甚至出现了贫者多缴税，富者少缴税，特权不缴税的现象。首先，达依税的变化无常迫使人们放弃消费和贸易，只留有生活所需的基本开支，这样才能使一个人安全地活下去。其次，达依税的分配不同，加重了百姓的负担。以同一个教区为例，收取3000—4000利佛尔地租的人，仅需支付30或36利佛尔的达依税，而收取300—400利佛尔地租的人，却需缴纳100个利佛尔。这种情况还不算最混乱的，教区在达依税税额摊派上的流弊，收税官的渎职，征收员的胡作非为导致了征税不公，导致了当时法国达依税的缴纳者不足1/3，而且都是那些最无力、最穷困的百姓。过于沉重的税赋，会导致这些人彻底破产，在他们无力缴税后，达依税又加到了别人的头上。这就好比，运送10万斤重量的货物到里昂，原本需要40匹马，现在全压在3匹马上，等这3匹累死了就换上另外3匹，循环往复，直至所有的马匹都累死了。可以看出，法国的税收制度是非人性化的，是畸形的。

公众贫困化的原因之二——小麦制度、间接税与关税。在《谷物论 论财富、货币和税赋的性质》（1705②）中，布阿吉尔贝尔论述道：自1660年以来小麦价格的失调已使法国损失了约3亿~4亿法郎的年收入。如果农民以过于昂贵的价格出售小麦，便会产生饥荒并导致无数人死亡；而若小麦价格较低，农品的收入无法缴纳地租和补偿耕种的费用，农民就会放弃耕种，这会导致一遇荒歉年成，麦价必然奇昂。由于小麦的价格会影响其他的食品的价格，

---

① 布阿吉尔贝尔．法国详情及补篇．伍纯武，译．北京：商务印书馆，1981.

② 布阿吉尔贝尔．谷物论 论财富、货币和税赋的性质．伍纯武，译．北京：商务印书馆，1979.

因而，在小麦问题上的失误会波及其他所有的职业，最终使所有人都陷入极端的贫困。

酒税的递增会导致酒类消费的下降，这必然会导致土地果实的一文不值，无数的葡萄园地被贱卖，被荒芜。土地收入的减少，使得这个社会的公民普遍破产，社会收入也相应锐减。关税失调的后果与酒税类似，程度甚至更为严重。举例来说，依据关税和酒税的条例，所有的运货车辆均需在沿路无数的检查站停下检查，导致同样的行程现在却需要花费 3—4 倍的时间，进而导致运费的高昂，使得人们放弃这种贸易。这也就不奇怪为什么在离家不到一天距离的地方，有些饮料价格高昂却没有人愿意将货物运往当地了，因为你不仅白辛苦一番，而且稍有疏忽，你的货物就有可能被没收。贸易的停滞，使得各种货物间的比价被破坏，使得小麦和其他生活必需品价格高昂，致使国家始终疾病缠绵。

（二）现行制度禁锢经济发展

布阿吉尔贝尔认为，法国现行的制度，存在种种弊端，非常不利于法国经济的发展：

第一，降低社会整体边际消费倾向。“边际消费倾向”是凯恩斯在《就业、利息和货币通论》中的重要概念，其是指随着可支配收入的递增边际消费存在递减的规律。布阿吉尔贝尔的著作中也早已体现出该思想。以埃扣为例，其在穷人和富人的手中的周转率是完全不一样的。穷人收到货币会立即将钱用作日常生活的开支，消费出去；而富人则会将其储存起来，转化成资本。在一个物产富饶的国家，只要有足够的消费，就可以促进国家财富的增长。相较于富人，穷人缺乏足够的保障和储蓄，但是消费需求旺盛且人数众多。当穷人领到工资或未领到工资之前，就会进行食物、酒类、衣物等日常用品的消费，促使货币在不停的循环发挥其效用。相较于穷人的勇于消费，富人虽然拥有大量的钱货，但在投资时非常的谨慎，宁可闲置资金，也不愿去冒险。可以看出，穷人的边际消费倾向高，而富人的边际消费倾向低。

在《法国详情及补篇》一书中，布阿吉尔贝尔以短工的消费为例，用以说明平民对于税收变化的敏感，以及增税所带来的消极影响。当捐税增加了，可支配收入减少，平民看到剩余的工资不足以养活家庭，就会自动的削减非生存所必需的开支，如酒类产品的消费而改去喝白开水。这样就使得平民过去收入所提供的非生存必要开支的流通过程被破坏了，而上述产品消费的破坏会逐渐蔓延到王国内其他领域的消费，使得社会整体的消费减少，整个国家也将蒙受巨大的损失。

第二，降低社会整体的货币周转率。货币作为一种支付的手段，在消费中发生效用，一旦消费停止了，货币就毫无用处。当货币流通到穷人手中，它很快会被消费掉，并再度回到流通领域中。而当货币流转到富人手中，它们中的大部分不会用于消费，而会积累成资本（如一块土地或一栋房子），这样货币就无法通过消费的路径再度流转到其他人的手中了。可以看出，穷人的货币周转率较高，而富人的货币周转率较低。还是以埃扣为例，其在穷人手里一天周转的次数，一天促成的消费比在富人手中三个月还要多；富有者只做大规模的经营，即使在景况最好的时候，也要等待相当长的时间来蓄积所需要的数目，然后才能将货币使用出来，而对于一个国家来说，从来都是为害无穷的"①。尽管财物丰裕，但一国如果不能提高至少是维持现有的货币周转率，商业就会开始凋敝停滞，国家也将处于瘫痪状态，人民也将贫困不堪。

第三，引发消费和收入递减的乘数效应。布阿吉尔贝尔指出：当酒价合理时，短工对酒的消费会促进酒家向农夫购进葡萄，使得葡萄园经营者有钱可以支付地租，而地主又会雇佣工人或者进行其他的消费，周而复始，社会将进入一个良性循环。而当税赋增加，可支配收入减少，平短工看到剩余的工资不足以养活家庭，就会自动削减对酒的消费，酒家因而减少对葡萄的消费，葡萄农也无力向地主支付地租，地主也将雇佣较少的工人或者降低其他的消费。反之，当提高税收时，会引发消费递减的乘数效应。在布阿吉尔贝尔看来，一种消费的减少，首先会导致相关的十多种手艺发展停滞，随后会蔓延到王国其他的一切行业上，最终使得生产下降，收入减少，整个社会也将陷入穷困。

此外，布阿吉尔贝尔还发现，一国若提高对农民的征税，还会引发税收收入递减的乘数效应。农民因财货有限，无力购买耕种所需的家畜，土地也会缺乏足够的肥料，进而使得农民收成不足以覆盖生产所需的费用而农民的损失必然会导致地主、地主的债权人以及社会各阶层的损失。因此，为了一次向贫困农民多征 100 个埃扣的税，而造成整个社会 5000—6000 个埃扣的损失，这是不值当的。而且即使及时调整了税率，土地的荒废也需很长时间才能得以恢复。但是若征税仅针对富人，那么并不会引发国内任何混乱。不难看出，布阿吉尔贝尔深刻理解对穷人的征高税，对任何人都没有好处，只会造成国家的贫困。但是当时法国国内的税收政策却存在贫者多缴税，富者少缴税，特权不缴税的非正常现象，这也难怪乎，当时的法国存在人民穷困、国家凋敝

① 布阿吉尔贝尔．法国详情及补篇．伍纯武，译．北京：商务印书馆，1981：49.

的景象。

（三）制度改革，消除贫困

在布阿吉尔贝尔看来，只要政府制定正确的税收政策，生产和消费就会恢复，贸易就会兴隆，在24小时内国家就会转贫为富。首先，在征税方面，应严格执行相关法令，取消捐税特权，确保税赋是普遍征收而非任意摊派。其次，完善征税程序，确定个人缴纳的税率，始终遵守贫者少缴税、富者多纳税的原则公平配征税款。最后，对弱势群体实行税收优惠，比如，对短工税则上应有上下限的规定，而对年老的工作者可以进行税收的减免。鉴于粮食问题的重要性，布阿吉尔贝尔主张利用国家权力干预谷物价格，在粮价高昂的时候进行抑制，在价格低迷的时候进行保护。此外，布阿吉尔贝尔还提出取消内部关税、出口税和酒税，允许人们往来自由，这样贸易和消费也就活跃起来了，工人也有了谋生渠道，也就可以摆脱贫困。

对于因酒税、关税的取消后，出现的财政赤字，布阿吉尔贝尔也提出了相应的解决办法，即开征烟囱税，这种最直接、方便也最公民的税收。一般而言，富者的房屋越大，烟囱也越多；贫者的房屋小，烟囱也就少。布阿吉尔贝尔主张按照烟囱的多寡，实行多得多缴税，少得少缴税。同时，布阿吉尔贝尔还主张对不同地区采取差别税率，比如在巴黎及其近郊，税率为每个烟囱1个比斯脱；而对于乡村或免税地区，税率为每个烟囱0.5个比斯脱。此外，为了鼓励人们积极纳税，对于积极纳税者还应有手续费上减免的奖励，而对于其他的纳税者则应正常支付手续费。通过上述的税收改革，既不会引起任何恶果，国王和人民的收入得以增加，人民的财产也将安稳、人心也将安定。

（四）简要评价

根据当时法国经济社会发展的弊病，布阿吉尔贝尔制定了一系列改革措施，体现出一定的：（1）公平性，即所有的阶级一视同仁，都需要缴纳税款；（2）科学性，即依据个人收入的多寡，提出富者多缴，贫者少缴的纳税原则；（3）系统性，即提出了建议与提出了解决的路径；（4）时代性，即为弥补减免税造成的赤字，提出开征烟囱税。

在布阿吉尔贝尔的著作中，不难看出其崇尚自由经济主义思想。布阿吉尔贝尔认为，社会经济各部门之间存在着相互依存、相互制约的关系，其多次强调社会经济活动有其自身发展的内在规律，人们的经济活动应该按照规律进行。同时其反对政府干预，主张自由贸易，反对贸易壁垒，鼓励消费和出口贸易。但在粮食贸易上，布阿吉尔贝尔的自由立场就不那么坚定了，其主张政府管控粮食价格，主张粮食自由输出而禁止输入，以保护本国农业的发展。

综合来看，布阿吉尔贝尔的国家政策失误致贫的有关理论，可以归纳为：(1) 法国贫穷的根源在于消费不足；(2) 消费不足是由粮价和税收制度导致；(3) 粮价的失调和税收制度会引发生产、收入、消费递减的恶性循环；(4) 消费和收入之间有内生联系，破坏消费就是破坏收入，反之则亦然；(5) 政府政策的失误会在一个小时内毁掉若干年积累的财富；反之，政策的正确则会在24小时内使国家转贫为富。马克思对布阿吉尔贝尔的脱贫经济学在思想上是肯定的，并称其热情且勇敢地为穷人声辩。虽然，布阿吉尔贝尔关心和同情穷人，但其仍是“那位不让资产阶级生产关系去猛烈反对资产者本人的布阿吉尔贝尔”①。

二、亚当·斯密的反贫困理论

亚当·斯密，著名的经济学家和哲学家，其经济哲学思想对人类社会的发展起着深远的影响。斯密虽然并不致力于研究贫困，但是在其著作中却不难发现贫困研究的身影。

（一）贫困的根源

在斯密的论著中，贫困被界定为收入无法满足基本的日常生活。这属于绝对贫困的范畴。那缘何会产生贫困？斯密将其主要归结于社会财富的分配不均。综合来看，斯密的贫困有两层含义：一是社会阶层或群体的贫困，即个人贫困；二是社会整体贫困，即国家贫困（陈可，2011②）。

1. 个人贫困

在斯密经济体系中，财富是根据土地、资本、劳动这三要素进行分配。在斯密看来，土地所有者获得地租，资本家获得利息，这两个阶级均不会发生贫困，而劳动者获得收入，这个阶级才是贫困的主要对象。在《国民财富的性质与原理》一书中，斯密将劳动者主要划分为农民和工人。

① 马克思．马克思恩格斯全集（第十三卷）．中共中央马克思恩格斯列宁斯大林著作编译局，译．北京：人民出版社，1962：137.

② 陈可．亚当·斯密与阿玛蒂亚·森贫困观比较研究．湖南大学学报（社会科学版），2011（11）：119-122.

关于农民的贫困，在《国民财富的性质与原理》（1776①）第一篇第八章“劳动工资论”中，斯密论述道：在原始社会，土地私有和资本累积还尚未发生，农民劳动的所有产物归其个人所有，因而无须与地主和雇主分享。但是这种情况，在土地私有和资本积累出现后，就宣告终结了。土地私有后，地主就向劳动者索取土地农作物的部分，也就形成了地租。因此，地租就是农民收入第一项扣除。一般而言，农民大都缺乏资本垫付种地所需的费用，通常需向资本所有者借款，待收成之后，农民除了需向债权人归还本金外，还需支付额外的资金——利息。这样，利息就是农民收入的第二项扣除。

霍布斯曾言：“财富即权利”②。财富能直接提供所有者支配或购买市场劳动产品的权利。财产的多寡决定支配权力的大小，财产越多，支配权越大，反之则越小。相较于地主和资本家，农民缺乏土地和资本积累，只能通过劳动谋生，这也就是其贫困的根源。

关于工人贫困，斯密认为，工资水平应该有个底线，这个底线即能满足个人自身生活，甚至还可以略高一些，用以维持家庭生活。但是，决定劳动工资的不仅仅是劳动者本身，往往还有雇主、联合会，甚至是政府的参与。受各种力量的影响，劳动工资变为契约的产物。雇主和工人之间利益关系往往是相悖的，雇主希望工资尽可能地低以降低成本，而由于物价的腾贵，工人则希望工资尽可能高以维持生活。在双方博弈的过程中，雇主虽然人少但优势明显，这一优势主要体现在：其一，法律禁止劳动者联合，却允许雇主联合组织；其二，因财富累积较工人多，因而在争议中，雇主的持久力更强；其三，雇主们更容易团结，易于形成联合组织。根据斯密所述：“雇主们通过这种联合，把劳动工资压制到实际工资率以下。这种联合进行得极其隐秘，直到达到目的”。③

工人阶级的贫困也可能是由激烈的就业竞争引发，东印度的孟加拉及其他若干英国殖民地国家的境况就是最好的例证。在这些国家，用来维持劳动的资金显著减少，各行业对仆役和劳动者的需求也在逐年下降，这导致许多原本应该在上等职业找工作的上等阶层被迫在最下等的职业中需找就业机会。而最下

① 亚当·斯密．国民财富的性质与原理．赵东旭，丁毅，译．南昌：江西教育出版社，2014.

② 亚当·斯密．国民财富的性质与原理．赵东旭，丁毅，译．南昌：江西教育出版社，2014：29.

③ 亚当·斯密．国民财富的性质与原理．赵东旭，丁毅，译．南昌：江西教育出版社，2014：60.

等的职业原本就有超过需求的本阶层劳动者，现在又有其他阶层的人涌入。结果必然会导致劳动的供给大于需求。激烈的就业竞争，会迫使劳动工资降到极其低廉的水平。此外，还有许多找不到工作的人，他们要么忍受饥饿，要么沦为乞丐，要么走上犯罪。随着贫困、饥饿和死亡在下层阶级蔓延，并逐渐蔓延到上层阶级，直至人口减少至仅存的收入和资本能够维持的数目。

2. 社会整体的贫困

关于社会整体贫困（即国家贫困），斯密在著作中并没有直接指出，大多是以中国为例进行论述。综合来看，造成社会整体贫困的原因较为复杂，可分为以下几类：

第一，经济不景气所致。在经济增长的年度，雇主用于雇佣劳动的资金加多，对劳动需求增加，劳动的货币价格会上涨。而在经济低迷的年度，用于雇佣劳动资金减少，劳动需求减少，会导致就业竞争加剧，劳动工资下降。例如，在1740年这个大荒年，只要给口饭就有很多人愿意工作。

斯密还特别提到中国的经济停滞会导致贫困问题。当经济停滞时，就业和维持劳动的资金也会出现停滞，而中国是一个鼓励生育的国家，人口出生并没有出现停滞，这就使得人口的规模超过了社会可供养的范围。在当时的中国，每晚都会有若干婴儿被丢弃甚至是被溺亡，下层阶级的贫困程度远超欧洲最贫困的国民。在广州附近的数千户人家，只能寄居在河面的小船里，食物的匮乏使得他们纷纷争抢欧洲船舶上丢弃的最污秽的废物、捡拾腐烂的动物尸体。

第二，是否违背事物发展的自然进程。若一个国家的资本是有限的，那么就无法同时满足农业、制造业和外贸的需求。由于在推动国内生产性劳动、社会土地和劳动的年产物增值方面，投资在农业上产生的效果大于制造业，更大于出口贸易。因此，按照事物的发展规律，社会的资本应该先满足农业的需求，然后再满足制造业的需求，最后再满足外贸的需求。例如，在斯密看来，英属殖民地的日趋富强就是因为其将所有资本都投放在农业上。此外，斯密还指出："这种顺序是极其自然的，按理应该会在每一个社会里都有某种程度上发生，但在欧洲各国，许多层面的顺序发生了颠倒。欧洲一些城市原来统治性质留下一些风俗习惯，迫使它们采取这种非自然的退步顺序"。①

第三，通商原则。斯密认为，国与国之间贸易的关系应该是相互扶持、相互依存、共谋发展的。通过外贸，邻国富裕会自然而然促进本国富裕，而本国

① 亚当·斯密．国民财富的性质与原理．赵东旭，丁毅，译．南昌：江西教育出版社，2014：316-317.

富裕又会带动邻国发展。因而如果一个国家周围都是一些游牧、未开化的民族以及野蛮的穷人，那么想通过贸易发家致富，那是绝对不可能的。此外，斯密还指出，古埃及和中国都十分忽视外贸，不给予国际贸易任何法律的保护，禁止通商的原则是陷所有邻国于赤贫境地，损人不利己，自然而然会阻碍本国贸易的发展。

第四，政策制度和传统观念。在斯密看来，欧洲实行的政策制度限制了资本和劳动的自由流动。比如，行业组织和学徒制度限制了技工和制造业劳动者的自由流动，使得衰退行业的劳动者别无他法，只能向教区寻求救济。此外，济贫法的实施也限制了人员的跨区域流动。这会导致劳动生产力结构性的不均衡。此外斯密还认为，工商业的劳动有助于农业的发展，可以提高农作物的产量，因而任何对工商业的抑制，都不符合社会整体的利益。但是在中国，受传统观念的影响，“士”和“农”被视为“优质行业”，“工”和“商”被视为“低贱行业”，在这种传统观念的束缚下，中国十分重视农业而轻视工商业，这在一定程度上阻碍了中国人口的流动，以及经济的增长。

（二）贫困带来的影响

斯密认为，贫困对国家发展是极为不利的，并从三个方面评价贫困带来的负面影响：

第一，造成社会动荡。随着历史发展，贫富差距不断扩大，少数人富足是以多数人贫困为前提的。富人有贪欲和野心，穷人也憎恶劳动、贪图安逸，因而，富人的富足会激起穷人的嫉妒和愤恨之心，促使他们去掠夺他人的财富。在劳资双方协议工资时，雇主为了获得更多的利润会打压劳动者的工资，而劳动者迫于生存的压力有时则会铤而走险，诉诸可怕的手段以胁迫雇主涨工资。因此，个人的贫困或群体的贫困，会激起负面情绪会导致社会动荡。

第二，人口下降。在斯密看来，人与动物一样也具有繁衍的欲望，因而繁衍所需生活资料的供与需应相匹配。由于下层人民的生活资料实在有限，贫困即使不能阻止其生育，但也利于其子女的抚养。以苏格兰高地为例，有些母亲会生育20多个孩子，但甚少能全部都存活下来，有的孩子4岁前就去世了，有的则不到7岁，几乎所有地方9—10岁儿童的存活率均不及1/2。

第三，劳动能力下降。工资是对劳动人民勤勉的奖励。工资越高，劳动人民生活越富足，勤勉的动力也就越强。因此，高工资总是比低工资更能激发劳动者的积极性和工作效率。首先，如果工资过低且按件计算报酬时，往往会导致许多劳动者因操劳而病倒。其次，劳动报酬过低，劳动者的付出无法得到回报，会严重挫伤工人的积极性，影响工作效率。再者，过低的劳动报酬只能勉力满足劳动者基本的生存，无力提高自己的能力素养以及劳动效率。

（三）贫困解决的路径

斯密在论著中不仅对穷人的贫困表示同情，还提出了一些解决之道。首先，斯密主张增加劳动报酬。斯密驳斥了人们认为，高工资会导致劳动者的懈怠和慵懒而低工资则会使人更加勤奋的观点。在斯密看来，丰厚的收入，不仅鼓励人口增长，也鼓励普通人勤勉。当劳动报酬丰厚时，劳动者能够有更多的资本改善其后代的生活，也就能够养活更多的子女，这将导致人口的不断增长，有利于满足日益增长的劳动需求。斯密还认为，丰厚的报酬是勤劳的奖励。富足的生活有助于增强劳动者的体力，会使得他们更加勤勉。再者，丰厚的报酬也是道德主义的体现。它使得劳动者有闲暇享受生活，可以适时的放松自己，不仅有利于保持长期健康，而且也有利于产能的增长。

其次，改革限制人员自由流动的制度。在斯密看来，学徒制度和行业组织限制了资金和劳动的流动，而英国的济贫方案以及后续颁布的一系列法令的户籍制度则完全取消了劳动的自由流动，增加了劳动者重新再就业的困难也降低了他们的工资待遇。斯密认为强力限制人员的流动是对人类天赋自由的公然侵犯。借用过去全国普通法律和各州治安法官的特殊命令为例，斯密不无激昂的表示：是时候废止这些严格的规定了，让劳动者充分自由的流动，让市场对劳动者加以分流。

再者，鼓励劳动分工。斯密认为，贫国和富国劳动生产率的差异主要是源于两国之间劳动分工的广度和深度。在贫穷的国家，一个人做所有的工作，而在富裕的国家一般都会由几个人来共同分担。斯密还指出，劳动分工的细化会导致产品的产量以倍数增长。以扣针为例，未分工前，一个人一天最多也就生产 20 枚扣针，但分工后，每人每天可生产 480 枚扣针。在一个治理良好的社会，除了能使得产量成倍增长外，分工还可能使得“普遍富裕的情况惠及最下层人民的身上”①。

第四，主张节俭的理念。对于个人而言，斯密认为追求上进是人的天性。传统观念大多都认为增加财富是上进的必要手段，因而增加财富最直白的手段就是节俭，即将收入的一部分储蓄起来。但对于国家而言，斯密则认为财富的

① 亚当·斯密．国民财富的性质与原理．赵东旭，丁毅，译．南昌：江西教育出版社，2014：11.

增长主要依赖于提高生产劳动者的数量和提高劳动生产率，而这两者都离不开资本的运作。可见，个人的浪费会阻碍事业的成功，而政府的浪费则会阻碍财富的积攒和科技的进步。因此，主张节俭的理念有助于促进个人和社会财富的增长。

最后，鼓励发展贸易。斯密十分重视对外贸易。其认为穷人若想脱贫致富就需要与他人进行贸易而国家若想致富就要与他国进行贸易。对于一个勤劳的穷人而言，富裕的邻居是他很好的顾客，而对于一个贫穷的国家而言，富裕的邻国就是其致富的机缘。因而，一个人若想发财必定不会隐居山林，而会到繁华的大都市，因为这里的机会多、财富流通也多。同时，斯密还指出，邻国的富裕虽然在战争和政治上对本国形成威胁，但是在贸易上却有利于本国。相较于未开化的民族或贫穷的国家，邻国的富裕必然能为本国的产品提供一个更为广阔的市场，这必将有益于百姓。因此，斯密主张个人和国家重视贸易，通过贸易以摆脱贫困的境地。

（四）简要述评

贫困问题虽非斯密研究理论的核心，但是综合来看，斯密对于贫困问题还是进行了比较系统全面的探讨。斯密非常关注和同情穷人的境遇，其认为贫困在价值上是不善的，会产生很多消极影响，因而主张通过加强贸易、节俭消费等开源节流措施，促进个人和社会财富的增长。但斯密的贫困研究也存在局限性，斯密所研究的贫困是绝对贫困，他所关注的对象是那群连基本生活都无力维持的人，这使得其忽视了因资源分配不公而产生的相对贫困问题。

综合来看，斯密将个人的穷困归因于资本和土地产权的私有化以及外部环境恶化，而将社会的贫穷归因于政策失误使得市场这只“看不见的手”无法发挥应有的作用。对于个人贫困，除了勤勉和节俭外，斯密还寄希望于他人的慈爱之心。但是，他又强调：“仁慈总是不受约束，它不能以力相逼。缺乏仁慈并不会受到惩罚；因为这并不会导致真正确实的恶果”①。简言之，没有强制性的约束迫使人们行善，行善与否全看个人的佛心。可见，斯密的济贫办法是被动的、消极的。此外，斯密对当时英国的济贫法案也不太认同，其认为济贫法限制了资本和人员的流动，并导致了市场机制的失灵。因而，斯密建议取消济贫法，允许人员自由流动，在市场机制的作用下，让经济自由发展。但斯密也过于看重市场的力量，而忽视了资本主义社会内生的不平等机制。

---

① 亚当·斯密．道德情操论．蒋自强，等，译．北京：商务印书馆，1999：96.

与马尔萨斯的消极态度不同，斯密认为通过细化分工、治理完善等，人人富裕的社会是可以实现的。综合来看，斯密的贫困问题不仅仅只局限于经济学领域，还拓展到伦理和社会领域，这使得对贫困问题的研究跳出了单纯的经济视角向更为宽广的伦理和社会视角延伸。但我们也应看到斯密的反贫困思想仍带有某些资本主义烙印，其总体还是为资本主义发声。

三、马尔萨斯的反贫困理论

从理论渊源上讲，最早开始从人口方面研究贫困问题的是英国资产阶级庸俗政治经济学的鼻祖托马斯·马尔萨斯。在著作《人口原理》中，马尔萨斯主要考察两个问题：一是什么原因导致了人类的贫困；二是缓解人类贫困的办法。从自然规律出发，马尔萨斯发现人类的贫穷是人口增长的必然产物，因而现有的社会变革注定是徒劳无功的。

（一）人类贫穷的原因

1. 食物的有限与人口的无限

食物是人类生存所必需，但是大自然的空间和营养是有限的，这限制了动植物的自然的生长。然而，人的情欲始终存在，因而人口的增值能力是无限的。马尔萨斯据此提出了著名的“两个级数”① 的观点，即若不加抑制，人口会呈几何级数增长，而生活资料会呈算数级数增长。在马尔萨斯看来，以无限的人口增长对应有限的生活资料必然会导致饥饿与贫穷。以英国为例，其现有的生产资料刚好足够养活 700 万的人口。在第一个 25 年里，英国的食物和人口都翻了一番到 1400 万，生产资料刚好够养活所有的人口。在第二个 25 年，人口增加到 5600 万，而食物却只有 2800 万，仅仅只够养活一半的人口。随着人口和生产资料增长速率的不匹配，一个世纪结束后，人口和生产资料的缺口将使得 7700 万人完全得不到任何食物。由于人口的繁殖能力与生活资料的供应天然的不匹配，必然会导致获取食物的困难，使得一大部分陷入饥饿和穷困。

在马尔萨斯看来，由于人口的繁殖能力无限的大于自然可供应的生产生活资料的能力，势必会导致以下恶果：第一，随着两者缺口的不断扩大，人均生活资料呈下降趋势，穷人的生活必定恶化；第二，人口的增长导致劳动力数量的供给多于市场所需，进而导致劳动力价格下降，而食物价格却在上升，使得

① 托马斯·马尔萨斯. 人口原理. 陈小白，译. 北京：华夏出版社，2012：6.

穷人养家糊口的难度加大，并易于陷入贫困与饥荒的境地。

2. 济贫法的失效

为了缓解普通民众频繁地陷入贫困，英国制定了济贫法，寄希望该法案的实施在某种程度上能够减轻了个人的些许不幸，但实际却与之相反，该法案引发了更多的不幸。首先，济贫法会使本无力养家糊口的穷人也可以结婚，这使得社会所需供养的人口增加。从某种意义上来说，济贫法制造了更多他们需要救济的穷人。其次，人口与食物增长的不匹配。由于人口增加，而食物没有增加，会使得劳动人口人均可购买的食物减少，必然使得原不需救助的人被迫向教会寻求救济。再次，济贫法会给人们造成幻觉，觉得自己比较富有，可以享受闲暇时光，因而使得生产性的活动减少，这会在短时间内就导致国家和人民的贫穷。最后，济贫法案会削弱人们勤俭节约的能力和意愿，当意外发生时，许多家庭就会陷入困境，只能靠教区接济维生。

（二）缓解贫困的对策

在贫困问题上，马尔萨斯算得上是一位悲观主义者。在其看来，人口与生产资料增长速率的不一致，是产生通往“可完善性社会”① 道路的巨大鸿沟。任何制度的改革都无法消除两者的差距。因此，马尔萨斯认为彻底消除贫困非人力所及，贫困问题也就不可避免。尽管马尔萨斯认为人类的前景一片灰暗，但是这并没有阻碍其对如何缓解贫困问题的探讨（张静，2010②）。

1. 认识济贫法案的有限性，完善相关法律制度

对于济贫法案的失效，人们普遍认为是由于扶贫资金管理混乱所致。然而，在马尔萨斯看来，人口增长才是情况恶化的根源。其指出济贫法案中关于多生孩子多救济金的规定，必然会导致孩子的出生率增加，进而导致食物价格上涨和实际劳动价格的下降，从而致使劳动者阶级陷入贫困的境地。同时，救济法还会导致工作积极性降低、自愿性失业增加、养懒汉等社会现象。因此，马尔萨斯主张完全废除当时的济贫法，给予人们自主和行动的自由。在马尔萨斯看来，一旦允许人们自由流动，人们就可以不受禁锢的选择适宜的居住地，哪个机会多、哪里工资高，人们就会流向哪里。同时，全国征收济贫税提供经

---

① 根据托马斯·马尔萨斯在《人口原理》中的描述，可完善性社会：是指社会全体成员都过着轻松、快乐、相对有闲的生活，人人都具有充足的生活资料。

② 张静．马尔萨斯的贫困观——评马尔萨斯的《人口原理》．赤峰学院学报（汉文哲学社会科学版），2010（7）：50-52.

费在各郡修建济贫院为极端贫困的人提供免费的避难所，并且强迫有能力工作的人工作，按市价计酬。马尔萨斯还提出加大对农业的扶持力度，鼓励人们开垦新的土地，增加生产资料的供给。此外，削弱和废除与同业公会、学徒制度有关的制度，缩小工商业与农业报酬的差距。

2. 抑制人口过快增长，缓解物质资料供给压力

马尔萨斯认为，人类之所以频繁遭受贫困的侵扰，主要是因为人口过快的增长超过了生产资料的增长。与动植物一样，人类繁衍也受强大本能驱使。那么如何抑制人的本能，控制人口增长呢？马尔萨斯提出了两种主要的抑制方式，即预防性抑制和现实性抑制。“预防性抑制”是指因预计养家糊口的困难而减少生育，而现实性抑制是指因生存艰难，即下层阶级无法给予后代足够的食物和照顾”①。前者使得没有养家能力的人不婚，有能力的人晚婚，而后者因饥荒、灾害、疾病、战争等使得死亡率升高或者寿命缩短。

相较于现实性抑制，预防性抑制具有：（1）抑制的范围更广。出于婚后可能要节俭度日、放弃喜爱的生活、社会地位下降、就业竞争激烈等因素，社会各阶层都可能会选择不婚、晚婚或者节欲，而受现实性因素影响的主要是社会最底层的百姓，其他阶层的人们有能力和方法减缓或消除其带来的不利影响。（2）效果更温和。预防性抑制是人们出于理性考虑，是个人意愿的选择，而现实性抑制则是外在环境强压的。（3）效果持续时间更长。预防性动机是从思想上改变人的观念，细水长流，而现实性抑制则是短期内导致大量的死亡，灾难过后，人口又会恢复到以往的速率增长。因此，马尔萨斯更倾向于预防性抑制而非现实性抑制。

（三）简要述评

从现在看来，马尔萨斯的贫困观可能是不合时宜的，但也不能否认某些理论仍具有积极的现实意义。在分析致贫原因时，马尔萨斯认为贫困是由于人们的繁殖能力大于土地为人类生产生活资料的能力而导致的，因而其主张通过抑制人口增长来缓解贫困。这一理论观点被很好地运用于我国的历史实践。改革开放后，我国将“计划生育”定为国策，以缓解人口过剩、人人均穷的社会现象。经过多年的发展，我国已经步入了中等收入国家，经济总量也位居世界第二。可是，以控制生育为代价的发展模式已经走到尽头，我国出现“未富先老”的局面，面对劳动力缺口不断扩大，激励人们多生、优生才是现在的

① 托马斯·马尔萨斯．人口原理．陈小白，译．北京：华夏出版社，2012：25.

政策走向。马尔萨斯虽然没有设想到科技进步使生产可能性的边缘向外移动，也没有预计到20世纪后出现的低生育率、低死亡率的社会现象。但是不可否认，至少在经济发展初期阶段，马尔萨斯的人口致贫的观点是符合社会客观规律的。

在扶贫救济方面，马尔萨斯意识到当时英国济贫法的不合理之处，反对以救济金的形式帮助穷人，而主张以工代赈、多劳多得的救济模式。通过这种救济方式，不仅可以帮助有能力的人通过自立摆脱穷困，避免养出懒人，也有助于增加国内的生产资料总额。这一论点也与我国“扶贫先扶智”理念不谋而合。但需要说明的是，作为资产阶级的代表者，马尔萨斯对穷人群体还是持否定的态度，如马尔萨斯反对通过征收济贫税的方式来缓解或消除贫困。但现在是一个互助互济的社会，征收济贫税有助于弥合贫富差距以及维持社会稳定。马尔萨斯反对对贫者实行救济，因为其认为救济会使救助者丧失自立精神。诚然，存在一定的概率会出现养懒人的现象，但是仅因少数人的不道德行为就否定对穷人群体的救助未免有些不人道。此外，马尔萨斯也没有意识到穷人的贫困并非完全是自身原因，当时的圈地运动和工业革命也对他们负有不可推卸的责任。

综合来看，马尔萨斯的贫困观虽然简单，也有些不合时宜，但是其扶贫方法、扶贫思路是值得我们在今后的扶贫攻坚中反复思量。在马尔萨斯看来，可能性社会是永远不会到来。但是，在国家主导、社会力量跟进的扶贫救助中，可能性社会也许很快就会来临。

四、阿瑟·庇古的反贫困理论

庇古1877年出生于英国怀特岛，是英国著名的经济学家，剑桥学派的主要代表人物，被誉为“福利经济学之父”。在庇古生活的年代，英国的经济地位不断地受到其他国家威胁，经济上出现萧条，工业和贸易上的损失使英国经济雪上加霜。经济不景气，使得资产阶级逐步加强了对工人的剥削，贫富差距也不断地扩大。同时，随着阶级矛盾日益的激化，工人运动异常活跃。在此背景下，庇古看到了贫困阶级的强烈不满以及改变生活现状的愿景，出于对穷人和贫困工人阶级的同情和关怀，其开始思考如何弥合贫富悬殊，让贫困人群也能共享发展的成果。

在继承恩师马歇尔福利经济思想的基础上，受边沁功利主义原则的启发下，庇古提出了自己独特的福利经济体系。庇古十分关注穷人群体，也十分重视经济公平与收入的合理分配。在庇古看来，经济研究的目的是帮助社会改良。因而，围绕着我们罪恶，“贫困和肮脏，富有家庭的奢靡，贫困家庭可怕的不定感——这些明显的罪恶，都是可以通过应用经济学知识加以控制的”①。可见，他的经济研究主要是以消除贫困，增加社会福祉为出发点和目的的。

（一）设立最低工资标准

庇古认为引起“劳动者的骚动”的原因之一在于劳动者对其工资率的不满，而造成工资率不公正低的原因主要有：第一、高昂的移动费用（如语言、机会成本）使得工人阶级流动性低；第二、工资支付形式的多样化，使工人之间无法进行比较；第三、劳动力市场的信息不对称，雇主的团结及雇主的高抗风险能力，导致在劳资谈判中，工人处于不利地位，这加深了资产阶级的剥削。第四、寄希望于雇主的仁慈，但庇古也指出当雇佣方自身都贫穷时，“那就几乎没有仁慈的余地；即使他们并不十分穷困，如果他们通过雇用的工头或分包人来决定计件利润，那就没有了使雇主发善心的希望”②。可以看出，在资本主义制度下，在劳资双方的斗争中，劳动者往往处于弱势地位。

在现实生活中，因为劳资双方利益的不一致，双方的关系往往也呈现僵化或无法调和的局面。因而，庇古主张通过磋商的方式来缓和两者因为工资问题产生的矛盾。当然，协商的工资不可能偏向雇主低得无法维持日常生活，也不可能过于偏向工人高得滋生懒散的习性。在庇古看来，“在任何特定行业中，工资相当于一般行业的工资就是公正的”③。虽然工资应等于工人给予企业净边际产品的价值，但基于人文关怀，庇古认为“在工资较低任何职业里，不管相对于这个职业做工工人的效率程度是不是公正的，工资应当提高到足以使普通工人得到适当的升级”④。此外，庇古还驳斥了传统有关最低工资的观念，其认为传统的最低工资忽视了个体独特的需要，仅是维持正常能力工人的“生活收入”。因此，庇古主张在制定最低工资标准时，除了考虑日常所需外，还应考虑个体单独的特性。

（二）肯定个人价值，提高社会地位

在庇古看来，“劳动者暴动”的原因之二是对其社会地位的不满。马志尼

① 阿瑟·庇古．福利经济学．朱泱，等，译．北京：商务印书馆，2006.

② 阿瑟·庇古．福利经济学．朱泱，等，译．北京：商务印书馆，2006：582.

③ 阿瑟·庇古．福利经济学．朱泱，等，译．北京：商务印书馆，2006：572.

④ 阿瑟·庇古．福利经济学．朱泱，等，译．北京：商务印书馆，2006：621.

曾说："资本是劳动的暴君"①。当时的工业制度剥夺了工人作为自由人应有的责任和自由，将他们物化、商品化、工具化。庇古十分厌恶这种将人工具化的行为，其认为人既是目的，也是生产工具。人的思维方式和生理特性使其一方面能被艺术熏陶、培养出良好的品格，即学习如何做人；另一方面，能够从事复杂的工业活动，即学习如何做事。但当时的资本主义社会往往只重视了对后者人的价值的培养，这也就使得培养的人可以制造出各种精美的机器，但是却无法建一栋房子，或写一首诗，或画一幅画。在庇古看来，只致力于能力技术的培养而忽视对精神方面需求的社会是社会失败的。一个良好的社会需要重视人的价值，既要致力于使人成为良好的工具，也要关注如何培养良好的人。

与男性相比，女性在劳动市场中往往会遭到更多的剥夺、歧视和排挤。在当时，受传统习俗的影响，工作的女性较少，社会也常常忽略女性对家庭和社会所做出的贡献。由于对女性的歧视，当时一些新兴的职业，如打字员、服务员等，这些是更适合细心、有亲和力的女性去做的工作，也往往由男性来做。庇古强烈批判这种错误的观念，主张给予女性平等的地位。针对当时人们认为女性就业会影响男性就业机会的观点，庇古也予以驳斥，其认为女性的就业不仅不会使男性失业，反而更有助于男性就业。同时，女性工作也会增加家庭收入，这样也就能够给予后代更好的照料。因此，庇古主张通过国家干预方式，打破传统观念，以平等的方式对待女性。

（三）调节资源配置，促进国民经济福利增长

在庇古看来，社会经济福利在很大程度上取决于两个要素：一是国民收入的大小，二是国民收入在社会成员中分配的情况。一般而言，个人经济福利的衡量是依据其消费开支而不是其收入所得为标准的。根据边际消费倾向递减原则，收入越增加，消费占收入的比重也就越少。例如，一个富人的收入是穷人的20倍，其消费支出可能仅为穷人的5倍。所以，如果收入分配有富人转移给穷人，社会的总消费必然会增加，经济福利也会有所增长。

同时，庇古还认为为实现公平分配，必须将国民收入从富人手中转移到穷人手中。庇古在《福利经济学》中提出了两种转移方式，即"自愿转移"和"强制转移"②。自愿转移是指富人自愿捐献一部分财富给穷人谋利的事业，如举办娱乐、教育、保健等福利事业。庇古非常认可这种转移方式，并建议政

---

① 阿瑟·庇古. 福利经济学. 朱泱，等，译. 北京：商务印书馆，2006：21.

② 阿瑟·庇古. 福利经济学. 朱泱，等，译. 北京：商务印书馆，2006：738.

府积极引导着崇高动机以用于对社会底层其他人的慷慨行为。但是，仅依靠富人自愿转移的收入给穷人是远远达不到社会的总需求，因此就需要借用强制性转移的手段弥补缺口。强制性转移是指通过征税的方式来调制收入分配，如征收遗产税、所得税等。但同时庇古还指出，强制性征税可能会有害于国民收入，且其反面影响的程度犹未可知。

传统观念认为，任何基金支助都会引诱穷人养成懒散和浪费的习性，因而不支持任何一种转移支付。庇古也指出在实施收入转移方案时，首要的就是考虑如何规避可能出现的负面效应，以确保国民经济福祉的增长。在庇古看来，一国政府不应实行如施舍般的收入转移，而应依据个人独特的情况对其进行针对性的救助。当然实施普遍化转移（如实行普遍养老机制）也是十分必要的。同时，转移的形式也可以多样化，可以是金钱，也可以是医药治疗、免费教育、免费膳食等。在诸多的转移形式中，庇古非常关注对教育的转移，其认为只增加工人的教育和培训是远远不够的，应该将注意力放在对穷人正常的训练与培育上。其指出投资穷人的孩子是前景无限的，因为儿童时期是身体和思维高度发展的时期，在这个时期对穷人孩子进行知识和技术能力的培养往往会起到事半功倍的效果。在《福利经济学》一书的最后，庇古总结道："从富人向穷人的一定资源转移必定会增加今后的国民收入所得"①。

（四）简要述评

综合来看，庇古所研究的贫困应该属于人文贫困的范畴，其不仅关注收入的状况，还十分重视人文关怀以及个人价值的体现。庇古在制定最低工资标准时，考虑到个人贫困的原因不一，建议将每个人的特殊情况纳入考量范围。所以，庇古的最低工资标准是动态的、独特的。该方案虽充分考虑了个体的独特需求，但却忽视了现实的可操作性。在肯定个人价值的方面，庇古批判了资本主义社会将人工具化的现象，鼓励能力、人性和人格共同发展。在性别平等的方面，庇古鼓励女性就业，主张男女同工同酬。这一观点，时至今日，都具有重要的意义。现今许多国家，仍然还存在歧视女性的现象，如男女同工不同酬、限制就业等。鉴于资本主义日益严重的贫富差距，庇古还主张通过自愿和强制转移两种手段，以达到劫富济贫，促进公平与效率的目的。此外，庇古还主张对穷人进行划分，对不同的穷人救助的形式也应有所不同。这种救济不救穷、有针对性的提供救助的想法与我国精准扶贫不谋而合。

① 阿瑟·庇古．福利经济学．朱泱，等，译．北京：商务印书馆，2006：772.

虽然庇古关心贫穷问题，致力于社会总福利增长，但是他的经济理论仍然是在资本主义充分竞争的基础上，提出的改良措施。在《福利经济学》第三篇开篇，庇古就提到若因罢工或关厂导致劳动力和设备闲置，国民收入和经济福利必然会受到损害。因此，庇古主张用和睦的方式——“仲裁”——解决劳资纠纷。但是，在当时，工会组织才刚刚兴起，工人也比较分散并没有形成强有力的组织。若采用温和的手段解决劳资纠纷，必定是不利于工人阶级。同时，庇古还寄希望通过社会的改良来解决贫富差距问题。但是，在资本主义背景下，寄希望通过国民收入转移来实现平均分配和社会福利最大化，那是不可能的任务（杨维，2013①）。综合来看，庇古的反贫困思想过于理想化，其忽视了资本主义内在的制度缺陷。此外，关于庇古认为对同一收入变动，富人损失的效用小于穷人获得的效用的观点，罗宾斯等人给予了批判。在他们看来，个人效用是不可以通过数量来进行比较的，因而福利经济学的主张和要求缺乏科学的依据。

五、古典经济学反贫困理论的演变

不难看出，从布阿吉尔贝尔到阿瑟·庇古，从路易十四到乔治六世，人们从来都没有放弃对贫困的声讨和对富裕平等生活的追求。随着社会经济发展以及社会需求变化，古典经济学家对贫困的态度和应对策略也随之更新，这主要体现在：

第一，贫困的内涵和外延不断地被拓展。在布阿吉尔贝尔、亚当·斯密和马尔萨斯时期，贫困的界定还只局限于基本生活资料的满足，属于收入贫困，亦即狭义的物质贫困；而在阿瑟·庇古时期，对贫困的界定除了生存所需外，还涵盖了个人价值的实现，贫困的内涵和外延也随之被拓展到人文贫困和广义贫困。这种变化充分体现在他们对最低工资的标准的衡量标准上。在斯密看来，最低工资=自身生活基本需要+家庭生活基本需要；而庇古的最低工资则在考虑个人差异的基础上，还引入不定变量“个人的独特需求”，因而，其认为最低工资=维持正常能力工人的“生活收入”。相较而言，斯密的最低工资标准仅考虑生存的基本需求，而庇古的最低工资标准则是动态的，也更加人性化的。

第二，贫困成因和对贫困态度的变化。斯密认为贫困在价值上不善的，贫困也主要是由于劳资双方的关系和国民经济的停滞造成。基于交易机制，在

① 杨维．庇古福利主义伦理思想研究．江西：江西师范大学研究生院，2013.

《国富论》里，斯密认为劳动收入是劳动效率的反馈，换言之，若劳动群体都勤勉工作则不会产生贫困。但是基于心理机制，在《道德情操论》中，他对穷人的处境充满怜悯，鄙夷世人对财富的崇拜和对贫穷的歧视。马尔萨斯对贫困的态度则是极其负面的，其认为贫困是罪恶，是由于穷人的懒惰、缺乏远见等不良习性导致。穷人也被其称为“过剩人口”，主张通过节育等手段避免产生“多余的人”。而庇古则认为贫困和奢侈一样都是罪恶，是一种社会问题，因而主张通过调节收入分配和劳资双方的关系，促进穷人福利的增长。综合来看，随着对贫困问题理解的深入，古典经济学家对致贫原因的理解也从自身因素向社会因素转变，对贫困的态度也从负面转向了中性。

第三，对政府干预态度的变化。在斯密看来，自发行为形成的社会机制优于任何受意图支配的社会体系，因而主张政府对贫困采取漠视的态度，但是出于对贫困者的同情，又寄希望富人的仁慈之心发挥作用帮助穷人脱离窘境。而庇古则彻底不认同斯密以来自由放任的政策主张，倡导政府力量介入，主张由富向贫转移支付，以实现收入分配的均等。

第四，对税收政策的态度。税收是把双刃剑。在布阿吉尔贝尔的理论中，国家和民众的贫困是因为税赋的沉重和不公导致的。因此，布阿吉尔贝尔主张规范税收制度，确保人人都公平合理的纳税。而在庇古的理论中，税赋是国家干预下富人对穷人的强制性转移，不仅有助于消除贫困、弥合贫困差距，也有助于增加社会经济福利。综合来说，税收政策的好与坏，主要看征收的对象。对穷人征税，无疑会加剧穷人的负担，使之陷入更加绝望的窘境，而对富人征税，因其财富积累较多且边际消费倾向下降，则会有益于社会整体的经济增长。但是，不论是对穷人还是对富人征税，税收都应该做到公平和普适性。

此外，古典经济学对于人口致贫的态度，一直广受公众非议。马尔萨斯的人口致贫论在亚当·斯密的《国民财富的性质与原理》中也有所体现。在描述造成中国底层社会贫困的因由时，斯密说：生产资料不足限制了人口的繁衍，使得中国出现了很多弃婴和溺婴事件。诚然，在社会经济发展初期，人口致贫的观点是符合社会发展客观规律的。但是，人口致贫理论没有预计到科技的进步以及经济增长会使得生产能力的上限不断被突破，也没有预计到 20 世纪后半叶，低出生率、低死亡率导致的“社会老龄化”现象。人口致贫理论，在如今看来，已经不合时宜了。

综合来看，从布阿吉尔贝尔到阿瑟·庇古，古典经济学的反贫困理论都带有某些资本主义烙印，他们都寄希望通过社会的改良来消除贫困。比如布阿吉尔贝尔提出改革税制、斯密提议自由竞争，马尔萨斯则主张人口控制，庇古支持转移支付等，这些主张都是建立在资本主义社会的前提下指望通过这些举措，在资本主义社会消除贫困以实现社会福利的最大化是根本不可能完成的任务。联合国《2016年人类发展报告》①，发达国家的贫困人口出现了逆势增加的现象，2012年发达国家贫困人口已经超过了3亿。以斯密和马尔萨斯等为代表的古典经济学者虽也意识到资本主义阶级对立的现象，但受阶级立场的局限，决定了他们无法将贫困问题深入到剥削的实质。

古典经济学者的贫困理论虽然带有某些资本主义烙印，但也不能否认某些理论仍具有一些现实意义。比如，亚当·斯密对于"无形的手"和自由经济的看法，对于我国大力发展社会主义市场经济，实现资源优化配资，调动劳动者的积极性和创造性具有重要的现实意义。又如，斯密有关资本与产业结构的看法，对于我国夯实农业基底，改造传统制造业，全面发展服务业的产业结构调整优化策略具有一定的理论价值。再比如，马尔萨斯主张通过抑制人口增长来缓解贫困的方法被很好地运用到我国的历史实践中。改革开放后，我国将"计划生育"定为基本国策，以缓解人口过剩、人人均穷的现象。经过多年发展，我国已经步入中等收入国家，经济总量位居世界第二。可以控制生育为代价的发展模式已经走到尽头，所以，我国目前在积极地调整生育政策，以便更好地与经济发展相适配。

第三节 现代经济学的反贫困理论

西方现代经济学始于20世纪30年代，以1936年约翰·梅内德·凯恩斯的著作《就业、利息和货币通论》发表为界。由于现代经济学的时间跨度相对较大，再加之，贫困是一个复杂多维的概念，涉及经济、社会、人文、心理等多方面，故而涉及的学者也相对较多，因而较难选取研究的对象。因此，本节拟采用词频统计和聚类分析法对知网的数据进行筛选，选取贫困问题研究中出现词频最高的学科（除经济学外）进行研究。经检索发现，知网数据库中关于贫困问题研究②社科类的电子资源一共为18.4万，对贫困问题研究总量最多且总电子数据过万条的研究主要聚集在农村、教育和心理三个方面（具

① 联合国开发计划署.2016年人类发展报告［OL］. https：//www.docin.com/p-2042379516.html，2016-03-21.

② 检索词条为：贫困、反贫困、脱贫、减贫、灭贫，选题数据最多的作为知网数据库中贫困问题研究的总数据，时间截止至2022年8月30日。

体数据见表2.1)。其中，农村贫困问题研究大多数可归于社会学范畴，心理贫困大多可归属于心理学范畴，教育贫困则在社会学和心理学都有涉及。因此，本节主要从心理学和社会学两个方面梳理贫困的相关理论。

表2.1　**知网数据库关于贫困问题的研究**

所属领域	聚类成员	知网数据库		所属领域
		中文	外文	
教育贫困	教育贫困；教育阻断贫困；教育投入	4.55万	0.59万	心理学及社会学
农村贫困	农村贫困；乡村贫困；城乡贫困；二元贫困；产业扶贫	3.18万	0.28万	社会学
心理贫困	心理贫困；贫困心理；精神贫困；心理资源；精神脱贫；心理受助；心理资本；心理健康	1.39万	0.11万	心理学

资料来源：根据知网数据库数据整理而得。

一、基于心理学的反贫困理论

关于“心理贫困”或“贫困心理”的概念最早出现在社会心理学中。早在1956年，奥斯卡·刘易斯在《五个家庭：贫困文化中的墨西哥案例研究》一书中就提出“贫困文化”① 的概念。刘易斯认为穷人之间的互动与交集会形成“贫困文化”，这种文化会对个体的社会和心理方面产生影响，进而使得贫困出现代际遗传性。代际遗传是指环境引起的贫困会造成精神上的贫困，而精神上的贫困会导致贫困的代代相传。尽管这种观点将贫困主要归因于穷人自身，但其对贫困心理的思考，激发了心理学家对贫困问题背后心理机制的广泛探讨（如Feagin，1972②；Foster et. al.，1984③；Nasser et. al.，

① Lewis O. Five Families: Mexican case studies in the culture of poverty. New York: Basic books, 1975.

② Feagin, J. Poverty: We still believe that god helps who help themselves. Psychology Today, 1972 (6): 101-129.

③ Foster J., Greer J., Thorbecke E. A class of decomposable poverty measures. Econometrica, 1984 (3): 761-766.

等，2008①)。世界银行在2000年也从穷人主观心理感受出发将贫困的定义拓展为“幸福感被剥夺”②。美国心理协会在2003年《关于贫穷和社会经济地位的决议》③也指出心理学家作为研究者和人类服务的提供者，有义务和责任更好地理解贫困，理解结构性种族主义及其对健康和心理健康的影响，同时借助社区优势以帮助社会预防和减少贫困，并有效治疗及解决低收入个人和家庭的需求。

在对现有文献进行了回顾后，本书将贫困的心理学研究大致分成了三个阶段：第一阶段是指1980年以前，心理学对贫困问题的研究主要强调的是个人或群体在解释贫困的原因和影响方面的作用；第二阶段是指1980—2000年，心理学家开始考虑导致贫困的结构性和社会性因素；第三个阶段是指2000年以后，心理学家开始重点关注社会、政治和经济因素在创造和维持贫困中的作用以及它们是如何加剧贫困的恶化。

在第一阶段，心理学家倾向于从微观个人或群体的角度来阐述贫困的成因及其影响，而不涉及宏观的社会结构（Pear，1970④；Goldstein，1973⑤）。基于此，心理学家将归因理论纳入贫困问题研究的范畴，旨在了解社会各阶层人群对致贫原因的不同看法及其对公共政策产生的影响。从内因来看，贫困是个体内在的生物特质所造成的。虽然这一观点在历史上反映了公众对穷人的态度，但很多人对智力测试的有效性产生了质疑（Pearl，1970⑥）。此外，语言技能和累积环境的缺陷，也被Pear认为可能是导致贫困儿童学业不佳和贫困循环代际遗传的因素之一。但是，尚未有确切的证据证明语言的能力也存在阶级的差异。

---

① Nasser R., Abouchedid K., Khashan H. Perceptions of the causes of poverty comparing three national groups: Lebanon, Portugal, and South Africa. Current Research in Social Psychology, 2008 (7): 101-118.

② 世界银行. 2000/2001年世界发展报告. 世界发展报告翻译组，译. 北京：中国财政经济出版社，2001.

③ American Psychological Association (APA). Resolution on poverty and socioeconomic status. Roeper Review, 2003, 25 (3): 103-105.

④ Pearl A. The poverty of psychology: an indictment. Psychological Factors in Poverty, 1970: 348-364.

⑤ Goldstein A P. Structured learning therapy: toward a psychotherapy for the poor. New York: Academic Press, 1973.

⑥ Pearl A. The poverty of psychology: an indictment. Psychological factors in poverty, 1970: 348-364.

基于智力的心理学理论并非唯一导致个人经济和社会地位低下的唯一内因。如 Carr（2003①）运用麦克莱兰方法分析发现，穷人身上普遍缺乏一种特质——成就的需要（Need for Achievement），因而难以形成正向激励促使他们改善自己状况。其他心理学家则将贫困视为道德缺陷或心理疾病。从道德的视角来看，贫困被认为是需要被救赎的罪恶而从疾病的视角来看穷人被视为生活在病态环境中的"病人"，因而，心理学家主张心理治疗和将儿童从环境中实际移除。

福利与贫困的关系也是这一时期心理学家较为关心的问题。Feagin（1972②）通过对全美的贫困归因与福利关系的调查，得出了"个人-结构-命运"的三因子归因模型。Pear（1970③）也持有相同观点，其认为贫困本质上是由于破碎家庭和不完全社会化导致个体自我发展能力的低下。该观点认为，穷人更易于性冲动，也更具有攻击性冲动易被挑动，这一观点与贫困理论不谋而合（Curran，2002④）。尽管刘易斯强调了社会环境在"贫困文化"中所起的作用，但其用负面语言，如野蛮、紧张、缺乏等，描述穷人之间的情感，这侧面反映贫困的内在归因。综合来看，这一时期的心理学家只注重对贫困内因的探究，而忽视了对贫困外因的探讨。此外，心理学家也在慢慢认识到现有贫困研究的片面性，意识到社会、经济和政治力量对贫困成因所起到的作用，贫困的归因也开始从内逐渐向外过渡。

Bronfenbrenner（1979⑤）提出基于个人、家庭、朋友、社区和社会在内的互动系统理论，来探究社会环境对个人行为和个人发展的影响。Harper（1990⑥）等则是通过调查英国人对发展中国家贫困的归因，得到"穷人-政

① Carr S. C.，Sloan T. S. Poverty and psychology：From global perspective to local practice. Global Public Health，2008，3（1）：109-111.

② Feagin J R. Poverty：we still believe that god helps those who help themselves. Psychology Today，1972，6（6）：101-110.

③ Pearl A. The poverty of psychology：an indictment. Psychological Factors in Poverty，1970：348-364.

④ Curran L. The psychology of poverty：professional social work and aid to dependent children in postwar America，1946-1963. Social Service Review，2002，76（3）：365-386.

⑤ Bronfenbrenner U. The ecology of human development：experiments by nature and design. Cambridge：Harvard university press，1979.

⑥ Harper D J，Wagstaff G F，Newton J T，et al. Lay causal perceptions of third world poverty and the just world theory. Social Behavior and Personality：an international journal，1990，18（2）：235-238.

府-自然环境-国外剥削”的四方归因模型。基于互动系统理论，Fraser（1997①）分析贫困产生的原因和影响，其认为一个人生活的多个系统可能对智商、学业的分数、学校的表现产生影响。社会整体意识形态也会对穷人产生负面影响，如消费主义的盛行时，穷人受社会风气的影响，穷人的消费欲望也在上涨（Lummis，1991②）。但并不是所有社会力量带来的影响都是不良的，也有一些穷人克服学校或工作场所的负面影响而获得成功（Garmezy，1985③）。Garmezy 提出了个人的“保护因素”概念，并将其分为倾向属性（如积极的态度）、家庭环境（如较好的家庭凝聚力）和家庭外的社会环境（如社会支持），其认为这些保护因素将会帮助个体避开任何外部力量所带来的风险。Fraser（1997④）也认为保护因素可以通过降低负面影响、降低负面影响带来的连锁反应、培养个人自尊和通过社会改革创造机会这四个方面发挥作用，来增强穷人的风险抵御能力。

在第三个阶段，贫困问题研究有两个层次：第一个层次是分清强调个人作用和强调社会作用的因素，第二个层次是两者的互动。可以看出，这一阶段的心理学家主要是从人类行为与社会环境互动关系的视角来理解贫困。其中，个人作用的理论将贫困归因于个人的内在缺陷，如劣质基因、精神疾病等，而社会作用的理论则强调存在于社会结构中的缺陷，如歧视、消费主义等。如《2015 年世界银行报告：思维、社会与行为》⑤ 十分关注个体行为与社会环境的互动是如何受贫困情景的影响，并指出认知资源的不足是造成穷人在决策过程中短视的原因。Moreira（2003⑥）从心理认知的角度探究得出，西方文化的

---

① Fraser M W. Risk and resilience in childhood: an ecological perspective. Washington, DC: NASW press, 1997.

② Lummis C D. Development against democracy. Alternatives, 1991, 16 (1): 31-66.

③ Garmezy N. Stress-resistant children: the search for protective factors. Recent Research in Developmental Psychopathology, 1985, 4 (19): 213-233.

④ Fraser M W. Risk and resilience in childhood: an ecological perspective. Washington, DC: NASW press, 1997.

⑤ World Bank. World development report 2015: Mind, society, and behavior [OL]. https://documents.worldbank.org/en/publication/documents-reports/documentdetail/126291473335233501/world-development-report-2015-mind-society-and-behavior, 2016-01-27.

⑥ Moreira V. Poverty and psychopathology. In S. Carr & T. Sloan (Eds.), Poverty and psychology: from global perspective to local practice. New York: Kluwer Academic/Plenum Publishers. 2003: 69-86.

入侵损害了穷人的自尊，增加了个人患精神疾病的机会。Dalton et. al（2016①）则是以世界银行的安全、赋权和机会组成的贫困三支柱理论为基点，呼吁在给穷人进行心理治疗的时候，应该消除对他们的歧视和偏见，并赋予他们更多的发言权。美国心理协会也在2000年的《关于贫困的决议》② 呼吁心理学家们更多的关注社会环境和人类行为互动对贫困产生的影响。

综合来看，贫困与心理相互影响，并形成一种“心理-贫困”的反馈循环。在宏微观层面，贫困的内外因通过作用机制，给穷人带来负面的想法；而受心理因素的影响，穷人无法作出正确的选择，最终会加剧他们的贫困。对于如何打破这种循环，学者也大致提出了两种策略，即加大经济扶持的力度和降低贫困心理的影响。在经济扶持方面，可以通过转移支付或提高储蓄等方法。这种减贫方法虽然可以带来较好的福利效果，但是却易于造成贫困人口的依赖心理（Karlan et al.，2016③）。在降低贫困心理影响方面，教育扶贫被提及最多，通过教育影响人的智力和认知能力，重塑贫者面对不利环境的心理及其行为，从而打破“心理-贫困”的反馈循环。当然，各国国情不同，基于自身国情的研究成果是否适用于我国还有待验证。在当下实行的“扶贫项目”中不妨将贫困的心理成本、脱贫的心理收益纳入统筹考虑的范畴，这不仅有助于我们更好的理解贫困，也有助于脱贫工作的有效开展。

二、基于社会学的反贫困理论

随着对贫困问题认识的深入，人们开始从更广泛的社会领域去探究穷人行为背后的社会环境，并重点关注社会价值、信念、文化、结构等与个体之间的互动关系。社会学视角的贫困研究主要涉及社会分层、社会资本、社会文化和社会政策四个方面。

在社会分层研究中，常被提及的是Davis和Moore的功能主义理论。在Davis和Moore看来，社会的功能机制有权分配社会成员的社会地位，并激励

① Dalton P S.，Ghosal S.，Mani A. Poverty and aspirations failure. The Economic Journal，2016，126（590）：165-188.

② American Psychological Association（APA）. Resolution on poverty and socioeconomic status. Roeper Review，2003，25（3）：103-105.

③ Karlan D，McConnell M，Mullainathan S，et al. Getting to the top of mind：how reminders increase saving. Management Science，2016，62（12）：3393-3411.

社会成员完成与其自身功能相对应的任务。Lott（2002①）通过分析古典主义理论中的歧视问题来解读贫困，并指出上层阶级有目的的将人按照上中下进行划分，并设置障碍防止穷人获得与其他阶级平等的资源份额，人为的造成了“社会贫困”。Czibere（2014）② 更是用“下层阶级”来形容那些经济生活完全边缘化的个人和家庭，指出下层阶级是被排除在传统的分层制度之外，与大多数属于非穷人毫无关系（无论是经济上还是社会上）。由于社会根据声望、尊重等来区分其成员，这必然会导致不平等的产生。正如 Wolf（2007③）指出 Townsend 所认为的社会不平等是建立在剥削和压迫的双重性基础上，也是贫困当权者和社会边缘群体之间对立的结果。这一观点与马克思的社会学学说不谋而合。在马克思看来，资本主义世界的社会贫困可以通过有产者和无产者之间对立和矛盾的结果来描述。因而，社会不应该是和谐的，而是充满冲突的领域。总而言之，贫和富的分层有助于人们理解社会中分配的不均衡。同时，Wolf（2007④）还指出这种社会分配的二元性是不可避免的，在高度个人成就的现代社会中，个人因素在对谁、如何或者为什么能获得更有利的社会地位发挥重要作用。

社会资本方面的研究重点是考察穷人资本缺失的原因。Loury（1981⑤）在对财富代际转移中发现，贫困家庭获得教育和其他方面资源的能力制约了其社会的流动性。除了将 Loury 认可的金融和教育，Coleman（1988⑥）还进一步将家庭和社会的人际关系也纳入资本的范畴。在 Coleman 看来，虽然金融和教育背景（或人力资本）很重要，但孩子成功的可能性还取决于社区内的许

---

① Lott B. Cognitive and behavioral distancing from the poor. American Psychologist, 2002, 57（2）：100.

② Czibere I. The sociological context of poverty. Metszetek-Társadalomtudományi folyóirat, 2014, 3（1）：151-168.

③ Wolf J P. Sociological theories of poverty in urban America. Journal of Human Behavior in the Social Environment, 2007, 16（1-2）：41-56.

④ Wolf J P. Sociological theories of poverty in urban America. Journal of Human Behavior in the Social Environment, 2007, 16（1-2）：41-56.

⑤ Loury G C. Inter-generational transfers and the distribution of earnings. Econometrica：Journal of the Econometric Society, 1981, 49（4）：843-867.

⑥ Coleman J S. Social capital in the creation of human capital. American Journal of Sociology, 1988, 94：S95-S120.

多社会网络关系、家庭间的社会资本以及社会的经济地位。Rankin 和 Quane（2000①）也发现相较于其他社区，贫困社区的居民在获得社会资本和帮助他们摆脱贫困的社会关系的机会严重不足。然而，与贫困社区成员不愿意参与社会活动的假定相反，Wolf（2007②）发现贫困社区的家庭具有更高的可能性去参报社会活动。虽然贫困社区的家庭可能会从积极参与促进社区支持和行动中受益，但如果没有强有力、持续的经济和机构性的力量，积极参与社会活动给穷人带来的影响可能极小。

贫困文化，亦称穷人亚文化，这一术语是学者们从一系列民族学、社会学和优生学调查中提炼出来的。这一观点最早是由 Lewis 在《五个家庭：墨西哥贫穷文化研究》（1975③）一书中提出。根据 Lewis 的观点，社会最贫困阶层建立了一个孤立的、通常自我繁殖的亚社会或亚文化。这种文化被认为具有重要的作用，它通过融入穷人的生活而将其延续到下一代。同时，Lewis 还认为贫困文化是对穷人边缘处境的一种适应和回应。当很明显他们无法按照大多数人的价值观和目标取得成功时，这就有助于他们应对绝望和绝望的情绪。由于双重原因，贫困亚文化可以存活很长的时间，一方面是由于大多数人对其成员施加的压力，另一方面是亚文化能够建立自我的激励机制。此外，刘易斯还认为贫困的亚文化在意识形态、愿望和个性等方面都对成长中的儿童起到了负面的影响。因此，刘易斯认为经济状况的改善并不一定会导致贫困文化的消除。贫困文化的终止过程是耗时的，仅通过一代人的努力是不够的，因为就其概念而言，“结束贫困比消除贫困文化更容易”。

贫困文化被视为是一种不正常文化，是导致个人和家庭陷入贫困的本质原因。Wolf（2007④）在其研究中也曾提及穷人的家庭是病态的，他们的存在归功于社会的善意，现有的福利制度为下层阶级提供了可靠的保障。但是，Wolf 也提及到虽然可以从穷人的态度和行为模式看出贫困的原因，但贫困更应被视

① Rankin B H., Quane J M. Neighborhood poverty and the social isolation of inner-city African American families. Social Forces, 2000, 79 (1): 139-164.

② Wolf J P. Sociological theories of poverty in urban America. Journal of Human Behavior in the Social Environment, 2007, 16 (1-2): 41-56.

③ Lewis O. Five families: Mexican case studies in the culture of poverty. New York: Basic books, 1975.

④ Wolf J P. Sociological theories of poverty in urban America. Journal of Human Behavior in the Social Environment, 2007, 16 (1-2): 41-56.

为是资本主义社会下一种严重的组织运作失灵。Murray（2008①）也指出非裔美国人的城市贫困是政府提供“失败激励”政策社会结果。Murray认为政府和社区机构对穷困人员提供的福利会消除他们工作的欲望，使贫困的非洲裔美国人产生依赖的心理。这一观点受到政治学家Piven和社会学家Cloward（1993②）的认可。通过对20世纪40—50年代的社区犯罪进行分析，Piven and Cloward认为与解决社会动荡而增加福利的做法和在需要更多技能工人时减少福利的做法一样，该做法不仅无法起到积极作用的，还易于造成公众对城内黑人的负面印象。

此外，贫困的社会学研究还涉及弱势群体、少数群体、农村和郊区贫困等。总体而言，社会学认为贫困是社会资本、文化价值、社会阶级、政府政策等多因素共同的结果。这些变量中的任何一个都代表着具体的理论，对他们系统性的理解有助于我们更好的理解贫困，若对贫困缺乏全面的认识，忽视治贫过程中的社会政治因素，穷人将继续受苦。

① Murray C. Losing ground: American social policy, 1950-1980. New York: Basic books, 2008.

② Piven F F., Cloward R. Regulating the poor: the functions of public welfare. Vintage, 2012.

第三章　西方发展经济学反贫困思想的发展轨迹与主要类型

第一节　西方发展经济学反贫困思想的发展轨迹

“发展”一词的官方界定来自1955年的亚非会议，但有关发展的经济思想最早形成于20世纪40年代中后期，其主要是源于发达国家对发展中国家发展的关注以及发展中国家在发展过程中对经济发展的自觉自发行为。“二战”后，世界经济结构发生重大变化，西方发达国家迈入快速发展的“黄金时期”，而众多刚独立的殖民地国家和半殖民地国家则民生凋敝，导致无法走上独立自主的发展道路。借鉴学习发达国家的经济发展经验，成为发展中国家摆脱经济贫困问题的主要途径。在当时，工业作为衡量一个国家强盛的重要指标，各国都致力于发展本国工业。由于西欧各国过去把殖民地主要作为农产品的生产基地，因而导致殖民地的工业产业发展落后。因此，大多数发展中国家迫切希望通过投资非农业产业来促进国家经济的良性发展，以提升居民的生活水准，从而摆脱贫困的恶性循环。

在这种思想中，资本形成是其核心，决定着一国的贫富。其中，贫困归因的理论大致可以分为：以“贫困的恶性循环”为依据的理论，包括纳克斯的“恶性循环理论”、莱宾斯坦的“准安定均衡”论、奈尔逊的“低水平均衡陷阱”论等。在这些理论来看，一国穷困主要应归因于资本形成的不足。从内部资本形成来看：由于不发达国家人民绝大多数都从事农业生产，个人所得低微，而消费却没有减少，因而导致本国储蓄的不足，且受奢靡消费、传统文化等因素的影响，这些国家潜在的储蓄能力也不足，进而无法增加投资规模，而资本的匮乏又会导致生产率的低下，进而导致该国陷入了“生产率低—个人收入低—储蓄低—投资少”的恶性循环；从外部资本形成来看：不发达国家的市场容量狭小，资本逐利的性质使得国际资本流入也极少。由于内部和外部资本形成的不足，使得经济落后国家难易摆脱低水平均衡状态。

为了打破低水平均衡，学者们主张进行大量资本的投资，以形成足够的刺激，进而促使经济落后向经济发展转变。这一时期主要的脱贫理论包括：罗森斯坦的“大推进”论、纳克斯的“平衡增长”论、莱宾斯坦的“临界最小努力”论、刘易斯的“二元经济”论、多马的“经济增长”论等。虽然，这些反贫困理论对资本的投向产生了分歧，但是都认可以投资带动需求的发展模式，也认可产业之间存在互为需求、互相发展的良性关系。但是对于投资资本所需的规模、先期投向的产业以及募集的渠道，学者们并没有进一步做详细的论述，也没有提出可行性的解决方案。此外，学者们也过于强调工业产业的重要性，而忽视了甚至是制约了农业的发展，导致该国产业结构发展的不均衡。同时，这种反贫困思想也过于重视效率，而忽视了公平，也没有探讨如何合理分配发展的成果，而忽视了底层百姓最基本的需求。再者，这种反贫困思想也没有重视政治环境、自然条件、文化习俗等因素的影响，因而容易导致粗放式发展模式盛行，也容易造成资源浪费以及生态环境破坏。

自 20 世纪 60 年代中期起，人们意识到通过单一的经济增长是无法推动社会整体发展，经济落后国家仍然深陷赤贫境地，因而必须将经济增长与社会结构的变革等多种因素结合起来考虑。1970 年 10 月，联合国的《第二个发展十年计划（1970—1980）》放弃了传统的“一维”的衡量标准，将就业、收入和财富分配等反映社会状况的指标也纳入了考量的范围。顺应时代的发展，经济学家也将关注重点从单纯的“经济增长”转向“经济增长和社会结构”的变革。

在当时，发展中国家绝大多数的人主要是从事的是农业产业，只有少部分人从事制造业和服务业。尽管发展中国家也渴望像发达国家一样，走上工业化的道路。但是受传统文化、制度、气候等因素的影响，发展中国家存在广泛的“失业”和“就业不足”的现象，因而无法为经济的发展提供充足的劳动力。由于传统农业投入较少，生产效率低下，因而抑制了人们储蓄-投资的意愿，也制约了该国的经济发展。因而，学者们认为通过农业改造，以工业来武装农业，将羸弱的农业改造成高效率的生产部门，这比一味追求工业化来得更为实际。

社会制度的变迁也是当时学者们的关注重点。随着经济的发展，不平等、贫富分化、权力腐败等社会问题日益突出，学者们主张通过一系列的制度改革来消除愈加严重的社会问题，如土地制度改革、权利关系改革、教育制度改革等。此外，人口质量也是学者们关注的重心，主要体现在量和质两方面。在量方面，过多的人口抑制了发展中国家经济的发展，因而，学者们主张通过预防性抑制的手段控制人口的过快增长。在质的方面，学者们主张发展中国家进行教育改革，在教育层次上侧重发展初中等教育，在教学模式上侧重培养“专才”而非“通才”，在教学方法上注重素质教育而非应试教育。同时，发展中国家还需要注重培养教师的质量，提高教师的社会地位和薪资水平，以吸引更多的高素养的青年人才加入教师队伍。

此外，发展经济学家还涉猎其他研究领域。譬如，发展中国家发展过程中的非经济因素分析；收入增长、平等等在内的多目标发展问题；发展中经济国家的二元结构；对外贸易和国际收支；科学技术的革命和科技的引入等。同时阻碍发展中国家发展的原因可归纳为：缺乏完善的社会制度；政策的不健全；缺乏具有较高文化技能的劳动力；政府干预过度；人口增长超过生产增长；基础设施不完善，限制资源的有效利用；存在大量隐蔽性失业人口等。为了促进发展中国家经济的发展，学者们提出的政策主张主要有：加大科学研究；引进科技成果；控制人口；改革现有政策，如土地政策、农业政策；把握政府对经济的干预力度等。

步入20世纪70年代末，欧美一些发达国家陷入滞胀，而亚洲一些发展中国家经济却得到了快速的增长，人民生活水准不断提高，温饱已不再是社会关注的焦点。但是随着经济增长，社会发展进程中所面临问题的负面效应逐渐凸显，一些发展中国家在发展方向、发展方式、发展目标、价值取向等方面都存在问题。如在发展方向上，只注重经济增长，而忽视了人的全面发展；在发展方式上，主要采取粗放型发展，而忽视对资源环境的保护；在发展目标上，以效率优先，公平次之；在价值取向上，只关注物质享受，而忽视精神追求，出现了“金钱迷失”现象。这些问题引发的社会割裂的现象，引起人们反思，进而形成了“以人为本”的扶贫观。

在这一阶段，学者们主要关注的是人的自由和发展，如阿马蒂亚·森的可性能力自由、伊斯特利的经济与政治自由、佛朗索瓦·佩鲁和德尼·古莱的人本主义等。关于贫困的分析也从单纯的经济因素拓展到文化、法律、制度等领域，涉及社会学、伦理学、经济学等学科，脱贫的终极目标也是为了实现人权利的自由，权利扶贫的反贫困思想自此诞生。相较于前期的反贫困思想，权利扶贫的思想使得对贫困问题的研究发生了如下转变：

第一，贫困的内涵从传统意义的收入低下转向为权利的剥夺，后再转向为可行能力的剥夺。在当时，物质资料获取并非难事，社会存在因性别、种族、宗教、国籍等因素而受到不平等对待或权利剥夺的现象。因而，贫困并非仅是物资的短缺，而更应是一种权利的剥夺。

第二，贫困的外延也从物质方面的需求转向对更高层次的健康、受教育水平、社会公平等方面的需求。权利贫困在认可人固有属性重要性的基础上，将贫困问题的研究置于更为宽广的经济学和伦理学等研究体系中。

第三，脱贫的中心也从经济向人权转变。学者们主张还政于民，给予穷人充分的权利，让穷国产生预期的涓流效应，让发展的成果与穷人共享。

此外，由于贫困的隐蔽型、继发性和多元性，因而使得贫困的测量一直缺乏有效的标准和衡量的体系。在这一时期，森、迪顿等经济学家在借助宏微观经济调查数据的基础上，采用经济计量的方法对贫困进行测度，并创建了新的衡量指数，如森指数、FGT 贫困指数、BD 贫困指数、MPI 贫困指数等，为发展中国家贫困的识别和测度提供了更具“科学范式”的研究方法。

随着经济的发展，自然灾害、环境问题、健康问题等问题日益突出，人们也逐渐对环境与贫困有了较深层的认识，开始重新考虑新的反贫困方法以弥补之前存在的不足。20 世纪 80 年代，一种新的反贫困观念——可持续扶贫逐渐形成，并在 90 年代初得到了国际社会的广泛认可，这是反贫困理论研究的重大突破和进展。

可持续是一个多维、复合的概念，涉及社会、环境、生态、哲学、伦理等学科领域，因而可持续扶贫理论具有思维的综合性。由于可持续扶贫涉及内容十分庞杂，学者们的反贫困策略和路径也各不相同，但均是基于公平性、持续性和共同性这三个原则。首先，公平性，包括人类社会纵向的代际公平和代内的横向公平，以及人与自然、人与其他生物之间的公平。这是与传统反贫困的根本区别之一，也是权利贫困的拓展及延续。人类之间的公平要求任何一个人、任何一代人都不能处于主导地位或支配地位，人类之间都享有同样的选择的空间。

其次，持续性，包括人本身的可持续和人类的可持续发展。人本身的可持续发展是以个体发展为起点，个人掌握可持续发展的精神与能力，提升个体生命的质量和人生境界。人类的可持续则是以人类整体为出发点，重点研究如何确保资源的持续利用和生态系统的可持续以维持人类社会的可持续。

最后，共同性，蕴含着人类命运共同体的理念。每个人、每个地区、每个国家都应集体行动起来在环境资源等利用问题加以制约，共同肩负全球可持续发展的义务。

此外，需要明确的是三个原则的侧重点和实施的主体不同。公平性侧重的是权利，实施的主体是代际、代内、人与生物群落等；持续性侧重的是发展，实施的主体是人自身，人类与环境、资源的协调；共同性侧重的是义务，实施的主体是国际间的共同合作。综合来看，可持续扶贫可以说是科学、综合的反贫困观。第一，可持续扶贫的研究成果是建立在对社会问题反思的基础上，是对前面反贫困思想的总结及补充。第二，它强调“人类命运共同体”及“天人合一”的思想，要求人类共同承担，相互尊重，倡导在生态可承受范围内合理的开发和使用自然。第三，它考虑到社会各方面综合性发展，如公平性、持续性。因而，可持续扶贫观是发展经济学史上新的里程碑，具有划时代意义。

综合来看，西方发展经济学的反贫困思想经历微观、中观和宏观三个层面的三转变。

首先，在微观层面上，其关注的重心从个人收入水平向人的发展转变。伴随着社会进步，当代西方贫困的内涵在不断地扩大，从最初的收入贫困拓展到能力贫困与人文贫困，以及复合的可持续贫困。1950—1960 年，贫困的定义还仅局限在收入层面，贫困的成因也主要是因收入不足而引起的储蓄和投资低下，进而导致个人和国家的整体贫困。1960 年后，贫困的内涵逐渐延伸到个人能力的方面，强调个人能力资本的投入，1990 年后更是着重于突出对个人价值的肯定。当代西方贫困内涵的变迁在国际组织的目标制定上也有所体现。20 世纪 70 年代中期，经济合作与发展组织依据收入水平将贫困定义为收入不足当期社会中位收入的 2/3；20 世纪 80 年代，世界银行的报告指出贫困是指个人、家庭和社会资源的匮乏；20 世纪 90 年代初，联合国开发署的人类发展指数将预期寿命、教育程度和生活水准纳入计量的范围；20 世纪 90 年代后期开始更是将经济、环境、政治等纳入贫困的范畴。可以看出，对个人以及人类整体发展的关注逐渐演变成反贫困思想的核心。因而，在治理贫困时，除了重视人的积极作用，给予个人充分且平等的受教育、就业、参与社会活动的权利，还应对环境问题加以关注，打破贫困与环境间的恶性循环。只有充分的尊重和肯定个人、人类和自然的价值，才能够更好地生产发展，经济才能有序平稳的增长。

其次，中观层面上实现了从工业向产业协同发展的转变。产业结构的选择对一个国家或地区的经济发展而言至关重要。在“经济扶贫”反贫困思想的盛行时期，农业被视为是生产效率极其低下的夕阳产业，因而落后的农业经济是无法满足人们对先进工业的需求。在这种思想的指导下，许多发展中国家大力发展工业而轻视农业，甚至出现损害农业来发展工业的现象。但是受资本的限制，发展中国家只能通过投资若干工业生产部门的方法以期促进经济的平衡发展。这种发展战略虽然能在一定程度上有助于农业国家工业化的发展，但是人们的生活水平却没有得到多少改善，甚至连温饱都无力维持。这种只重视工业的发展模式是不可持续的，对农业发展的忽视阻碍了工业和经济的持续增长和人们生活水平的提高。正如布哈林所说："靠剥夺农业而发展起来的工业，最终会被落后的农业所羁绊"①。传统农业要素配资是合理的，生产率的低下是因为缺乏足够的经济刺激。在重新认识农业的经济价值后，学者们主张通过引进新的技术、新的品种、具有现代化知识的人等方式将低效的传统农业改造成现代化的新农业。综合来看，牺牲农业发展工业的战略只会导致发展的失衡，落后国家工业化的发展应当建立在农业产业发展的基础上，这样才能实现该国产业结构的调整，并最终实现产业结构向合理化、协同化发展。

最后，宏观层面的中心也从局部发展向人与社会和谐发展转变。在"经济扶贫"阶段，学者们普遍认为不发达国家居民的储蓄能力极其低下，致使资本形成的不足，进而制约了该国经济的发展。因而，学者们主张将优先的资本投资到若干个工业部门，以投资带动需求，以需求带动投资，通过局部产业的增长来带动经济的平衡增长。经济增长和收入水平是贫困的一种外在表现，社会、经济、政治制度的落后则是贫困的内在体现。不发达国家由于土地、教育、政治权利等制度的变迁落后于经济增长，使得传统以经济增长为手段的脱贫方式无法解决日益凸显的社会问题。因而，学者们开始思考如何引入社会制度的变革，以调动生产的积极性，以提高人口的素质，以消除腐败和不平等，进而形成了社会制度变迁与经济增长相辅相成的反贫困思想。随着经济的发展和生产力水平的提高，社会的主要矛盾也从对美好生活的向往转变为对分配不均衡的关注。学者们认识到社会矛盾的转变，在充分认可人固有属性的基础上，主张以社会、政治、经济等自由为基础，通过提升个人的可行能力，以实现人与社会的可持续发展。

第二节　西方发展经济学反贫困思想的主要类型

西方发展经济学的反贫困思想的发展轨迹与联合国的四个发展十年战略密切相关，从第一个十年到第四个十年，联合国的发展思想先后经历了"增长"

① 陈淑华．贫困地区经济发展的客观约束．求是学刊，1998（1）：42-45.

“公正”“权利”和“可持续发展”的变迁，因而本节将从四个十年发展策略演变对西方发展经济学的反贫困思想进行分类。

一、“一维扶贫”观

在“一维扶贫”观时期，西方学者主张大量进行资本投资，以促使发展中国家经济发展，这一思想在联合国的《第一个发展十年国际发展策略》中也得以充分体现。在第一个发展十年（1961—1970），联合国旨在通过高速的经济增长率以解决南北贫富差距日益扩大的问题。为实现这一目标，联合国先后为发展中国家提供大约10亿美元的粮食援助和34亿美元的发展援助基金。但到20世纪70代初很多的人处在营养不良、失业、未受教育和非人的生活条件中。第一个发展十年从整体来说是失败的（王文，2001①），其失败的原因主要可以归结于：一是内外资本的不足。发展中国家存在“生产率低—个人收入低—储蓄低—投资少”的恶性循环，这使其内部资本匮乏，尽管联合国从外部提供了大量的援助，但面对数量众多的发展中国家，均摊到单个发展中国家无异于杯水车薪；二是制度的不公平。当时国际社会在经济体制、货币制度、贸易制度和政治制度这四方面存在着不公，这在一定程度上阻碍了发展中国家经济的腾飞。首先，在经济体制上，大多数国家虽然在主权上脱离了殖民者的统治，但是在产业结构和国际分工上仍位于从属地位。其次，在货币制度上，发展中国家人口总数与其在国际货币组织中所占的权重不匹配，使其在决策中处于被动地位。再者，在贸易制度上，由于国际贸易自由化不断地加深，贸易壁垒和差别待遇等被取消，这不利于低工业化水平的发展中国家在国际市场上与发达国家相竞争。最后，跨国公司掌握着发展中国家重要经济领域的命脉，从而严重影响了发展中国家经济自由和主权独立。

可见，第一个发展十年战略的失败主要原因并不是一些自由学者所认为的仅为外部资本供给不足，而因将制度结构的不合理也纳入考量范围。同时，随着发展中国家加入联合国队伍的不断增多，呼吁国际经济秩序改革的呼声越加高涨，迫使联合国调整其助力发展中国家发展的目标与思路。

二、“二维扶贫”观

在第二个发展十年战略（1971—1980）里，联合国仍将促进发展中国家

① 王文．联合国四个发展十年战略评析．国际论坛，2001，3（3）：35-41.

经济增长作为首要目标，在规定了发达国家的官方援助数额不少于其国民生产总值的0.7%外，还提出了加强发展中国家的科学与技术、人力发展等举措（联合国，1970①）。在第二个十年期间，联合国先后通过了《建立新的国际经济秩序宣言》（1974年）②和《各国经济权利和义务宪章》（1974）③，在这些决议里联合国也提出了增加发达国家对发展中国家科学技术的转让的目标。除此之外，这些决议还提出了改革国际经济制度，加强国际间合作，限制和监督跨国公司活动，促进发展中国家产业结构改革等手段。显见，经济增长不再是联合国衡量发展的唯一标准，国际援助也被并非是助力发展中国家发展的唯一手段。联合国开始修正其以经济为核心的发展思路，将社会制度变革、科学技术、人力投资等纳入考量的范围。

由于在第一个发展十年战略期间，发展中国家过分强调工业化，而忽视本国农业发展，结果造成本国国民经济的困难，致使陷入极端贫困与饥饿的人口增加。基于此，在20世纪70年代前后，印度、泰国、科威特、喀麦隆、印度尼西亚等国不得不改变本国的发展战略，调整本国的产业结构，并开始重视农业的战略地位。因此，在第二个发展十年战略期间，西方发展经济学家研究的产业重心已经由如何在发展中国家实现工业化转变为如何对发展中国家传统农业产业进行改造升级。

综合来看，前两个发展十年策略都是将国民经济的增长作为发展中国家脱贫的重要手段，基于此学者们也纷纷提出了自己的观点，联合国也付出了巨大努力，但是由于旧的国际经济秩序难以打破，国际关系合作开展并不顺利，第二个发展十年虽较第一个发展有所突破，但仍无法削弱南北贫富差距扩大的趋势。

此外，虽然第二个发展十年策略更多的是关注如何建立更加公平的国际经济秩序，但是由于本书的研究对象仅限定于单个的发展中国家，而并非国际机构和国际关系的重新构建。因而，本书将第二个发展十年的扶贫策略归结为经济与制度扶贫，即“二维扶贫”观。

---

① 联合国．第二个联合国发展十年国际发展策略［OL］．https：//www. un. org/zh/documents/treaty/A-RES-2626（XXV），1970-10-24.

② 联合国．建立新的国际经济秩序宣言［OL］．https：//www. un. org/zh/documents/treaty/A-RES-3201（S-VI），1974-05-01.

③ 联合国．各国经济权利和义务宪［OL］．https：//www. un. org/zh/documents/treaty/A-RES-3281（XXIX），1974-12-2.

三、"多维扶贫"观

（一）权利扶贫

通过对发展领域的反思和探索后，1980 年 12 月，联合国宣布了《联合国第三个发展十年国际发展战略》①。新的发展战略主要目标可分为经济目标、援助目标和权利目标。首先，经济目标，"发展中国家国民生产总值年均增长率 7%以上，人均国民生产总值的增长率约 4.5%，农业生产年均增长率 4%以上，制造业年均生产量增长速率为 9%，货物和劳务的进出口额年增长率应在 7.5%和 8%以上；到 1990 年，发展中国家投资毛额占本国国民生产总值的 28%，国内储蓄总值应到 24%"②。其次，援助目标，为了促进发展中国家经济的加速增长，联合国为发达国家官方确定的援助指标是其国民生产总值的 0.7%。此外，作为第三个发展十年战略的一部分，联合国在 1981 年制定了《支援最不发达国家的 1980 年代新的实质性行动纲领》③。纲领的目标是：推动结构改革，以克服最不发达国家经济极端困难的情况；为贫民提供完全充分和国际上所能接受的最低标准的生活条件，包括教育、医疗卫生、营养健康和就业等；查明主要的投资机会，并根据优先顺序进行资助；降低自然灾害带来的不利影响；确定援助的方式、金额以及债务的减免条款等。

但在第三个发展十年战略中期审查时，人们发现联合国的大多数目标都没有完成：大部分发展中国家遭受严重经济危机，经济增长率不仅远低于 7%的指标，甚至出现负增长的情况；许多发达国家出现了严重经济衰退，国际经济关系十分紧张，多边贸易合作遭受严重冲击。1986 年，在发展十年战略目标有效的基础上，联合国调整和改变了目标的相对优先顺序，并正式"确认发展权利是一项不可剥夺的人权，发展机会均等是国家和组成国家的个人一项特有权利"④ 的基本原则。从中，我们可以看出，发展权利包括两个方面：一是

---

① 联合国．第三个联合国发展十年国际发展策略［OL］. https：//www.un.org/zh/documents/treaty/A-RES-35-56，1980-12-05.

② 联合国．第三个联合国发展十年国际发展策略［OL］. https：//www.un.org/zh/documents/treaty/A-RES-35-56，1980-12-05.

③ 联合国．最不发达国家问题会议报告［OL］. https：//documents-dds-ny.un.org/doc/UNDOC/GEN/N82/069/24/PDF/N8206924.pdf? OpenElement，1981-09-01.

④ 联合国．发展权利宣言［OL］. https：//www.un.org/zh/documents/treaty/A-RES-41-128，1986-12-04.

它意味着民族自决权的充分实现，包括对自然资源、财富在内的不可剥夺的完全主权；二是这种权利全民共享，包括所有的人权和基本自由的充分实现。因而，发展不仅仅意味着经济的增长，还意味着公平和权利的实现。

综合来看，第三个十年发展战略扩大和深化了前两个十年的目标。就经济目标而言，不仅国民增长率提高了1%，还增加了如储蓄率、工业产值占比率等经济指标；就援助指标而言，其延续了第二个战略中对国家发展情况的分类，还通过了援助最不发达国家的行动纲领；此外，增加了一个新指标，对个人发展、个人权利的关注，使发展的重心从宏观对国家的尊重扩宽到微观对个人权利的保护。以人为重心，人人都能享受更好的福利，能够获得公平参与发展的权利，进而实现“真正的自由”。这些变化都表明，联合国长期以来的以“经济为本”的扶贫理念向“以人为本”的扶贫理念演化。

（二）可持续扶贫

1990年12月，联合国大会通过了《第四个十年发展策略（1990—2000）》①，即“可持续发展”。鉴于前三个十年发展战略所制定的经济、援助和权利等多项指标均未完成，在制定的第四个十年发展策略时，联合国并没有设立确切的指标，战略目标和优先项目也都能定期根据实际情况进行修订。由于第四个发展十年战略目标的时效性、灵活性较强，联合国后期专门召开了各个议题的专项会议对发展的各项指标加以规定。综合来看，新的十年发展战略是一个关于经济发展、减少贫困、社会进步、国际协作等涉及“人类社会活动的各个方面和各个领域”② 的可持续战略。围绕着人这个角度，联合国《第四个十年发展策略（1990—2000）》的可持续发展表现在：

第一，人的可持续发展。从个体角度来理解，人的可持续发展的核心是人权，包括人的生存权、发展权和自由权。首先，生存权是基础，是实现其他人权的前提条件。在大多数国家，生存权常指个体享有维持生活必需品的权利，即获得“温饱的权利”，而联合国的生存权则相对更为宽泛，除了物资权利外，其还将不受剥削和迫害的权利也纳入其中。为了确保生存权的确切落实，联合国大会先后通过了《开罗伊斯兰人权宣言》《保护所有人不遭受强迫失踪

---

① 联合国．第四个联合国发展十年国际发展策略［OL］．https：//www.un.org/zh/documents/treaty/A-RES-45-199，1990-12-21.

② 赵黎青．非政府组织与可持续发展．北京：经济科学出版社，1998：22.

宣言》《联合国老年原则》《布拉格声明》等。其次，发展权是核心，是指个体能够自由、积极地参与并共享政治、经济、文化的发展成果的权利。联合国先后通过了如《残疾人机会均等标准规则》《消除对妇女一切形式歧视公约》《千年宣言》等确保个体受教育权、平等的参加工作和休闲等权利。最后，自由权是最终的目标，包括宗教信仰、人格尊严、人身自由等权利。联合国先后通过了《开罗伊斯兰人权宣言》《在民族或族裔、宗教和语言上属于少数群体的人的权利宣言》《维也纳宣言和行动纲领》等。综合来看，生存权和发展权是最基本的人权，是自由权实现的基础，在生存权和自由权实现之前，任何对自由权的追求皆如无根之木，难以支持人的发展。

第二，人类的可持续。从群体的角度来理解，人类的可持续除了物质外，关键在于环境的可持续。随着人类文明的进步，环境问题日益突出。贫困与环境恶化在发展中国家互相交织，国际社会也越来越意识到环境与发展和谐共生的重要性。1992 年，《关于环境与发展的里约宣言》和《21 世纪议程》的通过，意味着就环境与发展问题达成了国际共识和最高级别的政治合作。长期以来，人类对自身与自然关系缺乏正确的认识，为了满足自身不断增长的物质需求，而导致人与自然关系的异化。这种异化现象，使得大气污染、森林砍伐、河流污染、土地沙漠化等环境问题更加凸显，这必然会导致发展链条的中断，使得人类整体陷于生存危机。基于环境问题的凸显，1992 年，联合国先后通过《关于环境与发展的里约宣言》和《21 世纪议程》，在全球范围了就人与自然的和谐发展达成了国际共识和最高级别的政治合作。因此，要实现人类与自然的可持续发展，必须合理处理两者的关系，按照自然规律去合理开发和利用自然，人类的发展也应以自然的承载力为界，达到实现人类与自然的协同发展。

综合来看，随着对发展问题研究的深入，联合国进一步拓宽了发展的外延，将发展问题从单一经济学范畴，拓宽到教育、医疗、科技、妇女权益等多个方面，涉及生态学、经济学、环境学、哲学、伦理学等多个学科。发展的指标也日益丰富，增加消除歧视、保护自然、公平分配、提升个体素质等多项指标，发展逐渐成为一个复合、多维的综合性概念。依据联合国四个十年发展策略的主要特点，结合西方发展经济学反贫困思想的变迁，本书因此将西方发展经济学反贫困思想分成：经济扶贫、经济与制度扶贫、权利扶贫和可持续扶贫。但是，鉴于权利和可持续是一个复合、多维的概念，因此，本书将其合二为一，共同界定为“多维扶贫”观。由于可持续扶贫相较于权利扶贫，更难以界定和量化，本书的“多维贫困”主要是针对权利扶贫。因此，本书后续的研究内容将围绕“一维扶贫”观、“二维扶贫”观和“多维扶贫”观时期的发展经济学家的反贫困思想来展开。

第四章　西方“一维”的反贫困思想

第二次世界大战结束后，世界经济格局呈两极化发展趋势，发达国家步入较快的发展阶段，而发展中国家则身陷赤贫的泥沼——经济处于停滞或恶化境地。发展中国家迫切希望寻找摆脱“贫困陷阱”的方法，以提升国家整体的经济水平。受发达国家成功经验的影响，大多数发展中国家将工业化视为发展的核心，认为只要实现工业化，伴随经济增长，贫困、饥饿、愚昧等社会问题就迎刃而解。这种观念也得到了国际组织的认可并加以强化，如联合国的第一个十年发展战略就将提高发展中国家经济增长速度和实现工业化，作为弥合发达和发展中国家贫富差距和增强人类福祉的重要手段。

实践表明，以经济增长为主的脱贫观念确实在财富积累方面成绩斐然。在第一个十年发展战略期间，一些发展中国家通过这种方式也确实完成了联合国年度 GNP 增长 5%的目标，这在一定程度上助力了国民福利的提升。这种只从经济角度出发的反贫困思想的代表人物有罗格纳·纳克斯、罗森斯坦·罗丹、哈维·莱宾斯坦、罗斯托等。其中，纳克斯的“贫困恶性循环”理论为早期发展经济学的资本形成奠定了理论基础，莱宾斯坦的“临界最小努力”理论则为发展中国家打破“贫困恶性循环”和“准安定均衡”提供理论的支撑。故而，本章将从“经济扶贫”的视角对罗格纳·纳克斯和哈维·莱宾斯坦这两位具有典型代表意义的发展经济学家的反贫困思想进行分析与评价。

第一节　罗格纳·纳克斯的反贫困思想

一、罗格纳·纳克斯生平及学术生涯

（一）罗格纳·纳克斯的生平

美国经济学家，罗格纳·纳克斯，1907 年 10 月出生于苏联加盟共和国爱沙尼亚贾瓦县蒂里教区一个叫卡茹的小村庄。纳克斯的父亲是房地产经理人，

母亲毕业于塔林音乐学院，后期继续学习语言和音乐。受其母亲的影响较深，纳克斯会说爱沙尼亚语、德语、意大利语、瑞典语、俄罗斯语、法语、英语等七国语言。

纳克斯幼年时期就读于当地一所俄语学校，毕业后前往塔林最负盛名的精英教堂学校学习并取得优异的成绩。根据当时的《公立中学法》，1926 年，纳克斯被保送到塔尔图大学法律系学习经济学。1928 年 9 月，纳克斯优异的学生生涯发生了一点小插曲，塔尔图大学教授 Mikhail Kurtchinsky 并没有给其政治经济学的学分。之后，纳克斯前往英国的爱丁堡大学继续学习经济学，并于 1932 年以优异的成绩毕业。1932—1934 年，在维也纳大学学习期间，纳克斯获得卡内基奖学金和范登洛奖学金。1933 年，纳克斯完成了自己第一篇学术论文《资本流动的原因和影响》，1935 年澳大利亚经济研究所出版了他第一部著作《国际资本流动》。1934—1945 年，纳克斯在国家联盟的金融和经济情报部门担任金融分析师，主要负责年度货币制度的审查工作，并参与《国际贸易评论》《世界经济调查》等著作和报告的出版。1946 年在国际联盟正式关闭后，纳克斯还曾短暂的在新成立的联合国工作过一段时间。

自 1945 年起，纳克斯就一直在哥伦比亚大学执教，前两年担任的是客座讲师，1947 年升任为哥伦比亚大学的经济学副教授，1949 年则升任为经济学教授。在哥伦比亚大学工作期间，纳克斯继续研究国际经济，并在欧洲多个学校进行公开讲座。之后，纳克斯更加关注发展中国家的经济和平衡增长方面的问题，并出版著作《不发达国家的资本形成问题》（Kukk，2004①）。1954—1955 年纳克斯前往牛津大学的纳菲尔德学院进行学术休假，1958—1959 年则前往日内瓦大学进行学术休假。1958 年，纳克斯接受了普林斯顿大学经济学教授和国际金融系主任的职位。1959 年 5 月，纳克斯在散步途中因突发心脏病，不幸身亡，终年 52 岁。

（二）罗格纳·纳克斯的学术生涯

资本的概念可以说贯穿纳克斯整个的学术生涯，其中资本的流动和资本的形成是其研究的重点，即使纳克斯后期曾涉及发展中国家发展和平衡增长等问题，但这些问题归根结底还是资本的问题。根据研究的侧重不同，本节从三个方面对纳克斯的学术生涯进行归类。

第一个方面：资本流动与资本形成

① Kukk K.（Re）Discovering Ragnar Nurkse. Kroon and Economy，2004（1）：45-51.

早期的国际直接投资理论是源于纳克斯发表的题目为《资本流动的原因与效应》(1933①) 一文。在文中，纳克斯详细研究了自发的、经济的和生产性的国际资本流动的成因与影响。在纳克斯看来，资本是逐利的，两国之间存在的利息差会导致资本的供给和需求产生变化，进而导致资本从低利率国家流向相对高利率的国家。除了关注国际间利息差引起的资本流动外，纳克斯也十分关注产业资本的流动，其将利息差引申为利润差，并将其用于解释国际资本流动的机制。纳克斯指出技术进步、消费习惯等变化会使得生产效率或市场需求的上涨，从而导致生产利润的提高，并引发资本的跨国流动。

在《研究不发达国家资本形成问题》时，纳克斯提出了著名的“恶性循环理论”②，并从供给与需求两方面说明了资本形成的循环关系。在纳克斯看来，收入的高低会影响个人的储蓄水平，而收入又是生产率的反映，生产率又在很大程度上取决于资本供给的多寡，而资本的供给又取决于储蓄能力，这样就形成了资本供给的循环。在资本需求方面，购买力的大小会影响人们的投资意愿，而购买力的能力取决于人们的实际收入水平，实际收入水平又取决于生产效率，而生产效率又是生产中资本使用情况的结果。因而，一个国家的贫富在很大程度上取决于资本是否充足，而这主要取决于本国居民的储蓄能力以及国外投资的意愿。其中，居民的储蓄能力受收入水平、发达国家消费示范效应等影响，而国际投资的意愿则取决于该国的市场容量、国际资本投资的传统模式、人口因素、贸易政策、国际援助等方面的影响。

第二个方面：发展中国家经济发展问题

在《经济发展问题的某些国际方面》一文中，纳克斯得出了著名的命题：“一个国家因为穷所以穷”③。在纳克斯看来，发展中国家市场容量狭小，主要原因是由于生产效率低下导致对资本的引诱能力微弱。同时，由于吸引的外资往往都投资到油田、矿山、种植园等采掘工业上，因而不利于该国的经济发展。1953 年，纳克斯在著作《不发达国家资本形成问题》一书中进一步探讨制约贫困国家发展的因素。在书中，纳克斯指出，造成一国贫穷的主要原因是

① Nurkse R. Causes and effects of capital movements. International Investment, 1933: 97-116.

② 拉格纳·纳克斯. 不发达国家的资本形成问题. 瑾斋，译. 北京：商务印书馆，1966.

③ Nurkse R. Some international aspects of the problem of economic development. The American economic review, 1952, 42 (2): 571-583.

“贫穷的恶性循环”①，如果没有外在力量的借入，该国会一直处于贫困状态。在书中，纳克斯还指出，发展中国家普遍存在“隐蔽型失业”的问题使得该国存在大量的劳动力资源浪费，进而导致劳动边际生产率的下降。同时，由于科技的进步、教育的普及，人们与外界的交流日益加深，欧美的消费模式将会先与生产率的提高来刺激不发达国家的消费欲望，不仅削弱了国内储蓄的能力，也严重干扰了外来资本对本国经济增长的促进作用。纳克斯认为，要克服不发达国家在发展过程中面对的上述困难，打破资本形成的需求“瓶颈”，就应采取“平衡”增长的战略对该国众多行业同步进行投资，以投资带动投资，以需求促进需求。

第三个方面：平衡增长理论研究

在《不发达国家资本形成问题》一书中，纳克斯指出，要想扩充不发达国家的市场容量，增强对外资本的诱惑力，对单个工业部门的投资是行不通的，只有同时对多个部门进行投资，彼此互相补足、互相支持，以消费带动消费，以需求带动需求，才能促进资金的增长。在纳克斯看来，落后的经济体虽然在资本边际产生率、技术进步和物资产品等方面增长的空间均极大，但是由于人们极低的购买力，将会限制价值生产率的增长。任何一项单独投资，其价值率受到雇主贫困程度的限制，无法促进需求的有效增长，也不足以产生极大的边际生产率，更无法达到增加市场容量的那种外部经济。因而，在经济发展时，应当实行全线式的投资方式，对各个不同的部门同时投入新的资本，通过市场容量的扩大以促进技术和生产率的提高，从而打破不发达状态的静止均衡的束缚。

在《世界经济均衡增长》（1963②）一文中，纳克斯也指出，对多种不同行业的平衡投资模式会让人们的工作效率更高，会让一国获得更多的资本和技术的改良，并促进消费需求的增长。纳克斯还指出，不论这种平衡增长是执政当局强制执行，还是由创造型企业家自发的促进，其都无法避免穆勒所说的“计算错误”③，但是不论采用什么方法，所要寻求答案的性质都是一样的。

---

① Nurkse R. Ragnar Nurkse：trade and development［OL］. http：//universitypublishingonline. org/anthem/ebook. jst? bid-CBO9781843318187

② Ellis H S. , Nurkse R. , Haberler G . , et al. Equilibrium and growth in the world economy：economic essays. Journal of Political Economy，1963，44（4）：503.

③ 穆勒·约翰．论政治经济学若干未定问题．张涵，等，译．北京：商务印书馆，2016.

二、罗格纳·纳克斯反贫困思想的渊源及理论基础

（一）罗格纳·纳克斯反贫困思想的渊源

古典经济学代表人物萨伊认为，商品的供给会创造自己的需求，总供给与总需求必定相等。约翰·穆勒也指出："生产方面的每一次增加，若完全按照私人利益所要的比例分配到各个部门的话，就会创造或形成自己的需求"①。这些话无不体现古典经济学市场法则中平衡增长的思想。纳克斯继承了该思想，其指出虽然单个产业的增长不会创造需求，但是多个部门的同时增长，而且增长率同消费者偏好成正比的话，其就会创造对自身的需求。古典经济学认为，经济增长是资本积累和劳动分工相互的结果，资本积累有助于促进劳动分工的细化，提高生产效率，从使得社会可生产更多的资本积累，最终形成一个发展的良性循环。纳克斯在其研究中也非常注重各因素之间相互作用的关系，其指出一国的穷困主要原因是由于一国资本积累的不足而引发了"贫困的循环"。

受古典经济学派关于国际贸易理论的影响，国际价值理论在很长一段时间内仍是以生产要素不能在国际间流动为前提假设。但是，在当时的欧洲出现了大量的资本和人流向其他各大洲的现象。基于此现象，贝蒂尔·俄林尝试着将劳动和资本流动纳入国际经济学领域，并着手研究国际贸易与生产要素之间、生产要素内部之间的关系。俄林的国际贸易理论继承了古典学派关于自由贸易的主张，俄林指出任何的贸易壁垒都会对商品和要素的国际流动形成阻碍，这都将损害各国的利益。同时，俄林还运用一般均衡分析的方法考量经济体系中各变量的相互依存及影响。俄林对生产要素的国际流动的关注，对贸易壁垒的批判以及均衡方法的使用，在纳克斯的研究理论都可以找到其身影。

在凯恩斯看来，有效需求不足会导致非自愿性失业。要增加就业，就需要增加有效需求，但因消费倾向短期内不会发生太大的变化，因而最有效的办法就是增加投资。但是个人力量不足以覆盖实际的投资需求，必须同时依靠个人与社会的力量，利用共同投资弥补个人投资的不足，而共同投资的资金可以通过税收和借债获得。与古典学派的观点不同，凯恩斯认为资本的跨国流动通常会导致资本的债权国物价上涨而不是下降，经济繁荣而不是萧条。可以看出，

① 拉格纳·纳克斯．不发达国家的资本形成问题．瑾斋，译．北京：商务印书馆，1966：14.

凯恩斯学派认为国际投资对出借国的经济收入和就业都起到了积极的促进作用。纳克斯在研究不发达国家贫困问题时也发现了不发达国家存在“隐蔽型失业”的现象。因此，纳克斯也主张通过增加投资的方式，将这部分过剩的劳动力吸引到别的产业上去以激发潜在的储蓄能力。同时，纳克斯也支持贫困国家通过对外借款、引诱私人投资等方式弥补发展过程中所需的资金缺口。但是，纳克斯否认了凯恩斯学派关于经济萧条一去不复返的乐观想法，其认为“要对相信在没有战争和国防负担的情况下就可以毫无困难地保持就业而无需出超的刺激，还为时尚早”①。

此外，哈罗德·多马认为只要新增对外投资的增长率与出借国国民收入年增长率保持一定的比例，且对外借款的平均回报率低于该国的国民收入年增长率，就不会发生“入超现象”②。纳克斯虽认可多马理论关于报酬回流的阐述，但是其也指出不能将收入支付和资本支付混在一起，而应当将这两种不同的回流分开来对待。

（二）罗格纳·纳克斯反贫困思想的理论基础

纳克斯十分重视资本。在纳克斯看来，“不发达国家”是指同人口及自然资源相较，资本相对不足的国家。因而，在分析经济落后国家问题时，资本形成就是其研究的核心。在研究不发达国家资本形成时，纳克斯主要涉及以下两个理论：

1. 贫困的恶性循环理论

在1952年的《经济发展问题的某些国际方面》一文中，纳克斯就提出了恶性循环理论的雏形，后在1953年《不发达国家资本形成问题》一书中，纳克斯对该理论进行了进一步研究，并形成了系统性的理论体系。在研究不发达国家经济发展问题时，纳克斯发现贫困国家的贫穷并非是因为国内资源的不足，而是因为该国经济中若干因素的互相联系、互相影响使得该国产生了“贫穷的恶性循环”。在这样循环关系的作用下，阻碍了一国资本的累积，使得不发达国家总是处于贫困的状态。纳克斯从资本的供给和需求两方面对循环关系进行论述（如图4.1）：

---

① 拉格纳·纳克斯．不发达国家的资本形成问题．瑾斋，译．北京：商务印书馆，1966：136.

② 入超现象是指当国外投资回流时，出借国的经济可能会受到足以引起萧条的影响，而这种影响是入超引起的。

（1）资本的供给取决于储蓄的能力及意愿。在不发达国家，由于资本的缺乏，投资的不足，劳动生产率的低下，使得该国的实际收入水平低，可支配收入少，储蓄能力也很小，而储蓄能力的不足又反过来造成资本的缺乏。周而复始，形成了“低投资—低生产率—低收入—低储蓄—低投资”的恶性循环。

（2）资本需求取决于对投资者刺激的强弱。在贫穷国家，因为收入水平低下，消费能力和购买能力很小，导致对投资的刺激不足，进而影响资本的形成，而资本的不足又会影响生产效率，进而导致低产出和低收入水平。这样，就形成了“低收入—低消费和购买能力—低投资刺激—低资本形成—低生产率—低收入”的恶性循环。

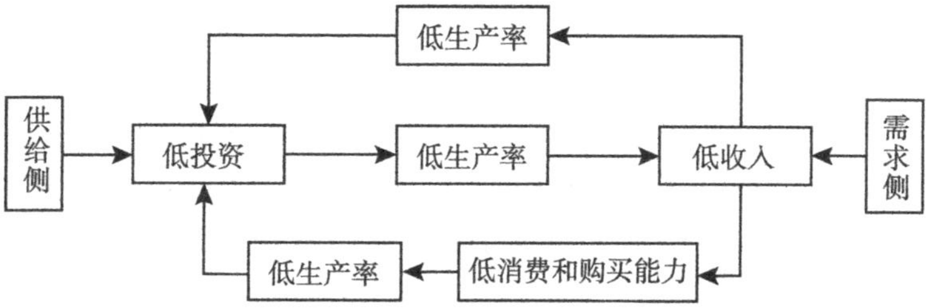

图 4.1　纳克斯“贫困的恶性循环”理论

在纳克斯看来，正是由于循环作用的力量，使得欠发达国家的贫困呈现一种稳定的态势。如果没有外部力量的推动，发展中国家将会自动达到一种低水平的均衡状态。只有鼓励私人和执政当局进行大规模的资本投资，弥补资本不足的缺口，增强国民储蓄的能力，才可能突破低水平均衡，才可能使得该国的经济在一个较高的水平达到均衡。

2. 平衡增长理论

纳克斯从“贫困的恶性循环理论”出发，提出了在不发达国家推动平衡经济增长的设想。在纳克斯看来，打破贫困恶性循环的关键在于突破对资本形成不足的约束，而资本形成的主要因素取决于市场容量的大小。由于不发达国家低收入，导致该国需求小且缺乏弹性，因而仅通过刺激任何一个单个部门的投资来扩大市场容量是完全无利可图的，也是非常冒进的做法。但是如果对多个部门和产业同时进行投资，这有助于提高需求弹性，促进市场容量的增长，进而增大对投资的引诱力度，使得该国从“贫困的恶性循环”中摆脱出来。可以看出，该平衡经济增长理论与罗森斯坦·罗丹的“大推进理论”都主张对欠发达国家或地区国民经济的各个部门同时进行大规模的投资，以投资创造需求，以需求带动需求，以促进各部门的平均增长，从而推动国民经济的全面发展。

这种通过大规模的投资创造需求的做法，在实施时需要注意：第一，在对各部门同时进行投资时，需要保持适当比例；第二，通过征税等手段削弱因示范性消费等会造成的消费习惯的改变导致储蓄漏损；第三，制定细致的计划和政策以确保国内外的资本落实到平衡增长战略上。同时，纳克斯还认为无关资本的性质，执政当局全面且细致的计划是平衡发展战略顺利实施的重要保障。此外，随着市场的发展，私人企业家的自发投资也能促进经济的平衡增长。综合来看，纳克斯的平衡增长理论为不发达国家经济的全面增长提供了一种发展模式，并对发展中国家实现工业化、摆脱贫困提供一定的理论依据。

三、不发达国家的资本形成问题

在纳克斯看来，除了资源匮乏、土壤贫瘠、气候条件等因素外，一个国家总是处于贫穷状态归根结底是因为缺乏充足的资本，使其难以摆脱“贫穷的恶性循环”，而导致这一后果的原因可能是由于该国对外资引诱小或国内储蓄能力小所致。

（一）市场容量狭小，导致对投资的引诱微弱

纳克斯关于市场容量限制资本投入的观点，是源自亚当·斯密的“分工受市场范围的限制”① 论点。在贫困国家，因为收入水平较低，购买力很小，市场容量因而也狭小，这会抑制商品生产的扩大和资本设备的投入。在《不发达国家资本形成问题》书中，纳克斯以一种极端的情况（鲁滨逊在孤岛钉钉子）来说明此影响。如果鲁滨逊只有两三枚钉子，其不肯定不会花力气做一把钉锤那样的资本设备以而是捡一块石头来钉一下；但如果鲁滨逊有两三百颗钉子，那么他肯定会花力气去做一把钉锤那样的资本设备以因为这样更便捷、更经济。这就不奇怪，为什么在一个市场容量狭小的国家，企业无意使用现代化的资本设备以促进生产率的提高了。这是因为在低收入国家，需求非常的低下，可能只需要一部机器工作几天或者一段时期就足够生产该国一年所需的消费，由于没有实际的需求，在剩余的时间里，那部机器只好闲置不用，故而就不足以吸引企业家购入该资本设备。

---

① 拉格纳·纳克斯．不发达国家的资本形成问题．瑾斋，译．北京：商务印书馆，1966：8.

企业家为生产商品或服务而购置资本设备时，其投入刺激的大小取决于该项设备产出的产品所能带来的经济效益。一般而言，在单个产品或服务投入更多的资本，意味着更多产出。然而，在一个低收入国家，消费者可够支配的收入实在有限，这在一定程度上制约了其对商品或服务的需求，尤其是在一个平均收入仅够糊口的国家，消费的需求就更低了。可以看出，狭小的国内市场会抑制企业家投资的意愿，使得生产率无法提高，收入水平将持续低下，商品或服务的需求将持续低迷，投资的意愿也将进一步下降，这将严重阻碍经济的发展。

此外，纳克斯还指出，过去外国直接投资无助于不发达国家的经济增长。依据国际贸易比较优势原则，外商对落后国家的投资一般都集中在为债权国利益服务的采掘工业、农业等产业，而很少将资本投资到为不发达国家国内市场进行生产的工业上。同时，受政治和国际市场需求的限制，近些年，连那种以采集原产品为主的传统投资都甚少。既然外资不行，何不试试国内资本。纳克斯指出，不发达国家若想以企业直接投资促进本国经济的发展也是行不通的，其主要受两项经济性质原因的限制：一是国内市场容量狭小，缺乏足够的刺激使私人企业意愿投资到那些能够促进低收入国家国内经济增长的产业中；二是外部市场对原料的需求未能持续扩张，这降低了私人资本持续投资的意愿。在这种情况下，单纯依靠直接企业投资是无法促进不发达国家的经济发展。

（二）就业不足，导致“隐蔽型失业”

在研究不发达国家内部资本潜力时，纳克斯依据人口的多寡将它们划分为“人口过剩”和“人口不足”① 两类国家。从东南欧到东南亚等农业国家，由于农村人口过多，存在着劳动力大量浪费的现象。在这些国家，在农业技术没有任何进步的前提下，即使抽调出很大一部分的农业劳动力也不会降低农业的年产量。换言之，这些国家存在大量的“隐蔽型失业”②。但并非所有国家都存在“隐蔽型失业”，它需要满足两个前提：一是该国的产业结构以农业为主，即为农业国家；二是部分农民的劳动边际生产率为零。同时，纳克斯还指

---

① 拉格纳·纳克斯．不发达国家的资本形成问题．瑾斋，译．北京：商务印书馆，1966：35.

② 依据拉格纳·纳克斯在《不发达国家的资本形成问题》的观点，本文将“隐蔽型失业”界定为在一个农业社会，某一产业中劳动力的减少并不会影响到该产业的产量而无需生产技术的进步。

出，在这些国家人人都看似都有农活，都处于忙碌的状态，因而很难察觉到底谁处于失业的状态。根据对不同国家就业情况进行估算，纳克斯认为部分农业国家少则15%、20%，多则80%的人口处于“隐蔽型失业”① 的状态。

关于“隐蔽型失业”，纳克斯后期也不再仅局限于农业产业，而将其进一步拓展所有的产业。在纳克斯看来，由于资本回报率在不同行业并非是恒定的常数，总会存在一些资本回报相对比较高的行业，也存在一些资本收益率相对比较小的行业。收益率高的行业资本多，产量也相对高些，而收益率低的行业所需资本少，产出也相对较少。因而，若将低产出的劳动力转移到高产出的行业，就会增加社会的总产出。从这方面来看，在出息较低的行业工作的人就是处于“隐蔽型失业”的状态。

（三）先进生活，引致储蓄能力下降

从资本供给方面看来，不发达国家收入水平低，储蓄也低，资本因而相对缺乏，而资本的不足又会使得生产率低下，收入水平低。要想打破这种恶性循环，就需要增加资本的供给，而这一般依靠于外资或是本国储蓄转化。同时，纳克斯还指出，储蓄能力取决于相对收入水平而非绝对收入水平。相较于过去，不发达国家的绝对收入水平提高了，但是他们与发达国家的收入差距却在加剧，这在一定程度上会使得贫穷国家总的消费倾向上涨，进而导致该国储蓄能力的下降。消费者行为理论认为个人消费的行为会受到他人消费行为的影响，其主要原因是出于摆阔争胜的心理。凡勃仑视其为“炫耀性消费”②，纳克斯称其为“示范作用（demonstration effect）”③。当人们接触到更高级的货物或了解到更高级的消费模式，受不平等和不满足感的影响，其消费欲望会被激发，消费也就自然会增加。

现如今，国与国之间的交往日益密切，不发达国家的国民认识到欧美等发达国家的先进生活，这在一定程度上会刺激人们的消费欲望。在纳克斯看来，先进生活的吸引力对各个阶层会产生不同程度的影响，但主要还是集中在城市的高收入阶层，但是随着教育与宣传工具的作用，其很快就会蔓延到低收入阶

① 拉格纳·纳克斯．不发达国家的资本形成问题．瑾斋，译．北京：商务印书馆，1966：38.

② 凡勃仑．有闲阶级论．蔡受百，译．北京：商务印书馆，2016：54.

③ James S. Duesenberry-income, saving, and the theory of consumer behavior. Cambridge: Oxford University Press, 1949: 27.

层中去，虽然程度相较于高收入阶层会弱很多，但是总体还是提高了该国总的消费倾向。这种吸引力通过影响消费来间接影响个人储蓄的愿望，其不仅阻碍了资本的形成，对落后国家的发展而言也是不利的。此外，欧美消费方面的时髦风尚会使得穷国人民倾向于将货币收入和支出提高到实际产出的水平之上，这不仅会导致该国国内产生通胀的压力，同时也会促使该国的国际收支出现赤字的趋势。此外，贸易政策（如对幼稚工业实行保护、进口限制等）都会对国内的投资和储蓄产生影响。

四、促进资本形成的方法

在纳克斯看来，市场容量、隐蔽型失业、先进生活宣示效应等因素的作用，在一定程度上会削弱经济落后国家为经济发展所做的种种努力。那如何克服发展中面临的困难，促进资本的形成，以使经济进入良性循环呢？纳克斯主张采取平衡增长的发展模式，引导农村劳力流向其他生产领域，同时，通过征税等手段抑制消费，以促进不发达国家的资本形成。

（一）平衡增长，打破“恶性循环”

在纳克斯看来，市场容量的大小取决于生产率，而个人的生产效率在很大程度上是生产资本强度的函数。对于单个企业而言，由于落后国家市场容量小，这会使得企业家不敢使用资本进行扩大生产，因而，易于陷入“贫困的恶性循环”。那么如何扩大市场容量，打破“恶性循环”呢？古典经济学派认为，新资本设备的使用会增加供给，而增加的产出会自发的创造需求。在纳克斯看来，这种说法并不成立，因为每个人的欲望不同，产品的生产者可能并不想花钱购买自己的产品。仅提高单个生产部门的资本强度来扩大市场，多半是徒劳无功的，因为其他部门的生产率并没有发生变化，收入水平也毫无增加，因低收入造成的需求无弹性会扼制需求的增长。因此，在经济落后的国家，通过单个企业“单打独斗”扩大市场的做法，由于市场一开始就过于狭小注定无法实现。

既然某一独立产业不会创造对自身的需求，那么如果对多个产业同时增长呢？约翰·穆勒（1844①）认为，生产的增长若按照私人利益的原则分配到所有生产部门的话，就会创造对产品的需求。纳克斯认可古典经济学平衡的思

① 穆勒·约翰．论政治经济学若干未定问题．张涵，等，译．北京：商务印书馆，2016.

想，其认为在多个不同工业同时使用资本，工业之间互相补足，生产者之间也互为消费者，这可减少或消灭因市场容量不足而带来的困难。这种“全线进攻”的投资模式，无关乎资本来源的性质，都将在扩大市场容量和吸引投资方面发挥积极作用。此外，在国际贸易中，依据比较优势原则，经济落后的国家一般出口原产品，但是自19世纪以来，工业国家对原产品的需求陷入了停滞，旨在通过大力出口原产品以促进经济发展的前景是黯淡的。纳克斯还指出，在不发达国家内部，由于收入水平低导致需求处于无弹性状态。基于此，不发达国家应当致力于发展国内市场，全面提高劳动生产率，从而提高居民的实际购买力，以促进国内市场需求和产量的同向增长。同时，随着生产率的增长和国内市场的扩大，人们进出口货物的需求的数量和品种也都会发生变化，这都将有利于国际贸易的发展。

（二）引导劳动力分流，消除“隐蔽型失业”

与工业国家的失业不同，农业国家由于农业生产处于无弹性状态，故而不能通过扩大货币需求的方法来消除广泛存在的“隐蔽型失业”。虽然将农业“过剩的人口”抽调到别的产业去会增加国民的实际产出，但是在缺乏资本的情况下，一国可做的实在有限。那一国该如何筹资呢？纳克斯提出了三种筹集资金的办法：第一，居民自愿储蓄形成资本。不发达国家的居民可以拿出收入的一部分用于储蓄以供新资本建设所需。但是相对于被动员起来的资源所需的资金，即使政府辅以措施强制储蓄，也只是杯水车薪。第二种方法是吸引外国资本，但是这种方式是被动的，同时也是不够的。第三种方法是调动因“隐蔽型失业”而隐藏的储蓄潜力。在不发达国家，农业从业人员有很大一部分人的劳动生产率为零，这也就意味着这些“不生产的劳动者”是靠“生产的劳动者”养活。因此，能生产的劳动者“实际上”就在进行储蓄了，但是这种储蓄是没有效果的，都被“不生产的劳动者”浪费掉了。因而，如果将“不生产的劳动者”① 抽调到资本建设工程中，那么“生产的劳动者”的实际储蓄就会变成有效储蓄，“不生产劳动者”的不生产消费也就变成了实际的生产消费了。换言之，一国只需要将劳动力重新调整一下，就可以利用隐蔽失业来积累资本，就可以从经济体系内部中获得资金。那么如何动员劳动力流动，激发潜在的储蓄能力呢？纳克斯认为这主要取决于外部环境能否提供就业的机会及较高的待遇。纳克斯指出，在不发达国家仅资本建设方面提供的就业机会

① 拉格纳·纳克斯．不发达国家的资本形成问题．北京：商务印书馆，1966：41.

就可以促进劳动力流出农村。由于留下来的农民或（和）新增工人的消费有所增加，虽会导致形成资本的生活基金出现漏损现象，但整体而言全国的总储蓄率是有所增长的。因而，将剩余人口从农业上抽走并安排到资本工程建设产业上，不仅有助于消除“隐蔽型失业”，也有助于激发潜在的储蓄能力。

（三）制度改革，削弱先进生活的“示范效应”

随着国际交流加深及义务教育普及，欧美等发达国家先进生活的“示范效应”扩大了经济落后国家人们的消费欲望。但是，模仿先进的消费模式往往会抑制人们的储蓄意愿，限制投资基金的供给，这无疑加剧了不发达国家发展所需资本的缺口。那如何削弱先进国家消费水平的吸引力？经济孤立可能是一种解决办法。经济孤立会切断国与国之间的接触与交流，在一定程度上会削弱先进生活的示范作用。但是仅仅只通过经济孤立是无法实现经济的发展，甚至有可能会造成经济的停滞。在纳克斯（1953①）看来，孤立经济是失败主义的解决方法，其无论从政治还是经济上来说代价都是极大的。

在当时，不发达国家普遍施行“先进消费品”进口限制以增加国内的资本和储蓄的策略，其作用十分有限。因为“示范效应”会导致消费的全面上升，而不仅只是进口商品消费的上涨。在纳克斯看来，通过财政手段来实行强迫储蓄才是更为有效的方法。纳克斯指出，在设计税收政策时，除了考虑对储蓄的影响外，还应当考虑对劳动的影响，征税时也应依据能力付税的原则，实行累进征税。在纳克斯看来，利用财政手段不仅可以削弱先进生活的“示范效应”，提高了不发达国家的资本形成，还可以促进收入的地区间转移，调节贫富不均的状况。此外，纳克斯还指出，出于人道主义精神的国际援助及以利益为目标的企业直接投资都有助于弥补不发达国家资本的缺口。

五、简要评价

资本的形成问题是纳克斯反贫困思想的核心，其从资本的供给和需求两方面探讨了不发达国家经济资本积累中的“恶性循环”问题。纳克斯认为，贫困是一种稳定的内生现象，因而对后进国家的经济发展情况整体是持悲观的态度。不发达国家由于缺少资本和储蓄，因而很难打破资本供给和需求的恶性循环，更难将向下的恶性循环扭转为向上的良性循环。因而，纳克斯得出著名的

① 拉格纳·纳克斯．不发达国家的资本形成问题．北京：商务印书馆，1966：80.

结论“一个国家因为穷而穷”。① 在没有任何外力推动的情况下，不发达国家将长期处于低水平均衡状态。对于如何打破低水平均衡，纳克斯提出了唯一的解决之道，即同时对多部门加大投资规模，实行平衡增长的战略，通过提高国民的储蓄能力，以促进资本的形成和积累，只有这样才能摆脱普遍存在的贫困，才能实现经济的发展。可以看出，纳克斯的反贫困思想强调市场机制的局限性，主张实行整体的、宏观的经济计划，这在一定程度上批判和否定了比较优势理论，鼓励不发达国家走上独立自主的发展道路。

但也需要指出的是，纳克斯的反贫困思想过度强调储蓄和资本在经济发展中的功用，而忽略了不发达国家低储蓄率不仅只是收入低下的结果，政治、文化、社会和其他制度方面的因素也可能抑制居民储蓄或者将储蓄用于生产性的投资意愿。例如，亚洲一些贫困国家的居民储蓄率普遍较高，而非洲一些国家的则较低。同时，纳克斯理论中储蓄的来源仅是个人储蓄，不仅忽略了企业储蓄和政府储蓄，也低估了穷国整体的储蓄能力。此外，纳克斯虽然主张对各部门按照不同的比率进行投资，但是没有明确指出投资比率划分的依据，也没有对国际直接投资和间接投资进行区分。综合来看，纳克斯的理论虽然存在自身的局限性，也与不发达国家社会主义经济建设的实践不相符。但是，其强调大规模投资和资源合理配置的重要性，强调经济计划和国家干预的主张，为不发达国家摆脱贫困，寻求经济的发展找到了突破口。

第二节 哈维·莱宾斯坦的反贫困思想

一、哈维·莱宾斯坦的生平与学术生涯

（一）哈维·莱宾斯坦的生平

哈维·莱宾斯坦是美国著名的经济学家和人口学家，其1922年出生于乌克兰，1925年随父母移民加拿大，1949年入籍美国。莱宾斯坦在加拿大接受初中等教育，后于1942年前往美国伊利诺伊州的西北大学学习经济学，并先后于1945年和1946年获得理学学士和文学硕士学位。毕业后，莱宾斯坦前往普林斯顿伊利诺伊州技术学院执教，并师从当时著名的人口经济学家诺特斯坦，并于1951年获得哲学博士学位。

① 拉格纳·纳克斯．不发达国家的资本形成问题．北京：商务印书馆，1966：6.

受恩师和摩根斯坦的影响，1954 年莱宾斯坦出版了第一部著作《经济人口发展理论》，该著作被用于解释经济发展是如何破坏马尔斯斯人口均衡理论的。1951—1960 年，莱宾斯坦担任了伯克利加州大学经济学助理教授及副教授，1960—1967 年，担任了同校经济学教授。在伯克利加州大学任职期间，其出版了第二版著作《经济落后与经济成长》，进一步阐述了发展中国家马尔萨斯均衡的崩溃，并用“临界最小理论”解释不发达国家的贫困现象。自 1967 起，莱宾斯坦受聘于哈佛大学安德鲁经济学及人口学研究讲座教授。在哈佛大学执教的期间，莱宾斯坦出版了著名的著作《超越经纪人》，在书中其将传统的生产力要素拓展到包括管理技能和劳工关系等方面。此外，作为 X 效率理论的创始人，莱宾斯坦后期还曾发表了《配资效率与 X 效率》《超经济的新基础》《X 效率通论与经济发展》等著作。1987 年，因一场可怕的车祸，迫使莱宾斯坦退休。1994 年 2 月，莱宾斯坦去世，终年 72 岁。

（二）哈维·莱宾斯坦的学术生涯

哈维·莱宾斯坦学术生涯的界限相对比较分明，其学术研究的早期阶段主要是研究影响经济发展的因素，并提出了打破“恶性循环”的“临界最小努力”理论。在学术生涯的后期，莱宾斯坦的注意力转移到资源配置上，并提出了著名的“X 效率”概念。因此，莱宾斯坦的学术生涯大致可分为两个阶段：

第一阶段：20 世纪 50—60 年代

在这一阶段，莱宾斯坦主要是研究经济落后国家的贫困问题和人口问题，先后出版了《人口发展理论》和《经济落后与经济成长》两部著作。作为人口经济学家，莱宾斯坦是最先使用经济学方法对生育行为进行效用和费用分析的学者，并基于自身研究提出了成本效益理论。作为发展经济学家，莱宾斯坦关心落后国家百姓的生活以及该国经济穷困的原因，并提出“临界最小努力”理论以打破发展中国家经济的“准安定均衡”状态。此外，与同时期的经济学家不同，在分析落后国家贫困问题时，莱宾斯坦将人口因素作为其整个理论论据的内生变量，而非独立的外生变量，这种标新立异的尝试构成了其贫困理论结构的最大特色。

第二阶段：20 世纪 60—90 年代

在伯克利分校任职期间，莱宾斯坦因助教绩效考核评分的原因。由此想到对个人、企业或产业这些微观经济体而言，绩效也应该是随着努力效率的差异而不断变化的。在进行了大量的研究后，莱宾斯坦提出了著名的“X 效率理论”。该理论认为：(1) 在企业管理中，应当把个人当作基本决策单位而非企业；(2) 个人行为是并非全部都是理性的，也存在非理性行为；(3) 个人在一定程度上都存在好逸恶劳的习性；(4) 由于个人与企业目标的不协调，导致了X低效率。可以看出，莱宾斯坦的X效率理论强调的是个人努力，而这又在一定程度上取决于企业的激励制度与管理结构。

二、哈维·莱宾斯坦反贫困思想的渊源及理论基础

(一) 哈维·莱宾斯坦反贫困思想的渊源

诺特斯坦的“人口转变论”认为，出生率的下降并不是避孕技术使用，而是社会经济因素的变化所致。因而，人口过程只是一个受经济影响的因变量，人口质量和出生率的下降只有等到经济发展起来才有可能出现。当经济的发展和生活水平提高时，卫生条件、教育水平等方面的改善会给个人的生活带来新的价值观，人们的思想也会发生转变，出生率将会得到控制（郭申阳，1985①）。受恩师诺特斯坦和同事摩根斯特恩的影响，莱宾斯坦将微观经济分析的方法引入到人口问题中，并提出了“成本效益理论”，对生育小孩的效用和费用进行绩效分析。随着生育小孩的“直接成本”和“间接成本”② 的提高，而生育孩子带来的“直接效用”“间接效用”和“保障效用”③ 的不变或下降，人们的生育意愿将会下降。

作为理性主义与经济学的产物，经济人的概念被广泛运用到各种经济研究中。如古典经济学家亚当·斯密在其研究中得出，经济人具备理性和自利两个特质。在追求利益时，受自利思想的影响，个人所做的决策往往是基于自身利益最大化的考量。但是在其著作《道德情操论》中，斯密又指出人有利他的行为。人到底是利己还是利他，这形成了著名的“斯密问题”。在赫伯特·西蒙看来，经济人的假设是有其理论缺陷的。经济人假设：在做抉择时，信息是

---

① 郭申阳．诺特斯坦人口思想的一个重大变化——“人口转变论”札记．人口与经济，1985（3）：57-58.

② 直接成本是指：从怀孕到抚养孩子成长到自理生活所花费的衣、食、住、行、教育、医疗等费用。间接成本是指：因抚养孩子而失去带来收入的机会成本，包括因怀孕、妊娠、哺乳期间损失的工资、岗位晋升等。

③ 直接效用：孩子可以为家庭提供的感情和精神上的慰藉。间接效用则是指：孩子长大后从事劳作为家庭带来的收益。保障效益则是指因社会保障的落后，子女承担父母的养老。

完全充分的，人也是完全理性的，可以预测所有备选方案实施的后果，并依据确定的价值标准选出最优的方案。但是，这些假设与实际不符，在现实中信息是存在不对称性的、外部的环境也存在不确定性，而且人也是有限理性的。此外，在莱宾斯坦的理论研究中也不难看出西蒙有限理性学说的身影。在《配资效率与X效率》(1966①) 一文中，莱宾斯坦发现受人的习性、外部因素等的影响，人会对自身的努力程度进行相机抉择。在后来的研究中，莱宾斯坦修正主流经济学有关“理性人”的假设，融合了利己和利他主义，也不再以成本—收益最大化作为抉择的标准，而是在诸多方案中选取能够带来较多好处的方案。

（二）哈维·莱宾斯坦反贫困思想的理论基础

由于先天研究困难以及受制于风尚的事实，对贫困问题的研究一直备受经济学家的忽略。在当时，许多国家已经把减轻贫困和促进经济发展，列为公共政策的首要目标。由于理论的缺乏与现实问题的紧迫，莱宾斯坦开始着手研究经济落后国家的经济成长问题。在研究中，其主要涉及的理论基础如下：

1. 准安定均衡体系

在著作《经济落后与经济成长》一书中，莱宾斯坦将“准安定均衡”定义为：“初期均衡一经受到干扰而告破坏，只有特定的变数得经由经济的自动调整过程恢复到其既往的均衡值，至其他所有的变数则都不会复归于从前的均衡水准”②。在莱宾斯坦看来，准安定均衡是不发达国家特有的现象。在这种状态及物质资源不变的情况下，人口规模会调整到人均物质资料仅够每个人勉强糊口的临界水平。如果缺乏外部力量的推动，落后国家的资源、人口和生活水平都不会发生任何的改变，周而复始，达到一种低水平的均衡。但如果外部进行刺激使得资源的数量上涨，人均所得将会超过基本的生活必需，进而会诱发人口规模的上涨，最终使得人均的物质资料再次趋于最低水准，经济也将再度回归至低水平均衡。

那么，落后国家难道就恒久的处于这种低水平的安定状态吗？是。在莱宾斯坦看来，由于经济落后国家农业人均所得低下，非农业就业机会少，再加之穷国所具有的人口变动的特异性，在这些因素的作用下必然会导致经济落后国

① Leibenstein H. Allocative efficiency vs. “X-efficiency”. The American Economic Review, 1966: 392-415.

② 哈维·莱宾斯坦．经济落后与经济成长．赵凤培，译．北京：中华书局，1957：2.

家始终处于这种低水平的安定状态。同时，由于落后国家的传统、风俗等思想很难被外界因素所干扰，这将使得任何外界刺激引发物质资料的上涨，都将使得人口规模增加，从而使得穷国再度回到准安定均衡。

2. 临界最小努力理论

那么，经济落后国家如何摆脱准安定均衡状态呢？莱宾斯坦在《经济落后与经济成长》中提出了“临界最小努力”，在莱宾斯坦看来，外部力量的介入，会刺激不发达国家经济向上增长，但是若外部力量小于因所得收入上升而造成的抑制经济发展的力量。因而，从长期来看，经济落后国家的人均所得会回归到仅够维持生存的水平，周而复始，引发“纳克斯怪圈”①。但是，如果外部的力量十分巨大，不发达国家的经济将进入高速发展时期，个人收入水平将大幅度的提高，并远超过消费和人口的增加，这样个人收入结余就会形成储蓄，进而构成投资的资本。在这种情况下，落后经济就有足够力量脱离“贫困的恶性循环”，促进经济持久的迈入上升通道。因此，要想摆脱准安定均衡状态，经济落后国家就需要有一个最小限度的外部推力，使得“提高个人收入的力量”大于“降低个人收入的力量”，从而使得落后经济向发展经济转变。这个最小限度的动力，被莱宾斯坦称之为“临界最小努力”。

三、落后经济的主要问题

在莱宾斯坦看来，落后经济国家间的文化与政治条件虽然存在较大的差异，官方统计数据的透明度和可信度也较差，但人口稠密的落后经济体存在一些共同的特征。在对穷国经济、人口与卫生、工艺技术及文化与政治上的特征进行分析后，莱宾斯坦指出落后国家普遍存在农业人均所得低、非农业部门就业机会不足以及一般性人口特征的特点。

（一）农业人均的低收获量

在莱宾斯坦所处的年代，经济落后国家虽然在每亩土地上的劳动力投入高于西欧各国3~4倍之多，而且很多是在良好的气候条件下从事耕作，但不知是什么原因落后国家每亩土地收获量比西欧等先进国家都低。对于这种奇特的现象，莱宾斯坦提出三种可能性：其一，先进国家某些资本是人力无法替代的，而不发达国家往往人力充足而资本不足，这就导致不发达国家产出低微；其二，先进国家普遍使用先进的农业技术，而这需要一定的教育水平和必要补

① “纳克斯怪圈”即纳克斯的“贫困的恶性循环”。

充性的资本作为支撑；其三，先进国家耕地的素质可能优于后进国家，这主要是源于落后国家土地所得低微，迫使他们开耕贫瘠的土地，以及土地素养的改进，导致土地被进一步密集使用，进而使得土地素质复归到原有水平①。土地利用上这一固有的动态过程，也使得落后国家土地维持低收获均衡。一般而言，土地休耕是保持土地肥力，有助于后期土地产出的方法。但是，贫穷国家土地产出已达到极低的水准，若采取休耕举措以保持将来产量的上涨，就会迫使现在部分人口面临饥饿或者死亡的境地。鉴于这一严重后果，贫穷国家不得不放弃休耕，因而，其土地的肥力低于发达国家。此外，莱宾斯坦还指出即使落后国家的土地产量可能比美洲一些先进国家高，但是由于后进国家乡村的人口过于稠密，使得其人均土地资本受到了限制，这将导致人均农业获得低微。即使有资本或技术的改进使得土地产出增加，但是随之上涨的人口规模，也会使得农业人均所得始终处于低水平的准安定均衡状态。

（二）非农业就业机会短缺

在莱宾斯坦看来，低度开发的国家所得低微、货币和财政政策也存在错配或失当的现象、传统浪费的习性以及引导他人从事储蓄的企业家才能的短缺等因素都会造成国民整体储蓄率的低下。虽然落后国家也存在一定潜在储蓄能力，但是绝大部分被浪费在奢靡生活、私人等无关产生持久性就业机会的消费上。此外，由于落后国家普遍喜爱保有土地，因而个人储蓄的绝大部分花费在增加土地资产的方面。因此，不发达国家储蓄和潜在储蓄的低下，会形成的恶性循环，并将影响其内部创造资本的累积。

据联合国估计，大多数经济落后的国家其净资本形成率低，尚不足国民收入的5%②。在莱宾斯坦看来，落后国家虽然资本较少，但是若配置得当的话，该国非农业部门的就业机会仍会不断地扩大。但是，在不发达国家大部分的劳动力都在从事农业劳动，农业对比工业受到更高的认可度，投资收益的不确定也相对较小，这都使得农业投资吸引力倍增。不发达国家投资的第二条主要的途径是从事短期的商业冒险，如与进出口有关的货物贸易，这些冒险利润极高，而且基本上是既有货物的物品交易。但需要指出的是，这类投资活动都不

① 哈维·莱宾斯坦．经济落后与经济成长．赵凤培，译．北京：中华书局，1957：57.

② 哈维·莱宾斯坦．经济落后与经济成长．赵凤培，译．北京：中华书局，1957：61.

会在非农业部门创造新增的就业就会，而非农业部门就业机会的长久缺乏，严重限制了经济落后国家的经济发展。

（三）人口规模的特异性

莱宾斯坦从成本-收益的角度分析了经济落后国家生育意愿高涨的原因。由于不发达国家养育孩子的直接成本很低，主要是以子女存活为标准，很少注重营养健康以及教育发展，而且由于该国劳动力充分，妇女劳动的时间价值不高，因而造成养育的间接成本低下。但是，生育孩子的收益却是颇高，因而儿童更多地被视为一种生产要素，可为家庭提供劳力或从事一定的工作为家庭提供所得，这也就是为什么不发达国常常存在童工的现象。同时，由于保障制度的缺乏，儿童也被视为父母安全的潜在性源泉，在父母年迈时提供适当的保障。受传统早婚、多子多福、不提倡节育等因素的影响，不发达国家的出生率存在高安定状态，不会因外界刺激而轻易发生变化。此外，医疗技术、公共卫生等的改善，使得人口的死亡率大幅度的降低，而出生率却没有下降，这将导致人口进一步增长。人口的密集、人口的增长意味着人均可使用资本的数量更加低微，这将严重制约了一国经济的发展。莱宾斯坦还指出，在一个人口稠密的国家，任何一个可以使得国民所得增加的刺激，都会使得人均所得上涨高于基本的生活水准，而这又会成为刺激人口增加的诱因，自然而然人口的规模会随之扩张，直至人均所得仅够基本的饮食保障。

四、摆脱落后经济可能性的方法

莱宾斯坦在《经济落后与经济成长》一书的第二部分中，列举一些可以在一定条件下可以使用的因素或方法，以促使低水平的准安定均衡向持久的良性经济成长转变。

（一）生产专业化

经济落后国家可能存在下列情况：第一，个人从事活动的种类较为广泛，排除生产大量的单一产品外，可能还要同时生产其他种类商品，如农民除了种地外，可能还需要制作家里的生活器具；第二，许多操作的执行具有季节性限制，因而可能无法均匀分配到一年的各个时间段；第三，各操作之间的转移需要花费一定时间；第四，在执行既定的操作或活动上的熟练程度不足；第五，活动的性质使得所需的资本很小。这些都会导致穷国专业化程度的低下，整体产量因而也处于低水平。莱宾斯坦认为如果一国的专业化程度加强，那么各项活动间转移所需花费的时间将被消除，重复实行的活动会增进操作上的熟练与敏感程度，进而可提高活动执行的效率，以及增加劳动的产出。但是，促进专业化是需要增加投入资本，而且这个资本投入还有个阈值。此外，由于每一种机器设备以及资本财都具有一定程度的不可分性，因而只有当用于采购的资本大于专业化设备所需的最小数量，专业化才值得促进，否则就不值得了。

莱宾斯坦还指出在经济落后国家，绝大部分人都从事于第一产业（农业、林业、渔业等），从事第二产业（制造业、建筑业等）的比例较低，从事第三产业（商业、运输业、服务业等）的则维持在一个较为低下的水平。这种就业结构造成不发达国家整体产出水平和专业化程度都极为低下。如果经济落后国家从农业产业开始加强专业化，原本农业上的部分操作仍然还是由农业生产单位完成，但是由于分工的程度的加深，有些操作必然会转向不以农业为主的生产单位进行，亦即制造业。因而，在劳动人口固定的情况下，专业化程度的加大必然会导致农业向制造业转变。同时，由于个人活动范围的缩小，使其可以从销售、庶务以及其他各项农业活动中脱离出来，这样引起第三产业的增长。此外，第二产业的增长也会增加对第三产业的需求。

（二）临界最小努力

在莱宾斯坦看来，“一国因为资本缺乏而贫穷，又因为贫穷而无力增加资本”①。按照这种恶性循环理论，不发达国家的贫穷似乎没有尽头。但是，莱宾斯坦认为这顶多只能证明低收入准安定均衡状态具有引力的作用，吸引变动的值向其靠近，从而导致经济长期处于低水平均衡，但这并不表明经济落后国家无法摆脱持久的贫困。那么如何打破贫困的恶性循环，使经济由落后转向增长呢？莱宾斯坦提出了“临界最小努力”的概念。即在一个经济落后的地方如果仅仅只进行较小的刺激是无法打破纳克斯的怪圈，因为由人均所得的增进而产生的抑制因素会比诱发性增长的因素更为重要。但是，如果经济较大的刺激，则会产生相反的情况，诱发性增长将比抑制因素更为重要，这将促进经济良性的增长。此外，莱宾斯坦还指出，一国经济的长久落后是由于既往刺激过小，从而无法摆脱低收入准安定均衡的引力。因而，在进行刺激时，经济落后国家应当突破这个最小限度的刺激，只有这样才能促使该国经济从落后向发展

① 哈维·莱宾斯坦．经济落后与经济成长．赵凤培，译．北京：中华书局，1957：110.

转变。

此外，莱宾斯坦还指出四个决定临界最小努力的必要性因素：

第一，“需克服由于生产要素不可分割性造成的规模的内在不经济”①。在莱宾斯坦看来，为了获得较高效率，企业的规模必须超过既定的最低限度，投资的规模也必须维持在这一最低限度。但是由于经济落后国家的资本有限，无力支撑该国将有限的资本分散投资在众多企业上。因而，莱宾斯坦主张不发达国家在进行投资时应先集中于少数几个产业，以消除规模的内在不经济现象。

第二，“需克服来自外在相互依存性的外在不经济”②。一般而言，由于各产业之间的相互依存性，对某一个产业的增加，可能会使得相关的产业得到扩展，各个产业只是在适度的规模、以及获利的时间上会存在差异。对某些产业而言，获利可能会延展一段时间，这就需要在投资初期加强临界最小努力，以抵消因暂时损失而产生抑制所得的动力。

第三，“需克服因促进经济增长所引起的抑制所得增长的阻力”③。莱宾斯坦指出，任何刺激引发的经济促进，都会受到自发性抑制和诱发性抑制的束缚。只有刺激达到临界最小努力，才能突破这些束缚，才能促进经济的持久性增长。

第四，“为在体系内形成足够的机运，以使激励成长的动力得能持续不断地发挥作用”④。由于落后国家存在重农轻商的观念，受这一思想的禁锢，仅靠温和的刺激无法转变人们的行为。只有足够大且普遍的经济增长率才能撼动传统的禁锢，促使人们采取新的行为，进而形成双重良性循环。因此，在莱宾斯坦（1957⑤）的理论体系里，其指出若想形成最小的机运，那么就需要一个足够大的最小努力。

---

① 哈维·莱宾斯坦．经济落后与经济成长．赵凤培，译．北京：中华书局，1957：122.

② 哈维·莱宾斯坦．经济落后与经济成长．赵凤培，译．北京：中华书局，1957：122.

③ 哈维·莱宾斯坦．经济落后与经济成长．赵凤培，译．北京：中华书局，1957：122.

④ 哈维·莱宾斯坦．经济落后与经济成长．赵凤培，译．北京：中华书局，1957：122.

⑤ 哈维·莱宾斯坦．经济落后与经济成长．赵凤培，译．北京：中华书局，1957：127.

四、简要评价

综合来看，莱宾斯坦是一位开拓者。在其反贫困思想中，他将人口因素作为内生变量进行考虑，这构成了其理论结构的最大特色。他独树一帜的尝试，使得其贫困问题的分析方法，在发展经济学层面和贫困问题专题研究层面都是较为出众的。莱宾斯坦用成本——效益分析方法，阐述了贫困地区人口规模存在特异性的原因，而这一特异性是阻碍经济落后向经济发展转变的重要因素之一。若想打破人口规模特异性带来的抑制经济增长的作用，就必须达到最小限度的刺激——临界最小努力，才可能有所突破。

"临界最小努力"是莱宾斯坦理论的核心，虽然其声称自己的目标旨在说明与理解落后国家经济问题，并不开出治病的药方，但是临界最小努力可以算作是一剂药方。其指出了打破"纳克斯怪圈"的途径，这为经济落后国家走出落后的困境提供了渠道。那就是贫困国家发展都存在一个"刺激的阈值"，只有当刺激超过这个最低阈值，经济才会摆脱"准安定均衡体系"，进入经济发展的通道（姜汝祥，1992①）。同时，其还指出不发达国家在进行刺激时，应当考量资本规模的有限性，同时向全面或众多产业投资以实现平衡增长的策略是不可取的，应当将有限的资本投资到少数几个产业，方可有效。这剂药方虽然符合经济落后国家的国情，使其可以通过先后顺序的安排使有限的资本达到最大化的效益。但是，其在理论中并没有说明产业投资的先后顺序，也没有说明一个确定的临界最小努力的值是如何进行测度的。此外，在研究中，莱宾斯坦所指的资本也只是国内内部的资本，也只指出了内部资本匮乏的原因，而忽略了外部资本对经济发展的作用，同时也没有提供促进资本累积的方法。也许正如莱宾斯坦自己所说的，其研究是宽泛的，只重在说明与理解，而不旨在提供解决路径。

① 姜汝祥．莱宾斯坦的落后经济理论与中国贫困地区发展．国外开发理论与方法，1992（5）：22-24.

第五章　西方“二维”的反贫困思想

随着社会发展，人们逐渐意识到仅寄希望通过投资促进经济发展以摆脱贫困的想法是不切实际的，经济发展与社会结构改革这两者是相辅相成、互相促进的，单独只关注一个而忽视另一个，都无法达到人们预期脱贫的效果。因此，单纯只限定于“经济扶贫”的反贫困观逐渐向“经济与社会”双重维度的反贫困观转变。这种变化在《联合国第二个发展十年国际发展战略》(1970—1980) 中得以充分体现。除了延续前一个发展十年规划中所注重和倡导的经济发展维度外，第二个十年规划还将反贫困策略拓展到了社会维度。这种变化除了体现在每年制定6%的经济增长率外，还要求有更公平的收入分配体系，更高的劳动就业率和福利体系。这一变化也体现在发展经济学家如冈纳·缪尔达尔和西奥多W·C. 舒尔茨的反贫困思想的研究中，本章接下来将从“社会和经济扶贫”视角对上述两位学者的反贫困思想进行分析和评述。

第一节　冈纳·缪尔达尔的反贫困思想

一、冈纳·缪尔达尔的生平及学术生涯

（一）冈纳·缪尔达尔的生平

冈纳·缪尔达尔，瑞典杰出的经济学家，瑞典学派（又称北欧学派或斯德哥尔摩学派）及制度学派的代表人物之一。1898 年 12 月 6 日生于瑞典达拉纳省教区古斯塔夫斯教区的一个小村庄——梭瓦波村。他幼年和少年时的乡村生活经历，使其一生都信奉清教伦理、主张平均主义。为了理解社会运行方式，1918 年在皇家高级中学毕业后，缪尔达尔直接考入斯德哥尔摩大学学习法律。1923 年获得了法律学位后，开始以律师为职业，任职期间，开始研读经济学，师从瑞典学派的奠基人之一的古斯塔夫·卡塞尔。1927 年缪尔达尔获得法学和经济学博士学位，并留校任教。在 1925—1930 年期间，缪尔达尔

前往德国、英国和美国从事学术研究。回到瑞士后，1931 年在日内瓦国际研究院担任副教授一职。1932 年，重返斯德哥尔摩大学，并于 1933 年担任该校政治经济学与财政学教授。1938 年受纽约卡耐基公司委托重返美国从事美国黑人问题研究，并于 1944 年发表著作《美国的两难出境：黑人问题和现代民主》。1957—1967 年受 20 世纪基金会（纽约）的资助，缪尔达尔对南亚和东南亚国家的 11 个国家的贫困和发展问题进行研究，并于 1968 年发表著作《亚洲的戏剧：南亚国家的贫困问题研究》。1967 年，缪尔达尔再次重返斯德哥尔摩大学，担任了国际经济学教授，还创办该校的国际经济研究所并兼任所长一职。1974—1975 年，以访问学者的身份在纽约大学执教。

除了教学与研究外，缪尔达尔积极参与各种社会活动。1933—1938 年间，在斯德哥尔摩大学任职期间，缪尔达尔还兼任瑞典政府经济顾问和瑞典银行理事。1934 年和 1942 年两度当选为瑞典参议院议员，1935 年任下议院议员。1943—1945 年及 1945—1947 年间，分别担任瑞典政府战后计划委员会主席和瑞典政府商务部长。之后的十年期间，缪尔达尔离开瑞典，出任为联合国欧洲经济委员会秘书长。此外，缪尔达尔一生还获得 30 多项荣誉称号以及各种奖励，如马林诺夫斯基奖、诺贝尔经济学奖。此外其还曾担任瑞典皇家学院院士、英国科学园、经济计量学会和美国经济协会会员等。1987 年 5 月 17 日，缪尔达尔在瑞典斯德哥尔摩逝世，终年 89 岁。

（二）冈纳·缪尔达尔的学术生涯

缪尔达尔在学术上的活动领域十分广泛，从瑞典学派跨越到制度经济学派。在其学术生涯前期，即 20 世纪 20—30 年代，作为瑞典学派的主要代表人物之一，主要研究瑞典学派纯理论的问题。而在学术生涯后期，即从 20 世纪 40 年代起，作为当代制度经济学派代表人物之一，主要从事制度经济学的研究。他自己曾说过："我年轻时期是一个最热心的'理论'经济学家"，从 40 年代起，"我就成了一名制度经济学家"①。根据缪尔达尔在不同时期经济思想的特点，本书将其学术生涯划分为三个阶段。

第一阶段（1925—1933）：纯理论经济学家

作为瑞典学派第二代的代表人物之一，缪尔达尔的最初的研究兴趣是在微观经济学，尤其是厂商的行为和计划这两个方面。其博士毕业论文《价格形成问题与变动因素》主要是研究价格形成以及对利润和资本价值变化的影响。

① 丁冰．瑞典学派．武汉：武汉出版社，1996：3.

在传统静态均衡价格理论的基础上，缪尔达尔引入了预期因素，强调了企业家对未来的主观预期、不确定性、风险等因素在价格形成中的重要作用。在1933年出版的《货币均衡理论》（瑞典文版）中，他将资本价值、收入、储蓄、投资等经济变量区分为事前估计（ex-ante）和事后估计（ex-post）两种，并提出只有在现实与预期相符时静态的货币均衡才会出现。在书中，其强调“时点”和“时期”的差异，认为“时期”是两个时点之间的价格，并主张进行动态分析。此外，在此期间，缪尔达尔的著作还有：《经济理论发展中的政治因素》《瑞典的生活费用：1830—1930》等。在其学术生涯的第一阶段，缪尔达尔意识到新古典主义传统经济学不足以分析当下的经济问题，因此将其研究的重点逐渐转向宏观经济学，尤其是经济波动问题和制度经济学。

第二阶段（1933—1944）：从政治经济学家到制度经济学家的转变

受当时美国社会经济不景气，尤其是1929年10月爆发经济大萧条影响，缪尔达尔变得越来越有政治意识，积极投身各种政治活动并担任各种政府职务。如1935年加入人口委员会，1936年任职预算委员会，1942年再次担任瑞典议会参议员等。在1933—1944年期间，缪尔达尔不断地深入研究各种社会问题，研究的重心也从最初的经济稳定性理论转移到失业、财政预算、人口增长等现实问题，实现了从一位纯理论经济学家向一位制度经济学家的转变，并发表相关著作：《财政政策的经济效果》《人口：民主问题》《美国的两难处境：黑人问题和现代民主》。

第三阶段（1945—1987）：制度经济学家和发展经济学家

1947年受联合国的邀请，缪尔达尔担任联合国欧洲经济委员会秘书长，工作重心也转向了欧洲的经济问题。1953年，由于工作需要，缪尔达尔开始访问南亚诸国，并激发了其对南亚和东南亚国家发展问题的兴趣。在1957年，缪尔达尔辞去联合国的职务，专注于研究南亚、中国西部和苏联西南部11个国家的发展问题，并于1968年完成巨著《亚洲的戏剧：南亚国家贫困问题研究》。在书中，缪尔达尔通过对南亚国家的经济、政治、制度、文化、习俗等因素进行分析，探究它们贫困的因由。“这是其早期的发展经济学代表作，同时也是一部未建立在新古典经济学基础上的发展经济学著作”①。在书中，缪尔达尔运用循环累积关系分析南亚国家持续性贫困的原因。1970年，缪尔达尔又出版了《世界贫困的挑战——世界反贫困大纲》对《亚洲的戏剧》的研

① 冈纳·缪尔达尔．亚洲的戏剧——南亚国家贫困问题研究（重译本）．方福前，译．北京：首都经济贸易大学出版社，2001：XV．

究进行总结，并提供了一份详细的反贫困计划。“可以说上述两本书是他对发展中国家大多数人的贫困问题和社会平等改革为题研究成果的经典表达”①。由于在发展中国家经济发展问题上的关注，其被世界银行誉为“发展经济学的先驱”，又由于其在发展中国家贫困问题研究上的突出贡献，其又被称为“研究贫困问题的专家”。

二、冈纳·缪尔达尔反贫困思想的渊源及理论基础

（一）冈纳·缪尔达尔反贫困思想的渊源

尽管缪尔达尔从纯理论经济学家转变为制度经济学家，但是瑞典学派的经济思想始终贯穿着缪尔达尔的研究生涯。瑞典学派主张国家干预，倡导动态经济学，强调预期的“决定性”作用，注重国际贸易等观点，在缪尔达尔的思想研究中随处可见。在继承了瑞典学派基本观点的基础上，缪尔达尔将其演化，并形成了自己的理论体系。

受瑞典学派先驱魏克塞尔“积累过程原理”的影响，缪尔达尔提出了自己的“循环累积因果关系原理”，并将其作为一个重要工具用于分析不发达国家（地区）的贫困问题。魏克塞尔的“累积过程原理”是在货币经济学的基础上，强调利息变动的影响作用，当货币利息高于自然利率时会抑制投资，社会收入也会减少，需求和价格也将下降，经济活动将处于收缩的状态，而且这个过程会不断地、累积性地进行，直到两者利率相等为至。反之，则亦然。缪尔达尔继承该理论的核心思想，并将其拓展到对社会发展过程的分析中，其提出社会制度也是一种发展过程，科学研究需纳入影响社会发展的各种因素。奥林的要素禀赋论认为两国贸易的原因在于生产要素丰缺的差异，并鼓励自由贸易。这种理念在缪尔达尔的研究中也有所体现。缪尔达尔主张欠发达和发达国家放开限制，允许贸易自由。但是，缪尔达尔也指出劳动力密集的国家在贸易中长久处于低端位次对其发展极其不利，因而鼓励其出口产业优化升级。

作为新制度经济学派的代表人物，缪尔达尔的制度经济思想被大众认同，并被授予“凡勃仑-康芒斯奖”。虽然缪尔达尔称自己是“自己的制度主义者”，认为其制度主义思想主要是源于生活经验以及对现实问题的思考。但是，老制度学派代表人物凡勃仑的累积因果关系所具有的路径依赖思想及康芒斯对工会和政府经济作用的思想在缪尔达尔的贫困研究中也均有所体现。

① 傅殷才．制度经济学派．武汉：武汉出版社，1996：143.

（二）冈纳·缪尔达尔反贫困思想的理论基础

在学术生涯的第三阶段，缪尔达尔逐步转向研究发展中国家所面临的贫困问题，在其研究过程中主要涉及的理论基础如下：

1. 循环累积因果关系理论

在继承了瑞典学派基本观点基础上，缪尔达尔将其演化并形成了自己的“循环累积因果关系原理”（the theory of circular and cumulative causation）。这一理论最早是在《美国的两难处境》（1944①）一书中提出的。在书中，缪尔达尔首次利用该原理分析了美国黑人的贫困问题。在当时的美国，普遍存在着种族歧视，这使得黑人少有机会接受良好的教育，因而导致黑人的整体教育水平较低，而这又反过来导致黑人谋生技能的缺乏，进而使得黑人难以通过合法的渠道谋得就业机会，迫使黑人不得不依靠非法手段维持生计，这又进一步加深了社会对黑人的歧视。换言之，是对黑人的歧视导致黑人的贫困，而黑人的贫困又加剧了黑人的歧视，这两个因素互为因果，不断强化，呈现循环累积的发展态势，最终导致黑人境况的不断恶化（如图5.1）。后来，缪尔达尔又在《亚洲的戏剧——南亚贫困问题研究》《世界贫困的挑战——世界反贫困大纲》等著作中运用该原理分析欠发达国家的贫困问题。

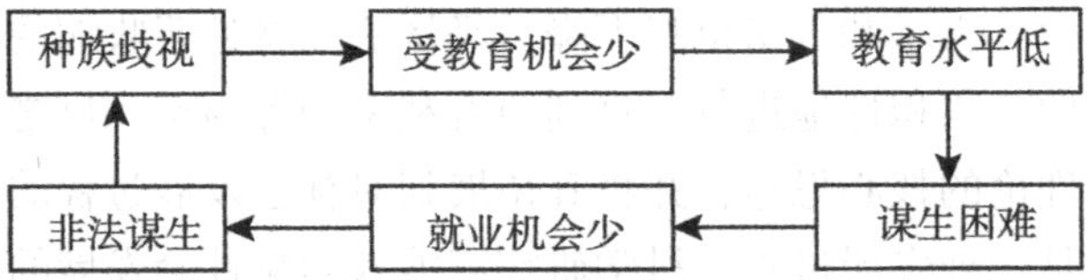

图5.1　黑人贫困的循环累积

缪尔达尔的循环累积因果理论认为在动态社会发展过程中，社会各因素之间互相影响、互相累积、互为因果，这使得经济发展变化沿着原先因素的方向发展，从而呈现循环累积的发展态势。即因素A的变化，会引起因素B的变化，而因素B的变化又会加强因素A的变化，循环往复，导致社会经济的发展过程沿着因素A的运动方向发展。换言之，当社会经济发展处于非均衡的状况时，任意一个因素的变动，都会诱发其他因素的相应变动，循环往复，不

① Myrdal G. An American dilemma：The negro problem and modern democracy. New York：Harper & Bros，1944.

断强化初始变动的效果。除非有外部力量进行干扰，中断这种因果循环，否则仅依靠市场力量，是很难达到经济发展的均衡状态。

在研究发展中国家贫困问题时，缪尔达尔发现经济与技术、制度、习俗、教育等非经济因素之间存在着因果关系，这些因素共同作用、共同影响着欠发达国家的经济发展。因此，若要解决发展中国家的贫困问题，就需先理清各因素之间的因果关系，避免陷入"恶性循环累积"的局面。比如，是贫困导致土地劳动力下降、产出减少，还是土地劳动力下降、产出减少导致贫困，两者何为因，何为果。此外，还需要政府的政策制度进行干预，否则在市场力量作用下，"恶性循环"的累积效应将会被强化。因此，缪尔达尔反对发展中国家实行完全自由放任的经济主张，鼓励政府对经济进行干预，给社会经济体系施加一个外力，促进社会体系向好的因果循环累积。

2. 地理上的二元经济结构理论

缪尔达尔在《Theory and Underdeveloped Regions》一书中提出了地理上的"二元经济结构理论"①（the theory of dual economy structure）。在缪尔达尔看来，一国内部存在经济发达和不发达地区并存的二元经济结构，因而，需要政府进行政策干预，以促进落后地区的发展，弥合地区间的贫富差距，该思想突破了新古典主义的局限性。发展中国家的生产要素受习俗、宗教、制度等因素的限制，并非是自由流动的，因而在市场机制作用下，资源配置很难达到最优。如若政策再倾斜，部分地区的经济增长速度将快于其他地区，经济发展会出现失衡的现象。当失衡达到一定程度，区域间的经济水平、收入、利润等将会产生差距，进而引发累积因果循环，致使区域间的差异不断扩大，并会形成地理上的二元经济结构。以劳动力流动为例，一国存在经济发达地区和不发达地区。经济发达的地区，对高素质人才有较强的吸引力，劳动、资本等生产要素都向该地区流入，使得工资水平上涨，进而吸引更多人才流入，而且经济也得到更快发展，而不发达地区，由于劳动工资低，劳动力外流，使得劳动力和资本等要素的需求减少，又由于工资低于发达地区，人才进一步外流。在这种因果循环累积的作用下，发达地区和不发达地区之间经济发展水平的差距将会不断扩大。同理，资本、技术、资源等流动，也会导致上述的效果，从而拉大地区间的差距。

因利润率差异导致资本、技术、资源、劳动力流动的现象，缪尔达尔称其

---

① Myrdal G. Economic theory and underdeveloped regions. New York: Harper & Row, 1957.

为“回波效应（backwash effects）”①。该效应通过循环累积发挥作用，在发达地区形成向上累积循环，而在欠发达地区形成向下累积循环。但是，这种效应的效力有其阈值，因而导致地区之间差异的效能也是有限的。当经济发展到一定程度后，受人口密度、资本过剩、交通拥堵等因素的影响，发达地区的生产成本逐渐走高、利润率开始变小，经济增长的速率也随之减缓。这时若再扩大生产规模，就会变得相对不经济，因而资本、技术、劳动力等生产要素将逐步向不发达地区扩散。此外，随着发达地区经济发展速率的减缓，其对不发达地区的产品、资源等的需求将会上涨，从而带动不发达地区经济的发展。这种与“回波效应”相对，促进不发达地区经济增长，弥合地区之间差异的效应，缪尔达尔称之为“扩散效用（spread effects）”②。

在没有政策干预的情况下，缪尔达尔认为回波效应的作用往往会强于扩散效用，且不发达国家的扩散效应时常十分微弱。因此，缪尔达尔主张一国在经济发展初期实行政策倾斜，以鼓励部分地区优先发展，再通过先发展地区带动后发展地区。同时，当发达地区经济发展成熟后，为防止由因果累积循环导致的地区之间差异的日益扩大，该国应再次采取政策倾斜，促进不发达地区经济的发展，从而消除地理上经济的二元结构。

三、国家贫困的因由

缪尔达尔在分析南亚国家贫困产生的原因时其发现制约南亚经济增长的因素主要有：人口与人口质量、劳动力与经济结构、生活水平与不平等现象、外贸与资本流动、软政权与腐败。这五个因素相互影响，互为因果，任何一个因素向上或向下的变动都会引起其他因素同向发生变动，进而引起这个国家体系产生累积的变动。在缪尔达尔看来，这五个因素导致发展中国家贫困，其具体表现如下：

（一）人口与人口质量

与西方发达国家缓慢的人口增长不同，“二战”后期，南亚的人口在不断地飞速增长，出现了人口爆炸的现象。在缪尔达尔看来，南亚的人口增长源于

---

① 冈纳·缪尔达尔．世界贫困的挑战——世界反贫困大纲（重译本）．顾朝阳，等，译．北京：北京经济学院出版社，1991：243.

② 冈纳·缪尔达尔．世界贫困的挑战——世界反贫困大纲（重译本）．顾朝阳，等，译．北京：北京经济学院出版社，1991：243.

三方面的原因：其一，出于宗教信仰和养儿防老等传统理念，人们普遍倾向于多生；其二，缺少节育的意识；其三，医疗水平提高，导致死亡率下降。这三重因素的共同作用，使得南亚地区的人口年增长率从19世纪的1%涨到了现在的2%。人口的增长，使得劳动力供给增加，而社会无法吸纳剩余的劳动力，导致收入减少，人们生活水平下降，人均教育和卫生设施及其他福利也相应地减少。可见，人口过剩现象不仅不利于经济发展，也影响到个人的生活水平，因此，缪尔达尔主张通过节育的手段，控制人口过快的增长。

缪尔达尔认为影响人口质量的两个重要因素是健康与教育。这两个因素之间相互依存、相互影响。"一方面，获得知识和技能取决于人们的智力和身体健康状况；另一方面，健康状况的改善取决于人们对卫生学的知识和态度"①。在南亚，造成人民不良健康状况的主要原因是严重缺乏营养和营养不良。南亚人们将绝大多数的收入用于食品消费，但却依然无法改善他们的健康状况。同时，落后的卫生设施、紧缺的医护人员、气候环境等也都影响着南亚人们的健康状况。缪尔达尔指出贫困严重威胁人们的健康，恶劣的健康状况，导致劳动投入和生产效率的下降，却起到了维持贫困的作用。

教育不管是对于个人还是国家而言都非常重要。在南亚，提高教育质量除了增加教育投入外，还包括消灭错误教育和教育资源浪费两方面。第二次世界大战后，南亚开展了扫盲运动，将儿童入学率放在了主要位置，而忽视了发展中最为重要的成人教育。如1950年印度立法十年内对14岁以下儿童强制实行基础教育。然而，强制教育的法规几乎没有在任何地方实施，旷课、留级、辍学等现象造成巨大的资源浪费。例如，在印度有1/3的学生完成小学教育，而巴基斯坦仅有1/6。造成儿童无法正常完成教育主要是经济上的贫困。在南亚一些地区，儿童被视为廉价劳动力，很早便参加社会劳动。师资质量也制约教育质量的提高，南亚所有国家，大量的教师属于"未经培训"一类，而小学教师地位低下，收入水平低，导致更少受过良好教育的年轻人愿意加入这一职业。南亚地区的教学方法也备受诟病，受殖民遗产的影响，南亚普遍采取"填鸭式"的教学方法，而不注重独立思考能力的培养，更不注重爱好专研和独立实验思维倾向的发展，而上述思维的培养对人的发展是非常有益的。

---

① 冈纳·缪尔达尔．亚洲的戏剧——南亚国家贫困问题研究（重译本）．方福前，译．北京：首都经济贸易大学出版社，2001：283.

（二）劳动力与经济结构

劳动力利用不足是南亚地区普遍存在的现象，尤其第二次世界大战后，随着人口的膨胀，该现象日益凸显。与其他国家不同，南亚地区的农作采取的是第三种模式，即粗放土地使用与劳动力-土地高比率相结合。这种农作模式束缚太多的劳动力，在南亚约有3/4的男性劳动力从事农业生产。在农业生产上的高密度人口，致使南亚存在严重的“失业”和“就业不足”① 现象。传统经济理论认为“失业”和“就业不足”的人员加一起是未经开发的生产潜力的蓄水池。也就是说，“失业”和“就业不足”是非自愿的，一旦给予工作机会，他们就愿意工作。因此，主流经济理论认为只要排干劳动蓄水池，将闲置的人员用于生产性劳动，资本和产出均会增加，收入和消费水平也将提高，贫困将有可能被消除。

但是南亚地区的失业人员真的是劳动力的蓄水池吗？缪尔达尔通过研究发现，在南亚，确实存在大量的劳动力浪费，他们或是完全没有被利用，或是近似毫无价值的利用。但是与西方发达国家不同，南亚劳动力的闲置大部分是自愿的。因缺乏有效的市场、个人见识不足、社会与宗教习俗和态度等因素的影响，南亚居民工作的意愿不高。“大部分劳动力都深植于在气候、社会、文化和制度的母体之中”②。这个母体不仅是劳动力长期低水平的利用，同时还抵制新的生活方式和工作方式。因此，在这种制度结构中，“失业”和“就业不足”就不可以视为劳动供给的蓄水池。

缪尔达尔还指出出勤率、时间长度和效率这三个方面决定了劳动力的利用程度。当存在大量劳动力闲置时，劳动效率一般都较低。气候和健康状况会影响工作强度和长度，进而影响劳动效率。在南亚地区，劳动力浪费现象最为严重的是农业。例如，在每英亩上，南亚的人口密度是日本的3倍，但是亩产出却只有日本的1/5。高密度的农业人口，降低了土地劳动的效率和收入水平。恶性循环使贫困和低劳动生产率不断向下累积。西方传统理论认为要提高贫困国家的收入，只有进行工业化。但是，由于南亚地区资本、自然资源的稀缺、以及其他限制和约束，南亚的工业化水平也十分低下。而且南亚的工业大多数

① 冈纳·缪尔达尔．亚洲的戏剧——南亚国家贫困问题研究（重译本）．方福前，译．北京：首都经济贸易大学出版社，2001：171.

② 冈纳·缪尔达尔．亚洲的戏剧——南亚国家贫困问题研究（重译本）．方福前，译．北京：首都经济贸易大学出版社，2001：180.

是几乎不使用资本和只使用少数工人的乡村企业，人均生产率非常低，也使得降低了工业生产总水平，居民的生活水平长期处于低水平的状况。

（三）生活水平与不平等现象

在缪尔达尔看来，“在循环因果关系中，生活水平的提高几乎改善其他一切条件”①。但是，在南亚地区，较低的水平体现在日常生活的方方面面。在饮食方面，南亚的食物不仅品种较少，缺乏营养，还常常被掺假出售。人均日卡路里摄入量也比维持最低需要的少10%，大部分民众根本吃不饱。在穿着方面，由于贫穷，大量的南亚人只有一套衣服，睡衣或者内衣更是负担不起的奢侈品。在住房方面，大多数人生活在简陋、拥挤的房子里。在城市里，25%~50%的人口生活在贫民窟或简陋的茅舍或露宿街头。在医疗卫生方面，更是差得惊人，污水四溢，苍蝇横行，卫生设施极度匮乏。再者南亚地区的燃料和电力供应也远低于西方的最低水平，运输系统也不够使用。如此之低的生活水平，严重损害了南亚人民的健康、体力和工作态度。

同时，缪尔达尔还指出，欠发达国家存在着高度不平等，这严重制约着南亚经济的发展，其主要体现在以下几个方面：

第一，由于经济和社会流动的刚性，妨碍地区和职业的流动，导致工资巨大差异状况长期存在，打击了人们工作的意愿和积极性。

第二，社会地位的不平等，使得人们更注重悠闲，导致生产效率下降。

第三，在农村未纳入运输网络之前，地区的不平等将扩大，回波效应大于扩散效应，致使农村贫困持久化。

第四，收入不平等与社会不平等互为因果关系，收入的不平等会加剧社会的不平等，而社会的不平等又导致经济的不平等。

第五，经济的不平等会导致社会的割裂。瑞典有句谚语：“料槽空的时候马就会互咬”②。

此外缪尔达尔还认为不发达国家的风俗习惯和宗教理念，也是导致社会和经济分层的重要原因。在缪尔达尔看来，他们充当了一种保持社会惯性的巨大力量，使得底层人民安于现状，并认为自己的穷困是上帝和超自然力量的合理

① 冈纳·缪尔达尔．世界贫困的挑战——世界反贫困大纲（重译本）．顾朝阳，等，译．北京：北京经济学院出版社，1991：78.

② 冈纳·缪尔达尔．世界贫困的挑战——世界反贫困大纲（重译本）．顾朝阳，等，译．北京：北京经济学院出版社，1991：51.

安排。虽然，不发达国家政府都宣称赞成更大的平等，但是政治权利均有特权集团把控，他们之间相互勾结对大众进行统治，结果造成了更大的不公平。缪尔达尔因而总结道，因种姓制度、民族界限、民族歧视而导致的整体不平等结构，在恶性因果循环累积的作用下，不平等现象将会持久化。

（四）外贸与资本流动

缪尔达尔认为，国际贸易会加剧不同国家之间的收入不平等。在没有约束的市场力量作用下，通过具有累积效应的因果循环，将会导致发达国家在收入和生产率上更具优势，而不发达国家则会保持原有水平，或进一步恶化。若“外围”国家的收入水平、教育和其他“非经济因素”的水平越低，发达国家对其产生的回波效应越强，而扩散效应则刚好相反。如果回波效应变得更强而扩散效应更弱，则会抑制国家的经济发展，甚至使其变得更加贫困。

尽管第二次世界大战后，不发达国家在主权上已经独立，但在经济上由于殖民时期的历史遗留，不发达国家在国际贸易中仍处于低端位次，出口的产品也大多为收入弹性较低的初级商品。尽管不发达国家工业制成品的增长速度快于初级产品，但是大多出口的是类似皮革、木制品等低附加值的工业制成品，很难向发达国家一样出口高附加值产品。同时，由于发达国家的工业企业已经达到了内部和外部经济效益，其会牢牢把控着市场，与客户建立贸易关系，而不发达国家的工业企业尽管具有成本优势，但由于缺乏有效的国力和技术人员等，将会使其在出口工业制成品中碰到严重的阻碍。

与出口的黯淡相比，由于人口的增长和经济的发展，不发达国家对进口产品的需求却趋于上升。进口与出口的差额不断扩大，会形成贸易逆差。但是不发达国家本来就缺少资本，再加上出口的困难，一旦使其不得不采取进口限制，这将导致发展的努力低于预期值，并会降低大众的消费水平。在不发达国家，有些资本输入是用于铁路、港口等公共设施的建设，但是因为投资所需的材料和资本都是从发达国家进口，因而并没有推动该国的工业革命。当然，也有一些小的私人资本对大型企业进行投资，但是这些企业趋于形成飞地，同周围的经济割裂开来，这“削弱了外国企业所在国家中的扩展作用”①。

发达国家对不发达国家的财政援助也形成了一种资本流入，但是近年来援助更多采用的是贷款的方式，利息与分期偿付将会导致资金的流出。国际复兴

---

① 冈纳·缪尔达尔．世界贫困的挑战——世界反贫困大纲（重译本）．顾朝阳，等，译．北京：北京经济学院出版社，1991：244.

与开发银行近年来虽也为不发达国家提供正常的商业贷款，但利息率和信贷调价都比较严格。同时，它们的附属机构（国际开发协会）也给不发达国家提供具有援助性质的公共贷款。这些信贷虽然可以短期延缓外汇平衡的压力，但是由于信贷的利息往往非常高昂，因而，从长期来看，这会加剧资金外流。此外，不发达国家的公民也以银行存款或购买股票的方式送出资本，且这种形式的资本外逃数量非常可观。

在缪尔达尔看来，对外贸易和资本流动的发展导致不发达国家的债务问题不断恶化，如果不加以干预，在20世纪70年代前期，资本的总流入量将小于包括债务偿付在内的资本流出量。因而，缪尔达尔说道："如果不采取更为激进的措施，就无法制止一个必将爆发债务危机的进程"①。

（五）软政权与腐败

缪尔达尔认为不发达国家均属于"软政权"，只是程度有所差别。何为"软政权"？缪尔达尔将其定义为：缺少立法和具体的法律遵守和实施，执法者法律执行不到位，并常与有权势的被执法者勾结在一起。所有这些都妨碍政策的制定和落实，削落了政策实施的力度。在一个缺乏纪律的社会里，任何事情都将会被拖延，发展因而也将是困难的。

在南亚地区，政治权利主要是掌握在上层阶级手中，他们制定促经济发展、实现更大平等的计划和政策，但是往往又阻碍目标的实现。南亚所有的国家都主张土地改革，并将其写入法令全书中。但是这项有益于贫困阶层利益的法案，由于缺少自下而上的社会和政治力量，要么被拖延，要么存在例外条款，要么根本就未被执行。政府松散的管理制度和行政执行的随意性常常被"掌握着经济、社会和政治大权的人所利用来谋个人私利"②，因而导致腐败盛行，义务也往往压在人口较贫困的阶层。

腐败盛行是"软政权"的另一个方面。在南亚国家，腐败的程度比西方国家和共产党国家都高得多。腐败行为到处泛滥，其不仅广泛存在于高级官员和政治家中，在法庭和大学中也时常发生，其甚至蔓延到了下层民众中。当然，盛行的腐败是有害的，其扰乱了经济和政治的稳定，也降低了民众对腐败

① 冈纳·缪尔达尔．世界贫困的挑战——世界反贫困大纲（重译本）．顾朝阳，等，译．北京：北京经济学院出版社，1991：252.

② 冈纳·缪尔达尔．世界贫困的挑战——世界反贫困大纲（重译本）．顾朝阳，等，译．北京：北京经济学院出版社，1991：184.

行为的容忍度。缪尔达尔也指出腐败的行为不仅会削弱民众对社会或国家的忠实感，导致人心涣散，还会对任何经济发展都造成强大的阻碍和抑制。因为它不仅会助长了计划中的不合理，限制了计划实施的范围，还会导致南亚行政机器的迟缓。

在缪尔达尔看来，软政权滋生腐败，而腐败盛行又是软政权的温床，它们之间相互影响，互为因果关系。在不发达国家，为了继续获得巨额的利益，腐败的政治家和官员们会采取各种手段力保全自己手中的控制权。尽管人们也已经意识到腐败蔓延的危害，但是由于缺乏有力的动机和有效的措施来控制腐败，腐败问题更是变本加厉。在腐败的体制内，老于世故的人认为腐败是发展中难以避免的，是合理的。这种思想的蔓延扩大了人们的玩世不恭，也减少对腐败的行为的抵制。此外，在腐败盛行的国家，官员的廉洁性也常遭人质疑，官员的廉洁性也会受到抑制，若他抵制腐败，可能就难以履行自己的职责了。

四、消除贫困的方法

从以上分析可以得出结论，不发达国家所做的各种努力被传统的社会结构、快速的人口增长，消极的工作态度等削弱。在缪尔达尔看来，古典经济学主张放任自由的市场经济在不发达国家并不适配，其只会起到加剧贫困的作用。因而，缪尔达尔主张政府介入，主张采取更多、更激进的政策改革，以促进不发达国家更快、更有效的发展。

（一）平等改革

不平等是欠发达国家发展过程中面临的主要障碍。在缪尔达尔看来，不平等与所有的社会与经济相联系，是阻挠农业政策、教育改革、社会发展、税收政策等的重要因素。如印度的种姓制度，其强化社会各阶层对体力劳动的轻视，扭曲并抹杀了人正常的同情和怜悯之心。虽然人们意识到不平等的危害，但在经济文献或计划中却并未给予不平等过多的关注。缪尔达尔认为不平等及其加剧趋势必将成为限制与阻碍发展的复合体。因此，缪尔达尔主张不发达国家创造更大的平等，为加速发展创造条件。

西方经济学家传统观点认为，穷国无力承担改革必须付出的高昂代价。穷国要想经济发展就必须牺牲掉社会公正，况且根据早期发达国家的经验，不平等及其加剧趋势是发展过程中必经过程，因而对穷人的剥削有利于储蓄和投资的增长，有助于工业化进程。缪尔达尔否定了上述观念，其指出穷国要想快速发展，更大的平等是其先决条件，理由如下：

（1）在发达国家收入的不平等是例行储蓄的一个条件，但是在不发达国家却只会导致铺张浪费，甚至是资本外逃。

（2）提高民众收入将有益于改善人们健康和受教育水平等，也有益于促进人们工作的意愿和能力，进而提升生产的效率。

（3）经济平等与社会平等互相影响，互为因果。更高层次的经济平等会促进更广泛的社会平等，而广泛的社会平等又会带来更高水平经济平等，两者相互作用促进因果循环向上累积，最终带来更高的生产效率。

（4）不平等及其加剧趋势会导致民心的涣散，而更广泛的平等在社会公正方面有种独立的价值，并有助于增强国家的凝聚力。

此外，缪尔达尔还提到即使在高度发达的国家，不断的平等改革也是富有生产性的。这也就意味着，同样的改革在不发达国家同样有效。因此，缪尔达尔主张实行更大平等的改革以促进经济的快速增长。

（二）农业改革与土地改革

在当时，大部分不发达国家的农业生产属于粗放型土地使用与劳动力-土地高比率结合的模式，这种生产模式不仅导致农业亩产值低下，也束缚住了大部分劳动力。如在南亚，约3/4的劳动者就从事这种低产出的农业生产。农业产业的低下致使南亚地区的居民存在严重营养不良的现象。在南亚，人们的日人均摄入热量不足和保健营养物质的缺乏严重损害了他们的健康，也导致普遍的懒散以及主动性和积极性的缺乏。不少学者认为，技术改造有助于提高劳动力利用率，促进产量的增长。但在不发达国家却恰恰相反，技术改造只会导致已经利用不足的农业劳动力规模迅速的增长。受发达国家成功经验的启示，不发达国家主要将发展工业化当作创造就业和提高劳动生产率的途径。但是，由于不发达国家的工业化起点低，即使短期内高速发展，也不能创造更多的就业。虽然，从长远来看，发展工业是合情合理的，但是在短期内，在实现工业化的同时，“也不应该减少提高农业中土地和劳动生产率的努力”①。

土地利用率和劳动效力都极为低下是制约不发达国家农业发展的主要问题，但这也意味着不发达国家在提高农业产量的潜力巨大。那又该如何提高农业产量呢？缪尔达尔认为提高农业产量主要在于改变那些导致劳动力利用不足的生产习惯即农业制度的改革。农业改革的关键在于人与土地关系的改革。南

---

① 冈纳·缪尔达尔．世界贫困的挑战——世界反贫困大纲（重译本）．顾朝阳，等，译．北京：北京经济学院出版社，1991：82.

亚地区，其广泛存在的佃农制是制约不发达国家提高劳动生产率、农业发展的主要原因。此外，土地所有制和交租制度抑制了农民生产的积极性，不利于技术的变革，也不利于产量和质量上的提高，严重阻碍了农业的发展。

为创造平等的环境，激励农民发挥潜在效率，缪尔达尔认为不发达国家可采取以下措施：首先，农业的改革应该采取较为温和的方式，避免给民众产生不稳定感。其次，制定一些可取的政策以激励进步的创业者发挥创业精神。这些创业者将起到模范带头作用，鼓励更多的人放弃依赖佃农制。再者，对不劳而获的土地所有制苛以重税，这必然会促使人们放弃这种消极而寄生的土地所有制。最后，制定一些措施保护农业工人，给予农村中低等阶级一定数量的土地，使他们获得尊严、新的人生观，以及独立的收入来源。如果上述政策得以落实，其将形成一项彻底的土地改革，不仅有助于提高农业生产率，促进农村社会变革，也有助于促进更大的平等和流动性的实现。

此外，缪尔达尔还指出，不同的国家土地所有权和使用权方面差异很大。因此，土地改革要因地制宜，区别对待。总结概括起来，缪尔达尔认为在南亚地区应采取以下三种模式：第一种是将土地划分成大致相同的单个农场，并将它们平均分配给耕者；第二种是所有权和管理权的合作社模式；第三种则是大规模的地方或国营模式。但不论南亚国家采取哪种模式，都应当在人和土地之间建立一种不会妨碍他工作和投资积极性的关系，这种关系不仅有助于提高劳动的积极性，也有助于提高农业技术和劳动产量。

（三）人口政策

近年来，随着医疗技术的进步，不发达国家的死亡率飞速下降，而生育率仍保持在原有水平，从而使得人口自然增长率急速上升，以至于出现人口爆炸的现象。在缪尔达尔看来，人口膨胀对社会和经济产生巨大的影响，也不利于国家向上发展。造成这些后果的原因是：其一，人口膨胀加剧了就业压力。人口膨胀导致劳动力供给增加，但是在不发达国家，农业已经出现人口过剩现象，工业也无法提供更多就业，原本并不发达的第三产业则无能为力。其二，在不发达国家，人口增长必然阻碍经济的发展，进而导致收入和生活水平递进下降。其三，人口增加将不可避免地影响激进而有效的农业政策实施的效果。因而，控制人口增长是不发达国家迫切需要解决的问题。

在缪尔达尔看来，虽然人口政策具有功利主义基础，但是无论怎样道德原则都是基本前提。因此，缪尔达尔主张所有的政策措施都应该以降低出生率为唯一目的，主张通过强有力的举措促使节育在大众中推广。虽然在推广过程中会遭遇宗教、错误观念、夸张看法、愚昧等阻力，但是与当初发达国家相比，其还是具有两重优势：第一，节育可以作为一项公共政策进行推广。受到公共政策和有组织的社会力量的抵制，单期发达国家在推广节育的时候，不得不在单个家庭中由“私营企业”推广。第二，避孕技术的提高，不发达国家可以直接推广这些已取得时间检验的节孕技术。同时，缪尔达尔还指出要想节育政策有效，不发达国家首先必须做到：第一，充分认识低生育率对经济发展的重要性，坚定的制定和推广节育的有力的公共政策。第二，建立以节育为目的行政机构，确保政策的有效落实。第三，培训大量的医务和辅助医务人员，若工作人员为女性且能讲一般百姓语言更佳。

（四）教育改革

在发展过程中，教育的重要性不言而喻，对不发达国家更是如此。因殖民时代留下的残余思想，在不发达国家建国初期，其面临的最严重的障碍是广大民众的愚昧。为解决该问题，促进发展，消除不平等等现象，在土地改革的同时，也积极推行教育制度的改革。既往的研究显示，不发达国家教育改革虽有成效，但也存在很多的问题：第一，官方公布的扫盲和就学注册数据存在夸大现象。第二，教育质量仍与数量有关，与财政财政支出收益有关。第三，教育体制存在问题，过于注重应试教育，而忽略了对生活和工作实际能力的培养，授课方式和方法也过于僵化，抑制了学生和老师创新能力的发展。第四，过于重视中等教育或高等教育，而忽略的初等教育和成人教育。第五，歧视体力劳动者，受教育的目的主要是为了提升社会地位，摆脱体力劳动，在这一思想观念的作用下，城中“受教育的失业者”① 不断增加。第六，强制教育的法律落实不彻底，存在儿童不正常上学、辍学和留级的现象。第七，存在大量“未经培训”的教师，导致教学质量低下。第八，复杂的语言状况制约了教育的进步。

针对上述问题，缪尔达尔提出了以下一系列的改革方案：第一，合理的规划是不发达国家教育改革的先决条件，而这依赖于有极大提高的统计资料。因而，建议不发达国家提高官方统计质量。第二，教育的改革应属于质的性质，按照实际能力逐步推进，而不应该盲目扩大规模。第三，保持教育三个阶段之间的平衡，即大力发展初等教育，抑制或减缓中等和高等教育。第四，改革培

---

① 冈纳·缪尔达尔．世界贫困的挑战——世界反贫困大纲（重译本）．顾朝阳，等，译．北京：北京经济学院出版社，1991：160.

养模式，从“通才”转向“专才”，在教育体制中增加技术、职业和专业培训，培养出更多的工程师、技术人员、医生、教师等。第五，提高受训老师的数量和质。同时，通过提高教师的社会地位和薪资水平，吸引更多有才能的年轻人加入这个行业。第六，建议使用一门语言进行教学，避免语言课占据学生过多精力。

此外，缪尔达尔还强调教育改革的关键在于大众教育，使受教育权利不再是上层阶级的特权。只用通过扩大教育受众群体，社会和经济上的不平等现象才可能消除，愚昧无知才不会阻碍社会的发展。此外，鉴于教育改革对发展的促进作用存在时效性，教育的改革效果不能简单地通过短期的资金“收益”去计算，其与其他物质投资谁更能获得优先发展的权利。

（五）权利关系改革

在缪尔达尔看来，软政权和腐败的存在给不发达国家的发展造成了巨大的阻碍。那如何使政权硬化，让法律发挥更大的作用，以促使其能有效地引导人们的行为。缪尔达尔认为“为使政权硬化，不发达国家需要在广泛的领域进行斗争”①。只有这样，才能消除人们玩世不恭的态度，才能消除新的不确定和任意因素，才能产生激励的源泉。

大规模行政改革是不发达国家发展中的首要任务。在缪尔达尔看来，不发达国家存在不同程度的通过“直接”或“具体”控制的行政随意性，而不是通过非随意的控制来对私营企业进行指挥的行为。这种过分发展的随意性控制使大型企业获得更多的寡头垄断权及超额的利润。因此，缪尔达尔认为完善的行政管理应采取不同的方式，对私营企业进行更为有效的控制。缪尔达尔还指出，有能力和廉洁的行政官员在不发达国家极其稀缺，普遍采取的非随意性控制不仅将减少对其的需求，也有助于提高行政体制的效率，减少麻烦的官僚程序，也使得更多的向下授权的需要得以实现。另一项迫切的改革是精简行政官员数量。不发达国家行政负荷过重，存在过分庞大低级行政机关公共雇员。解雇这些缺乏能力和不廉洁的官员，有助于在积极清除腐败的同时大幅度提高在职人员的工资。

在政权硬化的过程中，整治腐败发挥着关键的战略作用。对于如何整治腐败，缪尔达尔提出：首先，反腐应从上头抓起，除了严惩受贿的部长和高级官

---

① 冈纳·缪尔达尔．世界贫困的挑战——世界反贫困大纲（重译本）．顾朝阳，等，译．北京：北京经济学院出版社，1991：213.

员外，商业阶级大的行贿者也应受到惩罚。其次，实行高薪养廉政策，提高低等公务员收入，将非法收入转变非合法收入。此外，缪尔达尔在研究中发现，西方商业公司的行贿行为对造成不发达国家软政权负有不可推卸的责任。在发达国家，行贿是重罪，但是在国外行贿却不受法律限制。因此，缪尔达尔主张各国对本国公民在海外腐败的行为也处以国内同样法律的制裁。

五、简要评价

自20世纪50年代以来，研究发展经济学的学者不胜枚举，但其中研究贫困问题，尤其是研究亚洲贫困问题的学者则少之又少。缪尔达尔在其贫困经济理论体系中对制约不发达国家经济发展的因素进行了精辟的分析，并提出了相应的解决措施。在研究过程中，缪尔达尔侧重实证分析，重视各因素之间的关系，并提出了重要的循环累积因果关系理论。综合来看，其贫困经济思想理论具有以下四个特征：

第一，缪尔达尔的反贫困思想的针对性强。20世纪40年代后，世界政治格局出现了巨大的改变，南亚殖民地纷纷脱离宗主国的控制，建立新的国家。这些新建的国家在语言文化、价值习俗上都颇为相似，经济状况也一样的窘迫。虽偶有学者研究贫困问题，但是专门研究亚洲贫困的却是凤毛麟角。为了深入研究南亚国家贫穷和发展问题，缪尔达尔辞去联合国的职务，花费十年时间走访调查南亚各国社会、经济、宗教、制度等情况，获得丰富翔实的第一手资料。在分析后，缪尔达尔发现南亚国家发展的初始状况与西方发达国家的初始有所出入，因而不能照搬西方发达国家的成功经验，基于此根据南亚真实的情况，缪尔达尔开出了独具特色的经济发展药方。

第二，缪尔达尔的反贫困思想具有较强的批判性。缪尔达尔的反贫困思想与主流思想，不论是对不发达国家的态度上、理论依据、还是政策主张等上都存在较大的区别。缪尔达尔批判“种族低劣论”，其认为贫穷是诸多因素共同导致，而不是因为懒惰、经济头脑有限等因素导致。缪尔达尔批判正统经济学自由放任的主张，其认为在社会发展初期阶段自由方式是不合时宜的，只会加剧贫困的恶化，因而主张制定长期计划指导经济发展。在扶贫过程中，缪尔达尔虽然主张国家干预经济，但这并不意味着其轻视市场的作用。他认为政府干预只是起到协调经济的作用，经济的走向仍然要倚重市场的力量。同时，缪尔达尔还批判了经济学家不顾发达和不发达国家之间的差异，将经济理论与模型生搬硬套的做法。西方的经济模型都非常关注“失业”和“就业不足”的现象，并认为两者是非自愿的，是劳动力的蓄水池，能够增加产出，但是这并不符合南亚的现实状况。南亚的“失业”和“就业不足”某种意义上算是自愿的，因而并不能算是潜在的劳动力。对于发展工业化是不发达国家走上脱贫致富的阳光大道的观点，缪尔达尔对此也不置可否，其指出大力发展劳动力密集型的农业才是不发达国家在短期内解决劳动力利用问题、提高劳动生产率和生活水平的有效途径。尽管缪尔达尔对主流思想的批判贯穿其整个研究生涯，但是他并没有完全抛弃这些传统理论，而是在传统理论的基础上，形成了自己颇具特色的理论框架。

第三，缪尔达尔强调制度分析的方法。在研究亚洲贫困的时候，缪尔达尔发现阻碍经济发展的是“现有制度和观念中存在的低效率、教条僵化和不平等”，而这是由这种制度和观念中包含的经济和社会权利关系造成的①。因此，在研究贫困问题时，缪尔达尔经常使用到制度分析的方法。缪尔达尔发现南亚存在若干不利于经济发展的制度条件，如土地占有制度禁锢农业发展，教育制度造成巨大资源浪费，行政管理制度造成了人员过多等，这些问题共同导致了“软弱的国家”。因此，缪尔达尔总结道，贫困的国家若要获得发展，提高穷苦百姓的生活水准，就应该进行激进的制度改革。

第四，缪尔达尔采用系统论方法研究贫困问题。缪尔达尔认为影响国家经济发展的因素之间存在着一定的累积因果循环关系，并组成了一个社会系统，因而经济问题也是社会系统的组成部分。在没有外力的作用下，“贫困”是社会体系中所有因素共同产生变化相互影响的结果，并表现为整个社会系统向下运动。缪尔达尔将产出和收入、生产条件和生活水平划归为“经济因素”，而将对待生活和工作的态度、各种制度、组织和政策归类为“非经济因素”，并将这些“经济因素”和“非经济因素”都看作内生因素来研究不发达国家的贫困问题。缪尔达尔认为外部力量或者国家自身采取的政策将会引起社会系统的初始变化，发展或贫困一旦启动，由于自身的力量社会系统将产向上或向下累积过程运动。为了从内部推进社会系统的发展，缪尔达尔建议政府进行制度改革、技术革命和实施一揽子发展计划。

综合来看，缪尔达尔是一位务实派学者，其反贫困思想注重经济分析方法与发展实践相结合，从现实的角度出发研究不发达国家贫困和发展的问题。他的反贫困思想诞生于发展中国家发展的初级阶段，顺应发展中国家的客观需求，为不发达国家脱贫致富提供了理论基础。但是，缪尔达尔的反贫困思想也

---

① 冈纳·缪尔达尔．亚洲的戏剧——南亚国家贫困问题研究（重译本）．方福前，译．北京：首都经济贸易大学出版社，2000：XVII.

有其历史局限性，现在的世界格局和经济情况与当时已相距胜远。同时，作为一位西方学者，他的观点和立场难免会受到自己价值观的影响，使其理论难免有所偏颇。缪尔达尔提出了制度改革措施整体而言是很好的，但是涉及的影响因素过多，也过于理想，使得有些措施缺乏可操作性。

第二节　西奥多·W. 舒尔茨的反贫困思想

一、西奥多·W. 舒尔茨的生平及学术生涯

（一）西奥多·W. 舒尔茨的生平

西奥多·W. 舒尔茨，1902 年 4 月出生在美国中部的南达科他州阿灵顿郡的一个普通德国移民家庭。在舒尔茨读八年级的时候，父亲因担心其受教育过多会不愿意继承家业，强迫其退学。之后，舒尔茨再也没有经过受过任何正式的中学教育。直到 1921 年，舒尔茨才进入南达科他州农业学院就读，并于 1921 年毕业。随后，舒尔茨考入本州州立学院，攻读农业与经济专业，并在 26 岁的时候取得科学学士文凭。之后，前往威斯康星大学进修，并于 1928 年和 1930 年分别获得科学硕士和哲学博士学位。毕业后，舒尔茨前往衣阿华州立学院任教，并开始研究“穷人经济学”。1934 年及随后的 9 年时间，其任衣阿华州立学院的经济学和社会学教授兼系主任。1943 年就职于芝加哥大学经济学院，并兼任经济系主任一职。1960 年，经推选舒尔茨当选为美国经济学会会长。1972 年，舒尔茨荣获弗朗西斯·沃尔克奖。1979 年，因在经济方面做出了开创性研究，及深入研究了发展中国家经济问题，其与威廉·阿瑟·刘易斯一起荣获诺贝尔经济学奖。

此外，舒尔茨还曾在美国农业部、商务部、联合国粮食组织、世界银行等机构在担任过许多兼职，对当时美国与世界机构的一些政策都产生了一定的影响。舒尔茨还曾到访过中国，并与发展中国家科学院院士林毅夫相交甚好。1982 年，破例收林毅夫为关门弟子并指导其完成博士论文《中国的农业改革：理论与实证》，该论文被称为新制度经济学的经典之作。1998 年 2 月，舒尔茨逝世，终年 96 岁。

（二）西奥多·W. 舒尔茨的学术生涯

自 1930 年博士毕业后，舒尔茨始终专注于农业领域的“穷人经济学”，

并成为农业经济学的巨擘。舒尔茨最初研究的是农业经济学，致力于农业政策的研究，其研究扩大了传统农业问题研究的范围，提升了农业经济学在现代经济学中的地位。后来，在研究过程中舒尔茨注意到人力资本的重要性，并提出了著名的“人力资本论”，其也被西方经济学界称为“人力资本概念之父”。根据舒尔茨研究侧重的不同，其学术生涯大致可分成两个阶段：

第一阶段（20 世纪 30—50 年代）：农业政策

在这个时期，经济学者普遍都不重视农业，认为其是“落后产业”，对经济发展没有任何作用，工业才是经济发展的核心，农业只是为工业提供劳动力、资金和市场的工具。舒尔茨反对这种轻视农业的看法，并在其著作《不稳定经济条件下的农业》一书中论述道，在一个经济不断增长且有景气循环的经济中，虽然农产品的需求长期内将会钝化，农业部门的劳动力也会出现缓慢过剩的现象，但是并不能因此就放弃农业，而应考虑如何保持农业工作者与其他行业的平衡。此外，舒尔茨还指出，农业经济问题不仅仅是“农业”的问题，更多的是经济学整体的问题，因而不能仅仅依靠农业内部的资源配置或技术革新来解决。舒尔茨对农业政策研究的成果主要集中体现在《重新农业政策》《农业生产和福利》和《农业的经济组织》这三本著作上。

第二阶段（20 世纪 60—90 年代）：人力资本投资

在从事农业经济研究中，舒尔茨发现，许多发展中国家农民收入低下，而发达国家农民收入较高的现象。因而，舒尔茨认为劳动者的收入高低与其技能、智力等因素有关。在 1960 年当选美国经济学会会长时，舒尔茨发表以《人力资本投资》为题的就职演说，从此宣告现代人力资本理论的诞生。作为人力资本理论的倡导者，舒尔茨在其著作《改造传统农业》中，首先否定了农业消极无为的看法，鼓励国家对传统农业进行改造，以实现经济较快的发展。在舒尔茨看来，传统农业改造的关键除了对种子、机械设备等物的生产要素引进外，最重要的是对掌握现代化知识并能灵活运用新生产要素人的引入。因此，舒尔茨建议对农民进行包括教育、在职培训及健康教育等各方面的培训。在其著作《论人力资本投资》一书中，舒尔茨更是对经济发展的动力做出了进一步的解释。其认为经济发展的关键在于重视和加强人力的投资，其中，教育、卫生、医疗保健等有助于提高人口质量的社会活动，就显得尤为重要。此外，舒尔茨还发表其他相关论著：《人力资本的投资：教育和研究的作用》《报酬递增的源泉》《对人的投资：人口质量经济学》《恢复经济均衡——经济现代化汇中的人力资本》等。

二、西奥多·W. 舒尔茨反贫困思想的渊源及理论基础

（一）西奥多·W. 舒尔茨反贫困思想的渊源

受幼年生活影响，舒尔茨对农业经济学产生浓厚兴趣。为了深入研究传统农业，舒尔茨驳斥了以下两种主流且影响深远的观点：第一种观点认为传统农业生产要素配置效率低下；第二种则认为部分农业劳动者的边际生产率为零，即零值农业劳动学说。在舒尔茨看来，传统农业的生产效率配置是合理的，也不存在隐蔽失业问题。可以看出，舒尔茨早期的农业思想主要是源自自己的兴趣和对现实问题的思考。

在 1906 年《资本的性质和收入》① 一书中，欧文·费雪将资本定义为任何可以在未来获得现金流的事物，其中包括了人力资本、进而专用型人力资本等这些概念。受欧文·费雪广义资本理念的影响，舒尔茨早年尝试着将人力资本引入到自身的经济研究中，并于 1960 年首次运用“教育形成人力资本”的方法，来估量美国 1929—1957 年间可再生有形资本、劳动力教育资本的存量。

在继承亚当·斯密有关劳动分工引发报酬递增的思想上，阿林·杨格在 1928 年发表《报酬递增与经济进步》② 的论文中，提出了迂回生产和社会效益递增的概念，并强调各种报酬递增活动结合的效果。在杨格的研究中，大量的因素被用来解释“已经内嵌入高收入国家现代化中的报酬递增的不断扩展”③，包括：劳动分工、专业化、技术进步、人力资源积累、经济思想与知识、经济制度、经济组织等。舒尔茨非常崇拜对阿林·杨的思想，并在《报酬递增的源泉》和《为实现收益递增进行的专业化人力资本投资》中发展了杨格的理论。

（二）西奥多·W. 舒尔茨反贫困思想的理论基础

1979 年舒尔茨在其诺贝尔经济学奖获奖演说中曾言：“世界上贫困人口居于多数，只有我们在了解穷人的经济学以后，才能真正读懂许多重要的经济原

① 欧文·费雪. 资本的性质和收入. 谷宏伟，卢欣，译. 北京：商务印书馆，2017.

② Young A. Increasing returns economic progress . Economic Journal，1928（38）：527-542.

③ 西奥多·W. 舒尔茨. 报酬递增的源泉. 李海明，赵波，译. 北京：中国人民大学出版社，2016：7.

理；大多数穷人都以农业作为谋生手段，因此我们只有在懂得农业经济学的基础上，才能读懂穷人的经济学”①。在研究“穷人经济学”的过程中，舒尔茨主要运用了如下的理论：

1. 收入流价格理论

20世纪30—50年代，西方发展经济学界普遍认为，由于企业家或农民储蓄的缺乏，导致了传统农业中出现低储蓄率、低投资率和资本缺乏等不良现象。经研究，舒尔茨发现事实并非如此。这些不良现象是由于在传统农业的收入流的价格过高，因而无法对投资和储蓄形成有效的刺激，传统农业因而也无法成为经济增长的源泉。舒尔茨据此提出了著名的理论——收入流价格理论（income current price theory）。

“收入流理论是运用西方经济学中传统的均衡分析方法来说明投资和经济增长之间的关系”②。该理论主要观点是：收入是生产要素成产出来的，是一个流量概念，由每单位时间既定数量的收入流组成，且收入流数量的增加等于经济的增长。如，1%的年经济增长也就意味着每年收入流数量增长1%。因此，若要增加收入流（即经济增长），就需增加收入流的来源，即生活要素。每一种生产要素是有价值的，在这种意义上，每一种收入流也都有一个价格。因而，通过研究不同收入流的来源及其价格就可以研究经济增长的问题。这种方法主要待解决的问题就是“要解释有什么决定这些收入流的价格”③。舒尔茨从供需两方面出发说明收入流来源及其价格决定。

舒尔茨发现在传统农业中存在：一方面，因生产要素和技术水平不变，导致持久收入流的供给是固定的，供给曲线是一条垂直线；而在需求侧，因为农民持有和获得收入流的动机和偏好不变，导致对收入流来源的需求也是恒定的，需求曲线一条水平线。故而，持久收入流的均衡价格在长期在高位恒定，资本的收益率低下。在这种情况下，增加储蓄和投资是无效的，只能通过寻找新的生产要素作为廉价的经济增长源泉，才可以打破长期停滞的均衡状态，传统农业才能摆脱贫穷落后的状态，成为经济增长的助力。

2. 人力资本投资理论

① Theodore W. Schultz. Investing in people. Berkeley: University of California Press, 1981: 3.

② 西奥多·W. 舒尔茨. 改造传统农业. 梁小民，译. 北京：商务印书馆，1987：V.

③ 西奥多·W. 舒尔茨. 改造传统农业. 梁小民，译. 北京：商务印书馆，1987：VIII.

在长期的农学研究中，舒尔茨发现劳动力是第一生产力，劳动力的质量有助于劳动的生产效率。因而，舒尔茨倡导对农民进行人力资本投资。在舒尔茨看来，促进农业经济的增长并不在于生产要素配置的效率，也不在于储蓄、投资的是否充足，更不在于传统美德（如节俭和勤劳），而是在于如何有效获得并习得如何使用新的生产要素。除了物的要素外，新的生产要素最重要的还是具有现代科学知识、能运用物的要素的人。在舒尔茨看来，由于农产品产量的增长与农民的技能和教育水平之间呈正相关关系，因而对农民进行人力资本投资，尤其是教育方面的投资显得尤为重要。

受限于当时的知识水平，虽然精确计算人力资本投资是有难度的，但是通过考察人的某些活动行为，可以大致估算出人力投资对个体的影响。舒尔茨将人力投资的范围集中在医疗和保健、在职培训、初等和中等及高等教育，非厂商组织的成人进修项目、个人和家庭因工作的迁移这五方面。经研究，舒尔茨发现：第一，卫生保健设施和服务的投入增加会影响人的寿命、力量、精力等，有助于提高人的整体质量。第二，虽然在职培训对穷国农业中不适用，但对工业非常有效。因此，舒尔茨十分重视对农民的人力投资，除了常规的初、中、高等教育外，还主张对因农作而无法获得正常教育的农民进行短期培训、不定期指导会议等。第三，农民的迁移时间成本和物质成本是巨大的，而教育能减少这种花销。受过良好教育的劳动者在迁移的时候总比受教育少的劳动者具有更好的效果，更易获得适宜的机会。因此，在贫穷的农业社会，对农民进行投资，使其习得必要的技能，不仅有利于个人的发展，也有利于经济的增长。

三、农业发展中的阻碍

传统的经济学家对发展中国家的农民存在一定的偏见，在他们看来，农民是愚昧无知的，不懂得储蓄、也不懂得投资，劳动生产效率也是低下的，因而主张发展工业，以工业化带动发展中国家经济的发展。但现实是发展中国家虽然有较高的工业增长率，但是经济并没有得到真正发展，人民生活也没有得到相应改善，甚至连温饱都成问题。舒尔茨反对这种牺牲农业去发展工业的做法，认为只要消除了传统农业中的不利因素，农业部门也可以为经济增长做出重大贡献。那么什么是传统农业？舒尔茨认为传统农业是指“完全以农民世代使用的各种生产要素为基础的农业”①。传统农业作为一种特殊的经济均衡

① 西奥多·W. 舒尔茨. 改造传统农业. 梁小民，译. 北京：商务印书馆，1987：4.

状态，技术水平和获得或持有生产要素的动机长期内恒定不变。因此，在舒尔茨看来，传统农业是一种以固有的生产方式，维持简单的再生产，长期处于停滞状态的小农经济。那么是什么致使传统农业停滞，改造过程中又存在哪些问题？舒尔茨认为是以下因素是造成传统农业的落后和阻碍农业改造的进程，使得农业无法成为经济增长的源泉的主因。

（一）边际效率低

在舒尔茨看来，贫穷农业社会的勤俭节约总是招人非议。在当时，人们普遍认为，穷人都是好逸恶劳的，不愿意长期辛勤的工作。但是，却没有关注到劳动者精力不足，以及劳动边际收益下降的问题。另一种观点则认为，教育降低了人们从事体力劳动的意愿。这种观点不仅忽略了受教育和没受过教育的人在从事农业劳动上收入的差别，同时也忽略了穷国存在社会等级制度对劳动的选择和流动性产生的影响。因而，舒尔茨认为好逸恶劳并非传统农业的所致，而是边际劳动生差率低下的结果。

关于节俭，有许多混乱的观点。受文化价值观影响，贫穷社会里的人似乎缺乏节约的美德，大多沉湎于挥霍性消费，尤其是在婚丧嫁娶等大事上。但是，这一观点却忽略了农民微薄的收入，为供养子女，总是极力克俭自己的消费。而且当农民将储蓄投资传统生产要素时，投资的收益率较为低微，从而抑制了农民储蓄-投资的欲望。可以看出，边际劳动生产率低下抑制了人们做更多工作的动力，而边际储蓄的收益率低下则抑制了人们储蓄的欲望。

（二）地租与土地制度

关于地租对经济的作用往往是比较负面的，无论是把地租认为是来自土地不劳而获的收入，还是作为生产要素的投入所获得的合理性收入，这些观点往往都忽视了地租对资源配置的作用。地租作为配置农业资源的一种必要经济手段，对其任何的压制都有损“指导和引诱农民有效地使用农田的信号和刺激”①。常见压制地租的手段有以各种名义对集体农场征税、低价收购农产品、对机械设备的服务实行垄断性的高价等。这些举措不仅会减少农田的生产率，也会妨碍地租在农业生产中的资源配置作用，是导致严重低效率利用土地的原因。

① 西奥多·W. 舒尔茨．改造传统农业．梁小民，译．北京：商务印书馆，1987：95.

在《改造传统农业》(1987①)中，舒尔茨认为许多国家普遍实行的农业租佃制度，在一定程度上抑制了农民使用新要素的积极性。在农业租佃制度下，土地归为国有，农民是集体和国营土地的管理者和耕作者。在这种制度下，采用新要素的成本与收益在“地主”(国家)和“租户”(农民)之间分配是不均等的。农民要承担未获得与采用新要素所学要的全部的成本，但是只能得到由此增加产出的部分收益，而地主不需要承担任何风险，就可以分享收益。风险与收益的不对等打击农民接纳、使用新要素的经济刺激。

(三) 过多的政府干预

对于政府干预市场的效率，舒尔茨的看法是比较矛盾的。一方面，舒尔茨支持政府干预，认为政府干预有着更高的资源配置效率，并曾引用危地马拉等穷国中农业经济的案例进行论证，得出了著名的“贫穷而有效率”的假说。这个理论假说表明，在一个十分贫瘠的经济中，农民会基于现有的市场做出合理的判断，从而使得资源配置在特定的条件下达到最优。需要说明的是，舒尔茨这里所指的经济体是一个生产要素、技术水平长期不变的处于均衡经济的传统农业。因而，舒尔茨所赞成的政府过多干预只适用于特定的情景，而不具有普适性。

对于有新的市场机会和技术变化的贫穷农业经济，舒尔茨对市场干预的看法则相反。在这种经济中，舒尔茨反对政府过多的干预，认为过多的政府干预会扭曲市场的价格，使得农业资源配资的失效。如在苏联，过于集中的集权经济导致农业投资效率低下，又如在欧共体，政府主要农产品实行过高定价，造成了高昂的粮价和巨大的浪费。在南亚地区的实践中，舒尔茨发现南亚政府为了城市消费者的利益，常常利用被赋予的行政权力，人为压低农产品的市场价格。除此之外，在南亚地区，常见的干预手段还包括废除农产品市场，行政干预农产品分配，进口控制、产量和化肥分配来控制化肥定价。这些举措，不仅导致政令的低效和食物的浪费，还干扰了市场秩序，导致价格信号紊乱，严重打击了农民生产的积极性，降低了南亚地区实现农业现代化的可能性。因而，舒尔茨指出无论政府是出于何种目的，调节农产品的生产或要素价格，都会削弱了市场的作用，降低农业的生产力，损害资源配置的效率。

---

① 西奥多·W. 舒尔茨. 改造传统农业. 梁小民，译. 北京：商务印书馆，1987.

（四）科学研究的匮乏

现代物质投入品是影响现代农业生产率的重要因素之一。一般而言，许多现代物质投入品可以依赖进口，但是在农业方面，却很少可以以现有形式被直接采用。如在温带，产奶量高的奶牛品种就不适用于南亚的气候。因而，现代物质投入品进入到贫穷农业社会前，就需要依靠现有的科学和技术知识对其进行“改造”。但是，在一个典型贫穷的农业国家，从事科学研究的成本一般是很高的，而市场却相对狭小，获利的可能性也是很小的，且私人企业还经常面临着政治障碍，需要支付额外的费用。因而，削减了私人企业为贫穷农业国家进行技术改造的积极性。同时，在一些低收入国家，科学研究的价值被完全忽视了。因缺乏科研人员、启动和维持科学研究的资金，大多数低收入国家科学研究大多是匮乏的。“由于资金的缺乏，世界上大约五分之四的国家不打算从事任何成规模的基础科学研究”①。科研研究的匮乏，使得只有少数精良的农业要素可以被贫穷社会中的农民使用，这严重抑制了现代农业进行高效的生产。

（五）人力投资的问题

在舒尔茨看来，具有现代技能的农民是影响现代农业生产率的第二个重要因素，而这取决于人力资本的投入。穷国的资本一般也是比较稀缺的，所获得的资本一般也都用于形成机械设备、建筑等，用于促进工业的增长，而没有用于对人的投资。受文化观念的影响，许多穷国认为从事包括农业劳动在内的体力劳动是低贱的。在他们的观念里，任何健康强健的人都可以从事农业劳作，因而农业劳动力的供给是充分的。在这种观念下，对农民的投资仅起到美化国民教育水平的作用，是不必要的消费。而一个贫穷的国家承担不起这种消费，因而在于其他相矛盾利益事项产生竞争时，对农民的教育投资往往会被优先砍掉。同时，穷国的教育分配也存在一些问题。例如，过分重视高等教育，而忽视初等和中等教育；过分强调引进所需的技能和知识，而忽视生产这些技能的技能和知识；应急计划多，长远规划少；出国留学所学的知识是适应外国经济需要的技能和知识，而不适应本国的需要。这些问题都使得穷国的教育计划与本国的经济发展割裂开来。

---

① 西奥多·W. 舒尔茨．报酬递增的源泉．李海明，赵波，译．北京：中国人民大学出版社，2016：133.

四、改造传统农业的方法

在舒尔茨看来，只要消除传统农业的不利因素，将其改造成现代化农业，农业就能发挥对经济增长的促进作用。但是，如何把弱小的传统农业改造成高效率的经济部门，舒尔茨主要从三个方面提出了解决方案。

（一）加大科学研究

科学改变技术，技术改变生活。科学进步对改善生活和增加生产产出至关重要。以农业为例，杂交玉米研制与使用，在种植面积减少 3300 万英亩的情况下，1979 年玉米的总产量却是 1930 年的 3 倍。科学研究也有助于将现有精良的农业要素转化为适用于贫穷农业社会的新要素。毫无疑问，科学研究是一项花费颇多的工作。私营企业在进入贫穷社会出售新农业要素时，往往会考虑到开发成本、市场规模、额外费用等，可能会不愿或推迟进入改该领域。因此，舒尔茨建议给非营利性机构先行开辟道路，减少私营企业研发的成本。在科学研究方面，舒尔茨认为穷国还可以：

第一，穷国一定要建立和发展自己的非营利性科研机构，才能为私营企业进行新农业要素研究开辟道路。

第二，穷国的农业部门可通过地方试验站向农民分配新品种子，这不仅有助于科研人员在耕作过程中进行检验，也有助于引诱农民采用这些新品种。

第三，穷国可以吸引盈利性机构，如基金会、别国政府、联合国机构等提供技术援助，也可以与高校进行合作。

舒尔茨认为通过上述的操作，不仅有助于营利机构和非营利机构进行专业化分工，也有助于促进农民使用新的要素进行耕种，并助其获得极高的投资回报率。关于研究费用由谁支付。舒尔茨否定了由获利的农民支付研究费用的说法，因为农民即非最终受益者，也无能力独自进行研究。舒尔茨认为，最为可行的办法是把农业研究的成果定义为公共品，由公共资金进行出资，当然也接纳私人的投资。

（二）减少政府干预

在舒尔茨看来，出于非均衡状态的穷国，政府若过多干预，会限制市场机制正常的作用，从而使得农业产出减少。因而，舒尔茨主张由市场主导，政府从旁协助，以实现优化农业资源配置的目的。同时，舒尔茨还提出了以下六点，可供政府有所作为：一是收集和统计农业相关数据；二是制定交易商品的衡量标准，有利于确定农产品和农业投入的价格；三是确定购买者和销售者的产权；四是防治动植物病虫害的发生和传播；五是稳定物价水平，避免农产品价格频繁的波动；六是参与农业研究。

在地租方面，舒尔茨也主张由市场决定地租的价格，避免出现压低租金的现象，而政府可以做的就是确保有足够的土地生产率价值属于地主或农民，以便促进土地资源的优化配资。此外，舒尔茨还提出了两种不同的计税方式以帮助政府达到上述目的：其一，当纳税额等于土地的持久收入资本化价值的大部分，将小部分留给地主；其二，当税额等于农田位置价值所提供的持久收入流的大部分，剩余的部分则留给地主。通过这两种课税方法，政府不仅可以获得一些公共收入，也能激起土地所有者对土地资源的优化配资的积极性。

（三）增加人力资本投资

在舒尔茨看来，传统农业的改造除了物之外，最重要的是对人（农民）的改造，包括使其能够使用新农业设备，获得现代科技知识。教育投资是人力资本投资最大也最重要的组成部分。受传统观念、工业优先、教育制度等因素的影响，不少低收入国家一直忽视对农民的教育。舒尔茨批评对农民教育的偏颇行为，希望政府能正视教育对农业发展的重要性。根据农民的特性，舒尔茨对农民投资进行了以下五种分类。

第一，对因农忙而无法到正规学校上学的成人，在农闲时提供短期培训班、传授新耕作的方法和家庭技术的示范以及不定期地召开对农民进行教育的会议。

第二，在职培训和学徒制度不适用于低收入国家的农业产业，只适用于手工制造业等。

第三，尽管成本比较高，且收益见效时间长，但是建立正式的初等、中等和高等学校是对农民投资中必备的一项。

第四，增加保健设施和服务，有助于延长农民的预期寿命、力量、活力等，也有助于提高其他任何意向人力资本投资的收益。

第五，一个人从所从事的一项工作转到（迁移到）另一项更好的工作所需的成本可以视为对转移人的一种投资。

此外，舒尔茨还指出初等教育的成本是最低的，但是却是最有利的，因而鼓励国家加大对初等教育的投入。总而言之，无论土地多么肥美，勤俭节约也无法克服传统农业的落后性，只有通过对农业进行改造，除了增加对物质资料的投资外，更重要的是增加对农民的投资。

五、简要评价

受幼年生活的影响，舒尔茨对农业经济学产生产生了浓厚的兴趣，其反贫困研究也主要体现在对传统农业经济的分析上。为了深入研究传统农业，舒尔茨驳斥了两种主流且影响深远的观点：第一种认为传统农业生产要素配置效率低下；第二种认为部分农业劳动者的边际生产率为零，即零值农业劳动学说。同时，舒尔茨否定了农业消极无为的看法，鼓励国家对传统农业进行改造。舒尔茨认为农业可以成为经济增长的源泉，问题的关键在于如何将传统农业改造成现代化的农业。关于如何改造，舒尔茨也提出了相应的解决策略，即加大科学研究和人力投资的力度、减少政府干预。

自 1979 年，提出"人力资本"的概念以来，舒尔茨之后的研究就非常重视人的发展。在《论人力资本投资》一书中，舒尔茨认为传统理论之所以无法解释经济增长中的很多现象，就是因为忽略了重要的人力资本。在舒尔茨看来，人力资本作为资本的一种表现形式，是劳动者健康状况、知识和技能的总和。综合来看，舒尔茨突破了结构主义资本局限，将资本分析的视野从物资资本（如种子、机械设备备等）的多寡，拓展到人力资本分析的范畴。因而，当舒尔茨运用人力资本考察穷国的经济时，得出的结论自然而然有别于传统的经济理论，即一国贫困的根源并非物质资本的匮乏，而在于对人力资本的轻视以及人力资本投入的不足。人作为生产主体，亦为生产动力，具有其主观的能动性。在进行生产时，人力资本不是仅仅会按照僵化的生产模式去进行生产，而是会衡量收益与风险、效率与产出等因素。因而，增强对人力资本的投资，不仅有助于提高人自身的素质，也有助于促进科技进步、社会和谐和经济增长。随着对人力资本研究的深入，人力资本的内涵和理解在不断地扩展，如贝克尔将移民也纳入人力资本的范畴。舒尔茨人力资本的主张，后被诸多发展中国家所重视，如我国始终将科教兴国、人才强国战略放在治国理政的重要位置。

舒尔茨作为"穷人的经济学家"，其反贫困的思想已突破了传统经济学的范畴，尤其是其"人力资本投资"的思想，更是对传统经济学的超越。但在研究反贫困时，舒尔茨还是出现了一些范式问题。比如，在对传统农业进行分析时，舒尔茨忽略了发达和不发达国家在生产关系上的差异。生产是在一定生产关系下进行的，因而，在分析不发达国家经济发展问题时，也应当注意生产关系的问题。但舒尔茨天然的认为发达和不发达国家之间存在着相同的生产关系，而忽略不发达国家残存的奴隶、封建或半封建、殖民或半殖民制度的生产关系对其农业发展的抑制作用。又如，舒尔茨过于相信市场的力量。对于处于非均衡状态的传统农业，舒尔茨主张减少政府干预，让市场发挥作用来实现现代化农业。但是却忽略的市场有时候也会存在失灵的现象，需要政府进行干预。舒尔茨虽然意识到国情的差异，但其理论思想仍免不了西方身影，这势必会影响其反贫困思想的可行性和普适性。但舒尔茨对农业的专注，对贫困人民的关注，对人价值的肯定，对科技的维护等思想都值得我们深思。

第六章　西方“多维”的反贫困思想

进入到20世纪80—90年代，世界经济高速发展，居民收入水平也不断提高，传统意义上的贫困已经不再是主流学界关注的焦点。贫困的内涵和外延也在不断地扩大，营养、健康、受教育水平、个人权利等都被纳入考量的范围，并逐步形成基于实证分析的“多维”扶贫观，这种贫困观重点关注的是人与经济、人与社会、人与自然的协调发展，以及贫困发生程度的测度。由于“多维”是一个杂和的、综合性概念，因而很难对其进行全面的论述。基于此，本书主要围绕两位诺贝尔经济学奖获得者阿玛蒂亚·森和埃斯特·迪弗洛的反贫思想展开分析和评价。

第一节　阿马蒂亚·森反贫困思想

一、阿玛蒂亚·森的生平及学术生涯

（一）阿玛蒂亚·森的生平

阿马蒂亚·森是当代著名的经济学家和哲学家，是人类发展与可行能力视角理论的奠基人。1933年11月，森出生在印度孟加拉圣蒂尼克坦的一个教育世家。幼年时期，森深受良好的家庭文化熏陶，并在泰戈尔建立的学校中接受了注重启发式的初中等教育，这培养出了森强烈的好奇心和求知欲。

1951年，森就读于印度的加尔各答管区学院，主修经济学，并同时在加尔各答大学辅修数学。大学期间，森被诊断出患有口腔癌，经过激光治疗得以康复。1953年，森前往英国剑桥大学的学院继续深造，并于1955年以第一名的成绩获得文学学士学位。1956—1958年读博期间，森被加尔各答的杰得弗帕大学聘请为教授并兼任经济系主任一职。1959年博士毕业后，森相继在剑桥大学三一学院、印度德里大学经济学院、麻省理工学院、伯克利加州大学等高等学府执教。1971—1977年间，任伦敦经济学院教授，并与达斯格普塔和

马格林合著《项目评价指南》（1972）。1977起，受聘于牛津大学万灵学院德拉蒙德讲座政治经济学教授。1987—1998年，森前往美国担任哈佛大学的经济学和哲学教授。之后的五年，受剑桥大学的聘请，森重返三一学院并担任院长一职。2004年至今，森再度回到哈佛大学担任经济学和哲学教授。

森也曾在一些经济学学术团体担任职务，如1982年任美国经济学协会外籍荣誉学士，1984年任经济计量学会会长，1986—1989任国际经济学学会会长，1989年和1994年分别担任印度和美国经济学会会长。此外，森曾在印度、联合国、国际劳动组织等机构任职过，为经济政策、人类全面发展建言献策。因森在福利经济学取得的突出成绩，1998年其被瑞典皇家科学院授予诺贝尔经济学奖。

（二）阿玛蒂亚·森的学术生涯

在经济研究问题上，森是一位专一的爱好者，其始终致力于社会选择和福利经济学的研究。根据其不同时期研究对象的差异，森的学术生涯大致可以划分成三个阶段。

第一个阶段（1957—1967）：社会选择理论

受导师莫里斯·多布的影响，森在读博期间主要探讨济发展中的技术选择问题，即在何种条件下资本贫乏国家可运用的资本密集型技术，并于1960年将其博士论文《技术选择》进行出版。在印度马德里执教的八年里，受德里大学研究氛围的影响，森完全投入到了社会选择理论的研究中，并将其理论研究融入《集体选择与社会福利》（1970）一书。该书主要是研究多数规则、个人权利及个人福利的信息可获得性等问题。森认为多数规则是有缺陷的，无法关注到每个人福利的差别，也不利于集体总福利。同时，森也放宽了对个人偏好的假设，通过对非独裁条件的修正，拓宽了个人权利的范围。此外，森还将自由和权利纳入社会函数，并提出了个人主权不可能定理。

第二个阶段（1968—1990）：社会分配和贫困问题

受友人的启发及在妻子的支持下，森的研究重心开始转向更为“实际”的问题，如经济不平等现象、贫困问题、饥荒现象等。为了衡量国家间的福利分配，以及国家内部的分配情况，森创设了一个新的贫困指数-森指数，其公式为：$P=H\cdot[I+(1-I)\cdot G]$①。1981年，森发表著作《贫困与饥荒》，在书

① P：贫困程度；H：贫困发生率；I：贫困缺口率；G：穷人之间收入分配的基尼系数。

中森对产生饥荒的原因进行了深入的探究，并发现印度、孟加拉和撒哈拉非洲曾发生的饥荒并非粮食匮乏所致，而主要是人为因素造成的恶果。1989 年，森与让·德雷兹在合著研究《饥饿与公共行为》中进一步探讨饥荒的防治问题。

第三个阶段（1990 年至今）：可行能力理论

受亚里士多德和斯密等古典思想家的影响，森建立起以追求自由与平等的发展理论，即可行能力理论。与传统的发展观不一样，可行能力理论强调发展的目的在于人的本身，是使人具有能力去追求自己认为有价值的生活。森指出经济发展是社会发展的保障，但这并不等同于社会的全部发展，社会的发展归根结底还是人的发展，而社会的发展只是人发展的有机组成体。1999 年《以自由看待发展》一书的发表，传达了森以可行能力或实质自由为首要目的的发展观念。在森看来，自由并不是没有限制的为所欲为，而是在有限条件下赋予的新的权利。森的可行能力理论一经提出，就引起了学术界和国际社会的高度重视。1990 年，联合国开发署将可行能力理论运用到 1990 年度《人类发展报告》中，并据此理论指导世界各国的发展。

二、阿马蒂亚·森反贫困思想的渊源及理论基础

（一）阿马蒂亚·森反贫困思想的渊源

森经济思想的渊源最早可以追溯到古希腊三贤之一的亚里士多德。在《尼各马可伦理学》中亚里士多德曾说过，财富并不是人们追求的善，它只是有用的东西，应以其他为目标。在对财富进行分配时，亚里士多德主张分配事物的价值应当等于每个收受人的付出。即依据每个人的需要、才德等条件来进行“比值”上等量的正义分配，而不是进行数字上绝对平等的分配。因而，正义分配是因人而异的，衡量的标准是参与分配人的价值，这种价值包括了公民的地位、财富、德行、品质等多种因素。换言之，若两个人价值不平等，那么在获得财富、权利等事物上也应有所差别。受亚里士多德正义分配的思想，森在研究贫困时提出了“平等”和“可行能力”的思想。

在古典经济学家中，亚当·斯密是对森产生最大影响的经济学家和哲学家。斯密和森都认可将伦理学和人类价值的观念同属于经济学中。斯密的整个思想都是建立在“人性论”的基础之上，斯密认为人既不是利己的，也不是利他的，而是同时存在利己和利他之心。其对人性复杂的看法影响着森。在森的《伦理学与经济学》中，森指出主流经济学过于狭隘的自利性的假设，从

而引发了公众对斯密经济思想的误解。森指出如果我们正确的了解亚当·斯密，就不会再出现对因道德人和经济人而引发的“斯密问题”的拷问了。此外，斯密经济自由的思想，认为人具有择业自由、财产分配自由、贸易自由、竞争自由等权利，即经济机会平等的自由。森在继承斯密自由思想的基础上，将自由更加细分和具体化，提出了以自由为核心的发展观，其认为自由既是目标，也是有效手段。

马克思认为追求正义是人类的本性，人类社会活动的最终目的是实现正义。因而，正义并不仅是人类内生的某种属性，而是具有社会的性质。在马克思看来，对正义的追求是人类与动物的最大区别，通过对正义的追求有助于促进社会的进步和发展。同时，追求正义的过程也是实现人类自身社会性的过程，人的个人发展需通过与社会互动来实现。个人和社会两者是相互依存、相互依赖的。个人是社会的有机组成部分，而社会为个人的生存和发展创造了条件。森继承了马克思个人与社会互相影响的观点，在其经济思想中，其强调以个人可行能力的提升来看待社会的发展。此外，马克思实践发展观在森的思想中也有所体现。森从政府与市场的作用、饥荒、贫困等实际情况出发，探讨能促进经济发展的实质性的自由。由此可见，个人发展与社会发展是密不可分的。在正义的前提下，社会发展是促进个人发展的根本前提，而个人发展会反哺社会发展。

森认为旧福利经济学福利最大化的观点，过于关注物质财富的增长和平均分配，而忽略了社会个体之间能力的差异。因而，这种平等是片面且非实质性的，是违反社会公正的。因此，森提出了“可行能力”理论，以培养和提升个人能力促进社会福利增长。此外，儿时饥荒给森留下了深刻的印象，促使其后期注重对贫困、饥荒、剥夺、不平等等社会问题的道德关注。

（二）阿马蒂亚·森反贫困思想的理论基础

少年时代饥荒的经历，激起了森对贫困的思考；青年时代宽广的学术经历，奠定了森贫困的理论基础；壮年时代对底层人民的关注，坚定了森对贫困研究的执着。森一生都致力于研究贫困，因而被称为“经济学界的良心”。森在其研究过程中主要涉及如下的理论基础：

1. 权利剥夺贫困理论

关于贫困问题，森以极端的贫困表现形式——饥荒——为切入点，创造性从“权利剥夺”的视角剖析贫困。在森看来，所谓权利，就是指一个人通过贸易、生产、劳动、继承和转移等渠道所获得的商品束（commodity bundle）

的集合。一般而言，个人的权利可分为“禀赋权利”（endowment entitlement）和“交换权利”（exchange entitlement）。其中，“禀赋权利”是指个体所具有的初使所有权，如体力、健康、土地等，而“交换权利”则是指个人通过自身禀赋从事贸易、生产或两者兼有并与他人交换所能获得的商品束。

森十分重视个体的交换权利，并将其权利分析的方法广泛运用于后续的饥荒问题研究中。为何会出现饥荒？传统观念认为，饥荒是源于粮食供给的不足。在对史上四次大饥荒进行研究后，森发现饥饿并不是粮食供给的函数，而是交换权利的函数，而交换权利的多寡取决于劳动或非劳动性收入、交换成本、社会等级地位、社会保障福利等。如在 1971—1974 年埃塞俄比亚大饥荒，穷人或底层社会人民对食品的交换权利被其他阶层剥夺了，同时随着交换权利剥夺程度的加深，他们不得不面临饥饿，甚至是死亡。这也就是为何大饥荒时期，粮食供应并没有减产，有些人遭受饥饿，而有人却幸免于难。因而，在森的贫困研究体系中，贫困是权利被剥夺的结果。

2. 可行能力理论

森的可行能力理论是建立在人际相异性基础上，用以批判罗尔斯等资源平等主义学说。在森看来，因个体之间存在外部和个体差异，每个人的可行能力不一，想要达到“人人平等”的状态是非常困难的。森在《以自由看待发展》中指出：“可行能力是指个人有可能实现的、各种可能的功能性活动的组合”①。换言之，即衡量个体是否有能力去做自己想做的事，而不论去做与否。因而，可行能力是一种实质的自由，是一种可能实现人们有理由珍视生活的自由。森在书中列举了五种基本的可行能力自由，即政治自由、经济条件、社会机会、透明性担保、防护性保障。这五种自由被森称为工具性自由，主要用于拓展人们可行能力的范围。这五种自由之间相互联系、相互促进。这五种自由的提升需要物质基础作为保障，都是为了人们更自由的生活，提升他们的可行能力。

从可行能力的视角，贫困不应仅被定义为收入低下，而应是基本可行能力的剥夺。低收入是诱发贫困的主因，因为收入低下是一个人可行能力剥夺的重要愿意。但如果仅用收入去衡量贫困，就很容易忽略个人权利被剥夺的程度。例如，性别歧视影响了很多亚洲国家内部收入分配，用可行能力会比收入更易于揭示女性权利被剥夺的状况。同时，森指出对收入的相对剥夺，会导致可性

① 阿玛蒂亚·森．以自由看待发展．任颐，于真，译．北京：中国人民大学出版社，2002：62.

能力的绝对剥夺。在发达国家，即使相对贫困的人的收入相较于其他国家算高的，也可能会产生可行能力被剥夺的现象。因而，用可行能力理解贫困，有助于将人们的视线从手段（收入），转向人们追求的目的，并相应的转向可以实现目的的自由。

三、贫困的成因

（一）权利剥夺下的贫困

虽然关于贫困研究大多是一望而知，但贫困作为一个动态概念，一直难以得到广泛认同。基于此，森搁置了对贫困概念的争议，另辟蹊径以贫困的特殊形态——饥荒——为切入点进行研究。在森看来，无论贫困如何界定，饥饿因外在一无所有的特征，肯定可以被定义为贫困。饥饿作为贫困原始状态，是贫困的特殊表现形式，这一特殊在于饥饿是“一望而知”。正是由于它的特殊性，对饥饿的研究无疑具有非常重要的意义。饥饿可以绕开贫困多样性所带来的不确定，所以相对而言更为精准。森在《贫困与饥荒》中也曾写到：“饥荒意味着饥饿，反之则不然；饥饿意味着贫困，反之也不然”①。可见，饥荒是饥饿的充分条件，而饥饿是贫困的充分条件，进而可推出，饥荒是贫困的充分条件。因此，森贫困问题的视角转向贫困的特殊形态——饥荒，也是有一定道理和科学依据的。

在森看来，关注极端和原生贫困尤为必要，对他们的任何忽视都会影响对贫困人口的鉴别，乃至对贫困的判断。饥饿与饥荒作为极端贫困的典型代表，他们并非一个全新的问题，而是人类历史发展过程中，因粮食消费呈现出得的周期性现象。人类所经历的饥饿现实及饥荒史，到处都充满着悲情与残酷。通过对史上著名的饥荒事件进行实证分析和规范研究后，森发现饥荒并不是由于食物供给的下降（Food availability decline，简称 FAD），而是由于权利的剥夺。因此，形成了权利剥夺视角下贫困问题研究的新篇章。

食物的所有权作为人类最基本的权利之一，每个社会都有配套法律对这个权利加以规范。若一个人挨饿，从权利分析的角度，他要么是拒绝行使其权利，要么是丧失了对食物的所有权。在森的权利分析体系中，其认为一个人具有贸易、生产、劳动以及继承和转移这四项与饥饿密切相关的基础权

① 阿玛蒂亚·森．贫困与饥荒——论权利与剥夺．王宇，王文玉，译．北京：商务印书馆，2001：53.

利。虽然这四种权利受诸多因素的影响，存在着复杂的权利关系，但对食物获取的能力更多的是表现在个体通过自身禀赋从事贸易、生产或两者兼有并与他人交换所能获得的商品束的交换权利上面。简言之，一个人是否食不果腹取决于他对食物的所有权，以及他所面对的交换权利映射（exchange entitlement mapping）。森将饥饿归结于个体权利的剥夺，是一个人失去有关食物或生活商品权利的结果。因此，就其本性而言，饥饿是一种权利的剥夺，是一种病态社会现象。

一般而言，个人的权利可分为“禀赋权利”和“交换权利”。其中，个体的交换权利取决于自身的禀赋权利以及其所能利用的生产、贸易机会所决定。森指出，个体的权利并非恒定的，而是动态变化的。如，个体权利的丧失可能是由于其禀赋权利发生的不利变化（如疾病导致劳动能力丧失），也可能是由于其交换权利的下降（如物价上涨、失业等）。随着社会经济地位的变化，即使交换权利的映射完全没有发生变化，实际交换的权利也会随之改变。如，饥饿可以在禀赋资源没有发生变化的情况下，通过交换权利映射的变化而发生。因为一个人交换权利的映射不仅取决于自身内在因素，还取决于外在因素，如社会法律、政治、经济、社会特征以及在社会中所处的地位等。如社会保障制度安排不到位，当饥饿发生时，人们就无法获得支配足够数量食物的权利。如果这种剥夺足够大，不仅会导致危害人体健康，甚至可能会导致死亡。此外，森还指出，在所有权相同的情况下，生产关系的变化也将影响不同社会阶层的交换权利。以农民与佃农为例，两者生产方式的差异不仅导致两者报酬的不同，也造成了在面对灾难时截然不同的交换权利。因而，在研究贫困时，除了需要关注所有权模式和交换权利外，还需要关注隐藏在它们背后的影响因素，如生产方式、经济结构等。

在森看来，一个人陷入贫困可能是由于资源禀赋组合的下降导致，也可能是交换权利映射变化所致。因而，在研究贫困问题时，对两者进行分析就成为必然。“直接权利”和“贸易权利”的失败也应该纳入贫困问题研究的范畴，毕竟这一差别在贫困研究中不容忽视。此外，在研究饥荒时，森发现FAD的观点过于片面，并不能完全解释饥荒形成的因果机制，也无法将贫困问题的深入到权利剥夺的本质。森的权力分析方法，透过经济现象，深入到政治、法律和社会层面去剖析饥饿形成的本源。一个人陷入贫困或饥荒，并不是因为其收入低或者食物供给下降，而是因为其对商品或食物的控制和支配能力被剥夺。因而，可以说贫困或饥荒并非低收入或粮食供给的函数，而是权利关系的函数。

（二）可行能力下的贫困

与传统的实用伦理和经济政策分析将注意力集中于收入和财富的增长，功利主义则聚焦于心理满足的不同，森的新型贫困理论主要聚焦于人们是否有能力享受实质性的自由。这种实质性的自由，具体来说就是人们能否过上珍视生活的可行能力。在研究个人可行能力和收入之间的联系时，森发现两者存在双向关系，即收入低下会导致健康、教育程度低下等问题，从而影响个人的可行能力，而可行能力不足也制约者个人寻找更高收入职业的机会。当然，其他的因素也可能会影响个人基本的可行能力和实质的自由，但是不可否定的是收入低下与可行能力的剥夺之间存在着密切的联系。“若我们将注意力从传统的收入贫困，转向考虑更包容的可行能力的剥夺，我们就能按照一种不同的信息基础来更好的理解人类的生活和自由”①。收入、财富及其他因素很重要，但是在贫困问题研究理应将他们一起整合到更为宽广、全面的可行能力剥夺的体系中。

虽然收入低下是导致贫困的主要原因之一，但更应该被视为基本可行能力被剥夺。因为收入低下也是个人可行能力严重丧失的结果。在研究贫困问题时，森主张采用可行能力研究贫困，具体理由如下：第一，可行能力剥夺关注的是自身固有的重要性，而收入低下只是具有工具性意义；第二，影响可行能力被剥夺，进而影响真实贫困的因素有很多，收入低下只是其中的一个；第三，收入与可行能力之间的关系，受地域、家庭组织结构、观念等影响，具有很强的变动性。因而，应将可行能力剥夺作为衡量标准，将贫困问题研究的方向从手段转向可以使人有理由追求的目的，直至得以实现的自由，这一转变加强了对贫困和剥夺的性质和原因的理解。

在森看来，能力贫困的内涵十分丰富，不仅包括避免饥饿、营养不良、疾病之类等保持良好健康状况的能力，也包括识字算数、教育等基本要求，还包括政治活动及其他各种社会成就。这些活动的各种组合构成了一个人的“可行能力”。凭借这种能力，个人可以过上社会所认为的有价值的生活。在森看来，一个人的能力越大，他实现珍视生活的自由也就越大。以可行能力剥夺作为衡量贫困的标准，不仅满足了自由视角下贫困的解释，也是对人固有重要性的认同。因而在考量和评价贫困的政策措施时，应该对影响可行能力的诸多因

① 阿玛蒂亚·森．以自由看待发展．任颐，于真，译．北京：中国人民大学出版社，2002：14.

素予以关注，从本质把握贫困的内涵。

四、脱贫的方法

（一）不断扩大个体的权利映射

森认为人的权利集合是由其本身所具有的资源（即资源禀赋）和资源所能交换的商品（即交换权利映射）所决定。一个主体可用于交换商品的资源减少，该主体就越难获得自身所需的商品。那么，在交换权利被剥夺的时，贫困人口又该如何自处呢？基于对这一问题的思考，森探讨了生产方式、是否就业和社会保障体系等对个人权利的影响，主张完善社会保障体系以作为市场交换和生产过程的补充，通过影响个人所控制的商品束的集合，来避免饥饿现象的发生。同时，森又指出仅保障个人获得食物的权利无法完全避免饥饿带来的负面影响。因为，在饥荒时，绝大部分并非被直接饿死，而是死于各种疾病。因此，在扶贫时，只注重个人食物获取的能力是远远不够的，因为生命的保全不仅依赖于食物的获取能力，还依赖于获取其他非食物的权利，如医疗、卫生、教育等方面的服务等。这些非食物权利的多寡在一定程度上决定了民众的生活质量。例如，由于公共卫生服务分配的差异，斯里兰卡和不丹两国的人均寿命相差 26 岁。

在森的权利分析体系中，由于饥饿是权利剥夺的结果。这也就指明了消除饥饿和疾饥荒的根本原因在保障或提升个体的权利。那该如何保障个体的权利？森指出社会保障至关重要。完善的社会保障制度可以为老年人、失业人员、贫困人口提供最基本的生活保障，避免他们因获取食物权利的恶化而陷入饥荒甚至死亡困境。在森的著作中，森提到的社会保障有“失业救济金”、“老年养老金”、“贫困救济金”等，这些保障制度在避免饥饿或饥荒发生时，起到尤为重要的作用。无论是失业救济金还是贫困救济金，都是作为受助者临时的保障，他们均可以临时为失去交换资源的个体解决温饱问题。以资本国家周期性的经济现象为例，经济危机常常会引起大规模的失业，失业导致个体因资源禀赋获取交换权利的途径失效，若缺乏相应的社会保障机制，工人很容易陷入贫困境地。因而，给失业人口发放失业救济金有助于降低失业人口因交换权利变化所带来的负面影响。如果失业救济金能够满足基本的生活所需，那么按照森绝对贫困的概念，该主体就不会陷入贫困。

比起保障个体的权利，提升个体的权利对于消除或缓解贫困更为有效。因为，个人对食物的交换的实现更多地依赖于其他非食物的权利。如个人想要过健康生活，除基本食物需求外，还需要卫生医疗等护理。此外，食品供应和非食品供应机制也是有差别的。在市场经济中，食品供应依赖于市场，一般的食物都可以在市场上购得。但是，教育、医疗等非食品供应具有一定的公共性，因而，更多依赖于政府供应。由于存在“市场失灵”的现象，民众可能会存在失去获取食物的权利，一旦出现“政府失灵”，其必然会造成更多的民众失去非食物的权利。因而，饥饿现象更多的是“公共行为”失调的结果。在森看来，饥饿是个体性的生理感受，权利是社会性的客观存在。一个人挨饿并不是可供其消费食物的匮乏，而是社会对此人食物获取能力的剥夺。综合来看，森的权利分析方法，将个体和社会捆绑在一起。个体挨饿即表明其权利被剥夺，也亦表明保障个体权利的社会网络的失当。因此，森十分重视社会保障的兜底作用，旨在通过维持或提升主体的权利来消除饥饿。但在后续的贫困问题研究中，森发现权利扶贫也具有一定的局限性，社会保障的方法治标不治本，解决贫困的根本还是在于提高人的能力。因而，森后来对贫困的探讨逐渐转向为对人可行能力的提升。

（二）提升可行能力的工具性自由

既然贫困是源于可行能力被剥夺，那么一国或个人该如何提高可行能力呢？在《以自由看待发展》（2002①）一书中，森提出了通过五种工具性自由以提高人们的可行能力，即：

第一，政治自由。森尖锐的批评“权威主义”，认为其妨碍了民主、自由、经济的发展，主张赋予人们充分的政治自由。政治自由是公民的权利，是给予人们有机会选取由什么人来执政选取什么政体，也包括监督、批评执政当局的自由等。

第二，经济条件。在市场经济条件下，经济条件是人们为实现消费、生产或交换而运用经济资源的机会。在森看来，发展的核心是自由。在森的研究中，其批判发展中国家对人、资源、经济活动进行干预、限制和束缚的行为。其认为在市场机制下，个体能否取得经济效益，取得多少效益，受其所能运用的资源以及交换条件的限制。此外，金融资源也会对个体的经济权益产生较大的影响。因而，在消除贫困时，给贫困人口提供优惠的小额贷款有助于助其早日脱贫。

---

① 阿玛蒂亚·森．以自由看待发展．任颐，于真，译．北京：中国人民大学出版社，2002.

第三，社会机会。在森看来，社会机会影响个人享受珍视生活的实质性自由，其主要涵盖了教育、医疗保健等方面。社会机会不仅对个人更好的生活，对社会发展、政治活动等都非常的重要。在对比了中印两国发展的经验，森发现中国经济的成功主要取决于良好的医疗保障体系和教育水平。

第四，透明性保证。森对透明性保障较为看重。在市场经济条件下，透明性保障不仅是更是一种信用资源，更是社会运行的有效支撑。在森看来，只有公众信息公开性的需求被满足，交易才能够正常进行，法令政策才能实行到位。透明性保证作为工具性自由，对公众的行为取到了约束性作用，防止腐败、渎职和私下交易的进行。

第五，防护性保障。作为社会安全网，防护性保障在一定程度上改善了遭受天灾人祸或其他困难的人们生活条件，防止人们陷入更深的困境。对失业人员的救济，对贫困者的收入补助，对老年人的养老金，这些以及其他的福利救济都应该涵盖在防护性保障里。

综合来看，上述五种工具性自由相互影响，相互补充，互相强化，对提升个人的可行能力起关键性作用。政治自由有助于经济发展，进而提升个人的经济权益以及防护性保障的水平，两者水平的提升扩大个人所获取的社会机会，而政治自由依赖于透明性担保的实现。因而，在考虑和制定扶贫政策时，把握五种自由之间的关联对于“实质自由”的实现起着重要的作用。

五、简要评价

少年时期的饥荒经历，给森后期的学术研究带了巨大的影响，使其一生都致力于研究贫困，特别是对饥饿、饥荒、不平等问题的关注。森突破了传统贫困问题研究的经济学桎梏，将贫困问题研究的视角不断延伸到政治、文化、社会等超经济领域，在经济与伦理学的构架下探究贫困的本质。在对人类经济活动评价的基础上，森将权利分析方法和可行能力应用于贫困问题的实证分析中去，创建了贫困问题分析的新方法和研究的新领域，创造了全新的反贫困思想。总的来说，森的反贫困思想是以人为本，将人的发展与自由放在了首位。其权利和可行能力剥夺的论点不仅深入分析贫困问题的本质，也为国际扶贫策略的制定提供了重要的理论依据。比如世界银行沿用了森“可行能力贫困”的思想，在《1990人类发展报告》将贫困定义为“缺乏达到最低生活水平的能力”①。1997年《联合国人类发展报告》《2000/2001世界发展报告：向贫

① 世界银行.1990年世界发展报告.北京：中国财政经济出版社，1991.

困开展》以及人类贫困指标（HPI）等都秉承森的贫困思想，将贫困界定为能力剥夺的结果。

与功利主义关注主观效用及客观商品持有不同，权利和自由是森贫困理论的基本价值取向，实现个体状况的能力是其最终目标。森早期主要是从权利剥夺的视角，运用权力分析方法来研究饥饿与贫困。森认为饥饿和贫困是事物所有权关系的反映。由于权利分析方法具有一般性特性，不仅可以用于贫困与饥荒分析，也可以用于其他问题的研究，因而该方法也获得了不少学者的认可。不可否认，权利分析方法为贫困的研究开辟了新的领域，但是森在使用之初就明确指出了该方法内生的局限性。首先，权利是一个模糊的概念，很难被界定，因而在进行研究时，森关注的仅是权利内容的变化，而并非权利的本身。其次，权利分析方法的适用范围也有局限，其只适用于法律和秩序良好的社会。在面对饥荒和贫困时，法律力量实际上维护的是违背贫困者需求的所有权。再者，权利分析方法过于重视权利，而忽视了其他可能导致食物消费水平低下的因素，如无知、饮食习惯等。在后来的学术研究过程中，森不断寻找修正权利分析方法缺陷的方案，直至2002年在《以自由看待发展》一书中，森提出了可行能力的概念，并将可行能力作为衡量人类福利的标准。

从可行能力视角看待贫困，将贫困的关注重点从食物所有权的剥夺上转移到对食物获取的能力上，将贫困分析的原因从生存资料的匮乏转移到生存资料的获取上，将单纯的经济因素下的贫困拓展到政治、文化、制度等领域，这些转变不仅拓展了贫困问题研究的视野，也拓宽了贫困概念的内涵，使之成为一个多维度的概念（马新文，2003①）。在森看来，人们虽有各种各样的目标或价值取向，但是自由都应当作为价值评判的准则。森的自由是实质上的自由，是人们能够过上愿意过生活的“可行能力”。森的可行能力贫困是以人为中心，其主要关注的是人们是否有能力追求在意的生活及实现实质的自由，这不仅深化了我们对贫困和剥夺性质及成因的理解，也更加接近社会正义所要求的基本信息（黄荟，2010②）。综合来看，森的可行能力贫困理论为贫困的解决提供了可行之道——提高个人的能力，也为执政当局在提升个人可行能力提供

① 马新文．阿玛蒂亚·森的权利贫困理论与方法述评．学科流派，2003（5）：69-74.

② 黄荟．阿玛蒂亚·森的贫困概念解析——以他的自由发展观为视域．江汉论坛，2010（1）：141-144.

了五种工具性自由。执政当局可在这些方面发挥积极的作用，同时也可以避免政策执行过程中存在的负面效应。

与权利分析方法一样，可行能力也存在一定的局限性。首先，可行能力具有一定的模糊性。作为贫困识别的依据，可行能力到底包括什么，范围又有哪些？森对此并没有做出明确的说明，只是给出了以可行能力作为评价的理论框架，因而，使得其理论体系缺乏一定的完整性和精确性，削弱了其理论体系的理论与现实意义。其次，因自身的模糊性导致可行能力比较上的困难。因而在制定政策时，应将哪种可行能力的提升放在首要位置上，森无法做出明确的回答，这样会导致评判标准的多重性。最后，森侧重于可行能力的剥夺，而忽略了机会的平等。在现实生活中，有很多人都具备相应的能力，可是由于缺乏发挥能力的公平机会和公正权利，而被迫陷入窘境。森虽留意到客观机会的重要性，并提出了五种工具性的自由，以保证社会的公正，但这些工具性自由更多的只是为可行能力服务的。因此，在制定政策时，政府应当从主观能力和客观机会两方面出发共同消除贫困。

第二节　埃斯特·迪弗洛的反贫困思想

一、埃斯特·迪弗洛的生平及学术生涯

（一）埃斯特·迪弗洛的生平

埃斯特·迪弗洛，著名的发展经济学家，1972年10月出生于法国巴黎，曾立志成为历史学家，并前往法国巴黎高等师范专科学院攻读历史学学士学位。1993年，迪弗洛获得前往俄罗斯访学的机会。在为期十个月的访学中，除了教授法语，还撰写了有关“苏联第一个五年计划”的论文，迪弗洛还担任了全球著名的发展经济学家杰弗里·萨克斯（Jeffrey Sachs）的研究助理。这些研究经历让迪弗洛认识到经济学不仅可以满足她的学术抱负，并具有改变世界的潜力。因而，迪弗洛走上了研究经济学的道路。

1994年，迪弗洛获得法国巴黎高等师范专科学校历史学和经济学本科学位；1995年获得巴黎经济学院的经济学硕士学位；同年，迪弗洛进入麻省理工学院，师从阿比吉特·班纳吉（Abhijit V. Banerjee）和约书亚·安格瑞斯特（Joshua Angrist）。受班纳吉的影响，迪弗洛开始涉猎发展经济学，而受安格瑞斯特的影响，迪弗洛开始尝试在学术研究中使用田野实验方法。1999年，在

两位导师的联合指导下，迪弗洛获得了经济学博士学位，并留校担任助理教授一职。2002 年，迪弗洛被提升为副教授（终身制），2004 年被提升为正教授。2003 年，迪弗洛及其同事联合创办了贫困行动实验室（J-PAL），并陆续在 83 个国家和地区开展了近千项实证发展实验。2010 年，迪弗洛被授予约翰·贝茨·克拉克奖章；2019 年，迪弗洛成为史上最年轻的诺贝尔经济学奖获得者，也是继埃莉诺·奥斯特罗姆（Elinor Ostrom）之后，第二位获得此项殊荣的女性。

（二）埃斯特·迪弗洛的学术生涯

迪弗洛是一位非常专一的学者，其始终致力于发展经济学的研究，与其丈夫兼导师阿比吉特·班纳吉，好友同事迈克尔·克雷默一起共同改写了传统发展经济学研究方法，并将随机试验（randomized controlled trial）的田野分析方法引入了发展经济学。根据迪弗洛在贫困理论、研究方法、反贫困实践等方面的研究成果，其学术生涯主要涉及的是贫困问题的微观研究。

在埃斯特·迪弗洛创立的 Jameel Poverty Action Lab 近千个科研项目中，埃斯特及其合作者均是从细微着手进行随机对照实验（randomized controlled trial，简称 RCT 法）。何为 RCT 法？RCT 方法最早是 1925 年由罗纳德·费希尔（Ronald Fisher）提出，后被广泛地运用于医学、工业和农业等领域，经济领域也在这一时期引入了此法。从贫困问题研究的角度，RCT 是一种对脱贫过程中某种政策的效果进行检测的手段，其基本思路是将研究对象随机分组，对不同的组别实施不同的干预，从而对效果进行评估。RCT 法被迪弗洛等广泛的运用于女性权益、教育、小额信贷、医疗保健等方面的研究中，如以化肥的使用为例。化肥作为粮食增产的营养物质，许多国家或地区都以各种补贴的形式鼓励农民使用。但该项政策的实施效果并不及预期。这主要是由于存在“现时偏差”（present bias），农民不愿意成为“第一个吃螃蟹的人”，这也就导致了化肥很难在农村推广。那如何改善这一现象呢？迪弗洛等通过 RCT 实验找出了答案：既然穷人对补贴或优惠时长敏感，那么就将化肥补贴的时长从长期改为短期。这个建议看似削减了农民的福利，但政策的实践效果来看，却改善了农民的收入。

经研究发现，许多看似顽疾的贫困其实只是由一些细小的问题造成，只要在对应之处进行微小的调整就能帮助穷人摆脱贫困的困扰。借助 RCT 法，学者可有效改善旧方法评估中的偏误，发现原本忽视的细微之处，从而有助于社会寻找更为有效的脱贫路径（Duflo E.，Chattopadhyay R.，2010①）。综合来看，迪弗洛在研究贫困问题时，并非泛泛而谈，而是以非常小的研究点为切入口进行对照实验，从实验的结果中总结出理论与相关的政策建议。虽然，迪井洛其研究所得出的结论并非像传统理论那样备受瞩目，但却具有较强的实用性和实践性。

二、埃斯特·迪弗洛反贫困思想的渊源及理论基础

（一）埃斯特·迪弗洛反贫困思想的渊源

埃斯特·迪弗洛对贫困的印象，最早可以追溯到儿童时期。受家庭环境的影响，在儿童时期迪弗洛就了解到战地儿童的贫困。迪弗洛在一次采访中，曾言道："我一直想做点对世界有用的事，这种想法来自我母亲"。在6岁时，迪弗洛从一本关于特蕾莎修女的书中了解到加尔各答市的贫困，在24岁时，迪弗洛真正来到了加尔各答市。当书中的贫困在现实中呈现，她不由得的思考自己究竟能否为这个城市做些什么。这些无疑在迪弗洛心中埋下了探索贫困的种子。

其实，经济学并非迪弗洛最开始的第一选择。在俄罗斯访学期间，受"休克疗法之父"杰弗里·萨克斯的影响，迪弗洛意识到经济学可以影响决策，推动社会进步，并具有改变世界的潜力，使其可以在帮助他人的同时，实现自己的学术追求。于是，迪弗洛决定学习经济学。

由于经济学涵盖的领域非常的广阔，在法国学习经济学时，迪弗洛并未明确自身的研究方向。后在MIT读博期间，受导师阿比吉特·班纳吉的影响，迪弗洛明确了其学术研究的方向为发展经济学与贫困。同时，受另一位博士导师约书亚·安格瑞斯特的影响，迪弗洛尝试在发展经济学研究中使用田野实验分析法，并在2019年因"在全球扶贫问题上使用的实验型方法"而获得诺贝尔经济学奖。

（二）埃斯特·迪弗洛的反贫困思想的理论基础

埃斯特·迪弗洛是一位高产的经济学家，自从事经济研究至今，已出版了四本著作和八十多篇论文，其中最为著名的是和其导师兼丈夫的阿比吉特·班

① Duflo E.，Chattopadhyay R. Women as policy makers：evidence from a randomized experiment. Working Papers，2010.

纳吉合著的《穷人的本质》。综合来看，埃斯特·迪弗洛的研究主要集中在发展中国家贫困问题的微观研究上，通过分析权利、饥饿、健康、教育、金融、家庭行为等与贫困之间的联系，分析是否存在贫困陷阱、贫困陷阱形成的原因以及如何帮助穷人脱离贫困。埃斯特·迪弗洛在对贫困研究过程中，主要涉及的理论有：

1. 贫困陷阱理论

贫困陷阱作为一个发展经济学概念，是指一个经济体中存在恶性循环，从而使该经济体陷入贫困之中而难以自救。20世纪50年代，关于贫困陷阱理论最具代表性的是纳克斯的“恶性循环”理论、纳尔逊的“低水平均衡”理论和缪尔达尔的“循环累积因果关系”理论（如图6.1（a））。这三个理论虽然从不同的角度阐释了贫困陷阱的形成机制，但都认为贫困陷阱产生的根源在于内外部资本的不足（谭崇台，2001①）。因而，只要资本得以满足，穷国就能脱贫向富。然而，事实并非如初，贫困陷阱不能简单地归因于资本的匮乏，官员腐败、教育医疗、资源环境等也都会导致贫困陷阱的形成。与纳克斯时期的贫困陷阱理论不同，迪弗洛研究的贫困陷阱的类型更加丰富，形成的因素也由早期的物质资本匮乏拓展到教育文化、政治腐败、地理环境、卫生健康、身体疾病、自然资源等；其次，贫困陷阱的形成机制也有别于早期单一的“资本不足”，迪弗洛致力于从微观角度研究贫困陷阱形成的各种机制，如政策失灵、市场失灵等；再者，迪弗洛更加注重实证分析，针对不同国家和地区的贫困陷阱进行了大量的实践性检验，因而所得的结论更精准、更具指导性意义。

何为贫困陷阱？迪弗洛在《穷人的本质》一书中，通过S形曲线和贫困陷阱直观的阐述两者之间的联系。如图6.1（b）所示，对角线AE表示为今天收入与明天收入相等的均衡状态。对于身处“贫困陷阱”地带的穷人，由于曲线S在对角线AE之下，个人的收入将随着时间流逝越来越少，即越来越穷，最终陷入穷困境地 。而对于身处“贫困陷阱”地带之外的富人，曲线S在对角线AE之上，个人的收入随着时间流逝越来越多，即越来越富。但世界真的存在贫困陷阱吗？不一定。迪弗洛以另一张反向L形曲线，诠释另一种对立的观点，即不存在贫困陷阱。由于L形曲线前期的斜率较大，随着时间的推移，变得越来越平缓。这也就意味着，穷人的收入前期上涨的幅度高于后期，穷人也越来越富有，直至收入最后停止增长。通过一系列实践，迪弗洛指出贫困陷阱并非存在所有的领域，但研究贫困陷阱对于我们制定有效的政策具

① 谭崇台．发展经济学概论．武汉：武汉大学出版社，2001.

有重要的意义。

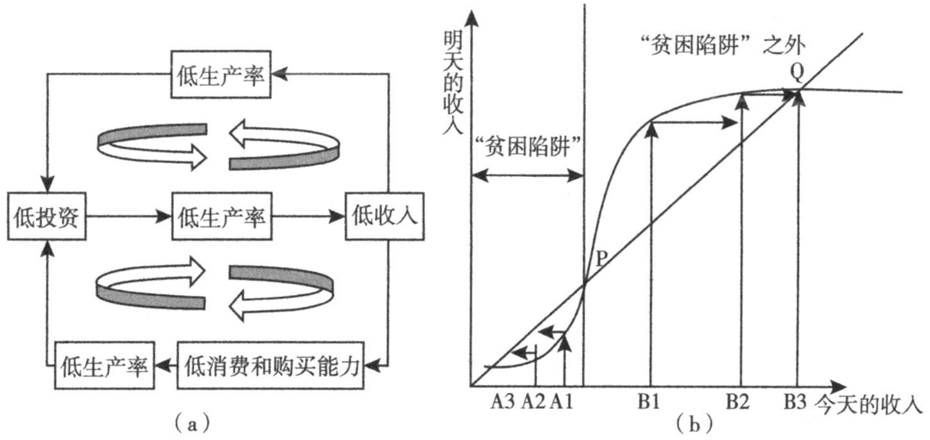

图 6.1　"贫困陷阱"的理论解释图

2. 认知行为理论

传统发展经济学将人假设为完全理性的、没有感情的经济人。在这种思维模式下，个人对事物的认识是清晰的，行动皆是以自我利益最大化为准则。但不少研究发现，这种基于完全理性人假设构建的理论无法解释大多数人的经济行为之谜。虽然，新制度发展经济学、新结构经济学等都对这一假设进行了修正，但都未深入到个体的认知和行为的动机层面。自然而然，也就无法解为何贫困始终无法终结（Jeffrey，2005①）。因此，发展经济学必须引入一种人类经济行为的视角，以解释发展和贫困的问题。

认知行为理论（cognition and behavior theory）最早源于阿尔佛雷德·阿德勒，主要是用于研究个体认知是如何影响个体的行为和情绪。个体认知是核心，个体基于对自身认知的解读，最终会影响个体是否行动。个体的认知受个体日积月累形成的"自动化思考"机制的影响。在这种机制下，个体的行动的指令无须大脑再加工，只需遵循固有的模式发出。这种未经思索的鲁莽行为，造成了个人许多错误、非理性、荒谬的信念，这可能存在于个人意识或感知之外，让人难以察觉。因此，为了改变这一点，有必要将无须思考就可以采

① Jeffrey S. The end of poverty：economic possibilities for our time. New York：Penguin，2005.

取的行动纳入个人思维领域，并帮助个人在理性层面上改变不良行为。

穷人为何愿意挨饿也要办豪华的葬礼、也要买电视？为何穷人家的孩子上了学也不愿意努力学习？迪弗洛和班纳吉在《贫穷的本质》一书中虽然并没有直接点名穷人与富人之间的认知差异，但从其研究来看，都与行为认知理论有着千丝万缕的联系。在书中，迪弗洛指出穷人疲于思考，受固有的思维或信念，在面临选择时往往是短视的，因而不愿意为长期的利益而放弃短期的享受。这也就是穷人为什么罔顾自己的健康、买昂贵的电视、子女不愿意接受教育的原因 。长此以往，穷人的思维方式趋于短视和僵化，只注重眼前有限的得失，而忽略未来可持续的收益。靠穷人的自救难以改变固有的思维模式，迪弗洛因而主张政府进行有效干预，通过内在的认知与外在环境之间的互动，以修正个体的行为。

三、贫困的本质

迪弗洛及其丈夫连续15年在全球贫困密度最高的18个地区和国家开展田野调查试验，从穷人视角并结合了卫生、健康、教育、援助、创业、政府等多个方面，探索贫困的本质。通过实证研究，两位学者发现贫穷并非源于穷人的懒惰，也并非某个国家或地区特有，而是源于：

（一）缺少有效的信息来源

人的选择及判断取决于先证据后结论的科学家机制和先结论后证据的律师机制（班纳吉和迪弗洛，2018①）。由于个体偏爱验证自己已有的观念，因而在进行决策时，人们常常采用律师机制，即先确定结论，再去寻找印证结论的证据。这种行为叫“确认偏误（Confirmation bias）”。一旦个体有了某种偏见，在确认偏误的作用下，会强化这种偏见，个体的决策就很难改变。

在《贫穷的本质》一书中，迪弗洛指出，穷人之所以会陷入“贫困陷阱”并难以摆脱，与其所处落后的经济社会形成的“贫困文化”有关。这种贫困文化使得穷人在规划家庭医疗保健、教育、金融等时，采取在大众看来是短视的做法，通过代际传承的作用导致贫困的代际延续。

为何会产生这种贫困的循环？迪弗洛认为主要是由于穷人缺少可靠的信息来源，因而在决策时，往往依靠自身固有的文化。一旦这种文化出现偏差，就

① 阿比吉特·班纳吉，埃斯特·迪弗洛．贫穷的本质（修订版）．景芳，译．北京：中信出版社，2018.

容易出现问题。这也就是为什么，很多穷人不愿意让子女接种疫苗即使其将来可以节省更多的医疗费用，不重视子女的教育即使在未来能产生更高的收益，不知道如何使用安全套以降低患病的概率。从穷人的角度来看，他们的选择是十分正常的，因为当面临一个陌生的事物，出于对风险的厌恶，多数人都会选择拒绝而非接受。与富人相比，穷人的经济较差，试错成本较高，一旦做出错误的决定，可能会引起严重的后果，因而在决策时，穷人往往不会选择相信陌生的信息来源。

（二）穷人肩负更多的生活压力

在作为一种支持性的网络关系，社会资本可减少个体获取所需资源的成本，这也就相当于对个体起到某种程度的保障（王朝明，2009①）。但由于穷人的社会资本不足，使得社会资本的保障性功能无法正常发挥。如在借贷方面，由于贫穷，穷人甚少能从正规渠道获得借款，往往只能依赖于亲戚、朋友等民间渠道。以乌代布尔为例，持有借款的穷人中，只有 6.4%能从商业银行等正规渠道获得借款（Banerjee A. 和 Duflo E.，2007②），剩下均来自民间渠道。相较于正规渠道，非正规渠道的民间借贷的利息一般都非常的昂贵，这让原本不富裕的穷人雪上加霜。在储蓄方面，穷人的成本也非常高。由于行政成本过高，因而对于小额存款的客户，银行往往会收取高昂的管理费，这一制度迫使穷人转向非正规的储蓄渠道。此外，穷人和富人所享受的基础设施也存在一定的差别。即是针对农村和贫困地区的基础设施建设在不断地推进，但由于身处穷人村庄或社区，穷人享用的基础设施的种类和服务质量也显然不及其他人。正是由于包含基础公共品在内的资源的匮乏，迫使穷人在生活中肩负着更多的压力。

（三）缺少服务于穷人的市场

从市场的角度来看，穷人的贫困主要是源于两个方面：一是服务于穷人市场的欠缺；二是在市场中所处的不利地位。首先，在消失的服务于穷人的市场中，最值得探讨的是保险产品。相较于其他人，穷人在生活中会面临更多的风

---

① 王朝明．社会资本与贫困：一个理论框架的解释．当代经济，2009，000（017）：11-13.

② Banerjee A., Duflo E. The economic lives of the poor. The Journal of Economic Perspective, 2007, 21 (1): 141-167.

险，而穷人钱少没有抗风险能力，一旦突发意外，只能处于被动挨打的地位。保险作为风险规避的有效措施，可有效降低意外发生时所产生的经济损失。社会中也有各种各样的正规的保险产品，如人身险、养老险、寿险、失业险等，但这些保险产品很少出现在穷人的生活中。这样穷人就陷入了“钱少而不买保险—没有抗风险能力—意外事件—穷人更穷—更穷更没钱买保险”的恶性循环。当然，穷人也常常通过一些非正规的方式来预防未来的风险，例如，收入来源多样化，对未知的事物采取保守的态度，通过社区或村庄网络组成互助小组。然而，这些方式并不稳定，一旦意外事件波及面广，覆盖整个村庄、社区乃至全社会，这些保险方式就会失效。既然穷人有抗风险的需求，那缘何正规保险市场很少服务穷人？第一，受限于教育水平，穷人较难理解复杂的理赔程序和理赔范围，一旦未能获得理赔，不管是否在理赔范围内，都会影响到穷人对保险产品的信任度。第二，购买保险是现时（100%）的支出，而回报却是未来不确定（0~100%）的收入，两者时间偏好以及发生概率的不一致，会使得穷人无意识的低估保险的作用。正是由于这些因素，使得穷人对正规保险产品的需求低，使得保险机构维护和运营的成本高，随着利润的不断减少，保险机构也逐渐退出穷人的市场。

由于贫穷，即使一些市场向穷人开放，穷人有时候还会在市场中面临服务排斥的问题，这一问题在穷人的借贷中尤为明显。穷人也有正常的信贷需求，但却甚少能通过正规信贷渠道得以满足，主要原因有三：第一，由于存在信息不对称，且借贷的金额小，借贷需求多，使得金融机构贷前筛查、贷中监督的成本增高；第二，由于部分穷人存在信用缺失问题，且较少能提供足够的物品担保，使得金融机构经营的风险增高；第三，对于违约者惩罚的力度不够或不及时，正规途径追向逃款项的难度大，使得穷人正规借贷渠道的违约率较高。此外，政治因素的影响也在正规借贷渠道是否借贷的考量范畴。正是基于这些成本分析，正规的借贷渠道会尽量少贷或者不贷款给穷人。对穷人的另眼相看，在正规的储蓄渠道中也体现得淋漓尽致。穷人一般存在三种储蓄方式，即以现金的形式，以正规储蓄机构存款的形式，及以半正规机构储蓄存款的方式。迪弗洛等学者发现，无论在农村还是城市，穷人的储蓄都甚少以正规储蓄机构存款的形式存在，究其原因是由于：第一，正规储蓄机构网点的分布，对于穷人来说较为不便，使得穷人在存取款时耗费更多的时间和金钱成本；第二，小额账户的管理费，增加了穷人在正规储蓄机构储蓄的成本。这些额外的支出，促使穷人的储蓄向非正规渠道转变，如非洲流行的“轮转基金”、印度流行的“自助小组”等。这些非正规储蓄渠道虽然在一定程度满足了参与者存贷款需求，但由于其自身的非正规性，缺少相应法律的约束，运营完全依赖于彼此之间的信任度和社会关系，因而存在一定的违约风险。总的来说，从金融市场到医疗市场，无论是私人服务还是公共服务，穷人都会面临着服务的数量与质量的双重挑战。

（四）政策的失效

各国都致力于解决贫困问题，但缘何帮助穷人的计划注定走向失败。关于这一问题，前期学者多从宏观政策的制定、实施和执行的角度切入，迪弗洛和班纳吉在《贫穷的本质》一书中虽对此也有探讨，但更多的是将其归因于社会和政府的认知误区，无知、意识形态和惯性①这三大问题。如医疗保健体系的低效，就与意识形态的错位息息相关。在公众的认知里，医护人员是白衣天使，充满着无悔的奉献情结。这种因无知而形成的意识形态，在惯性思维的作用下被充分体现在诸多政府政策文件中，因而很难对医护人员形成有效的约束力。然而，所谓的奉献精神并不能战胜现实的惰性，在印度等发展中国家医护人员缺勤率畸高，对病人也不甚关心，进而导致这些国家医疗保健体系的低效。

教育也是意识形态偏误的重灾区。迪弗洛和班纳吉以印度近期的教育改革为例，该改革中引入了父母参与监管子女教育的模式。然而，该项提升教育质量的大型项目同样受到三大问题的影响。受“人民的力量很大”② 错误意识形态的影响，该项教育改革计划忽视最终目的，给社会提供了一个模糊，抽象的任务，这必然导致该项教育改革的失效。上述两个例子皆表明，在意识形态的启发下，政府会“顺理成章”地按照各种物质条件下形成的惯性思维去制定政策，而不去考虑政策本身与现实的差距。有时候这是无知的表现，有时候则是因为在政策规划时期的惰性思想，但不论处于那种原因，都足以瓦解着社会帮助穷人的各种努力。

（五）悲观的预期

在迪弗洛等看来，掣肘贫困最后的因素来自人的内心。在心理学上有一种

---

① 阿比吉特·班纳吉，埃斯特·迪弗洛．贫穷的本质（修订版）．景芳，译．北京：中信出版社，2018：296.

② 阿比吉特·班纳吉，埃斯特·迪弗洛．贫穷的本质（修订版）．景芳，译．北京：中信出版社，2018：285.

“自我实现”的说法，即人出于自恋的本性，会潜意识的在生活中不断寻找各种事情来论证自己观点的正确性，最后变成了“自我实现的预言”①。比如，有时候水果摊贩不努力工作，只是因为其认为自身还会负债。受惯性思维的影响，教育体系认为其使命是通过应试体系培养优秀的人才。在肯尼亚的一项RCT实验中，教师被随机分往“高级”和“低级”两个学区，分到后者学区的教师显得很沮丧，因为他们预期自己不仅收获不到什么，还会因学生的成绩而备受指责。在这种悲观的预期下，“低级”学区教师授课的概率更低。受限于自身的资源，穷人的孩子只能去教学质量差的学校，除非孩子自身天赋异禀，否则无法得到学校的重视，甚至可能被辍学。

当然，悲观的预期不仅只出现在教育体系，在金融、健康等领域也有所体现。为何会这样呢？迪弗洛认为，是由于人们普遍有正的时间偏好。面对同种诱惑，当前的诱惑要高于未来的诱惑。如接种疫苗，接种花费的是当前的时间和金钱，但收益却是看不见的未来，自然就会降低人们对它的渴望程度。对于富人来说，适当的物质支出是无所谓的，但是对于穷人而言，受限于自身的条件，这些支出是“不值得”的。在悲观预期的作用下，学生放弃上学，因为父母或教师觉得他不够聪明；女性受到歧视，因为她们不具备发展的潜力。无论是外界环境，还是内在层面，缺乏乐观的信念都会产生消极的影响，使得自身失去了摆脱贫困的动力。

四、反贫困的方案

（一）拓宽信息渠道，获取可靠信息

由于穷人的信息匮乏，导致其常常采取错误的决策与行动，从而陷入贫困的陷阱。如何消除贫困，阻断贫困的代际传递？在迪弗洛看来，“一条普通的信息可以带来巨大的变化”②。因而，解决信息致贫的方法很简单，提供给穷人信息，拓宽思维空间。如果穷人不知道打疫苗的好处，那就详细解释给他们听；不知道安全性行为的重要性，那就展示给他们看。但需要指出的是，并非所有的信息都能带来同样的效果，要想信息起到应有作用，这个信息必须具备

---

① 阿比吉特·班纳吉，埃斯特·迪弗洛．贫穷的本质（修订版）．景芳，译．北京：中信出版社，2018：297.

② 阿比吉特·班纳吉，埃斯特·迪弗洛．贫穷的本质（修订版）．景芳，译．北京：中信出版社，2018：294.

三个特征：第一，前期尚不知晓的，如告诉多数人已知的信息“婚前性行为是危险的”，信息所产生的效果远不如告诉他们“年长的男性感染艾滋病的几率高”来得有效；第二，信息的发布应简单、具有吸引力，如将信息嵌入电影或电视剧比纸质文件更吸引力人关注；第三，信息来源必须可靠，这样才能确保分析的有效性。在这点上，人们似乎更相信媒体。这也就是为什么，但媒体发布负面消息时，相关的利益方需花费更多的成本来挽救自己的声誉。当然，仅靠提供更多的信息，穷人是没有办法完全摆脱贫困。更多的信息源，只能加深穷人对事物的了解程度，当穷人面临抉择时，能做出正确的选择。

（二）减轻穷人的压力

很多时候，穷人的收入来源并不稳定，缺乏相应的社会保障，因而在做决策时，穷人会更加的审慎。受现实的制约，穷人即使获得了更多有用的信息，也很难利用它们。如人们都知道自来水卫生设施可有效预防痢疾，但考虑到需支付的卫生费用时，许多穷人仍然会拒绝安装。这是因为穷人有限的资金可能还需去采买食物，去支付孩子的教育费用，因而在面临选择时，穷人就需考量孰轻孰重。在资金受限的前提下，又该如何改善穷人的生活呢？迪弗洛指出，最直接的办法就是降低穷人的生活成本。比如，为穷人提供相对便宜的消毒剂以净化水源，就能有效的预防疾病的发生。再比如，适当降低加铁/碘盐的价格，就能保证微量元素的足够摄入，就能确保孩子的健康成长，这样未来他们就有机会赚取更多的收入。由于上述服务基本无盈利空间，因而上述做法往往就需要政府的补贴或非营利性机构的襄助。如在印度的奥萨里邦，一个非政府组织机构通过募集的方式，帮助该贫困村庄安装了净化水系统。在他们的努力下，该村庄痢疾的发病率很快就减少了一半。在迪弗洛看来，通过这些做法，可有效降低穷人的一些生活成本，从而引导穷人做正确的选择，进而改善他们的生活。

（三）制度和技术的创新、政府的干预

在《贫穷的本质》一书中，迪弗洛提出了三个办法来服务于穷人市场极度缺乏的问题：

第一，制度创新。在迪弗洛看来，一些制度的创新能够填补服务于穷人市场的空白。比如由于银行的缺位，穷人很难低息的贷款，而这造就小额信贷市场的繁荣。相较于传统放债人，小额信贷机构具有贷款的利息较低、还款周期和还款金额固定、交易手续简单等特点。作为穷人重要的融资渠道，经过多年

的运营，小额贷款已经成为“抗击贫穷的关键手段之一”①。而另一些制度的创新还能改善穷人在市场中的不利地位。比如在印度盛行的“自助小组”，组内的成员将钱积攒到一起，积少成多，存款的数量随之变大，大到可以成为银行的目标客户。

第二，技术创新。很多市场不愿意向穷人开放，最主要的原因是维护成本较高，但新技术的广泛使用，如电子转账系统和人脸识别系统等，可大幅的降低市场服务的成本，促使它们愿意为穷人服务。

第三，政府干预。有时候，市场的兴盛依靠自身的努力还不够，还需要获得政府的扶持。比如技术的进步虽降低了穷人购买保险的成本，但对于穷人来说还不具有足够的吸引力，这时就需要政府的支持，给予一些基本的保险补贴，促进穷人购买相应的险种。此外，迪弗洛还指出，获得补贴的市场应该受到严格的监管，只有这样才能取保市场的良好运行。

（四）具象化的政策及科学的监管

在迪弗洛看来，惯性思维是一种懒政行为，是造成政策失效的原因。那如何确保政策的有效呢？迪弗洛认为，首先应让民众了解政策赋予他们的权利，其次，政策的内容应注重细节，做到清晰、具体。比如在印度的 SSA 计划②中，由于任务过于模糊，参与者不知该如何入手，而在肯尼亚的 SSA 计划中，由于任务的界限更为清晰，改革的效果更为明显。

对于腐败问题，很多学者认为腐败是非常“顽固”的，不进行强有力的颠覆无法将其根除。但迪弗洛认为，在现有环境下进行一些变革，也能取得有益的结果。如乌干达，有些学者甚至认为在贪腐问题没有解决之前，对乌干达的教育援助是不可能有效的。然而，事实并非如此。在教育资金侵吞被曝光后，乌干达财政部转变策略，在主流媒体上公布每个月下拨给各个学校的资金数目。仅通过这一项调整，乌干达政府就很好地解决了教育资金被滥用的现象。因而，迪弗洛认为，尽管严格的监管制度是一种常规的反腐手段，但只有内部人员还对审计、监督抱有敬畏之心，那么就是有利于反腐的。此外，信息技术的应用也有助于反腐。比如，早期巴西都采取纸质投票制度，操作复杂不

① 阿比吉特·班纳吉，埃斯特·迪弗洛．贫穷的本质（修订版）．景芳，译．北京：中信出版社，2018：193.

② 阿比吉特·班纳吉，埃斯特·迪弗洛．贫穷的本质（修订版）．景芳，译．北京：中信出版社，2018：285.

说，有些人可能还无法正常投票，但后期随着电子投票制度的引入，操作不仅简单，而且还能查看候选人的照片。仅仅只是引入这一点科技手段，“巴西穷人的意见就能纳入巴西的整体”①。

（五）提升穷人对未来的预期

在迪弗洛看来，虽然改变人们对未来的预期非易事，但并非不可能。那如何扭转穷人对为未来的预期呢？在《贫穷的本质》一书中，迪弗洛大致提出了三个方法：第一，树立典范，发挥榜样的力量。比如当身边出现女性领导者时，这不仅能改变人们对女孩的态度，还有可能给予女孩更多的发展机会。第二，未来的收益现在化。比如，为了提高儿童疫苗的接种率，印度一个非政府组织曾向每次来接种的人提供相应的补贴，如果能完成整个的接种过程，还会得到额外的补贴。结果，该村庄的疫苗接种率翻了六倍。这些额外的奖励将接种疫苗的未来收益“变现”到了现在，让穷人能更直观、真实的从中收益。第三，设置“默认选项”。如何打破人们的惯性思维，迪弗洛在书中提及了一些“助推”的方法，即将有利的选择设置成默认选项。比如缺少自来水的村庄，可以在水井里安装一个免费的释氯器，当村民打水时，释氯器就会工作，久而久之，在井水中添加消毒剂就是村民的默认选项了。综合来看，这些改善虽然是微小的，但一旦当情况得到改善，这种改善就会反过来影响人们对未来的信念，进而影响人们的行为。

五、简要评价

作为新一代发展经济学家的杰出代表，埃斯特·迪弗洛的卓越成就主要集中于贫困问题的研究。首先，埃斯特·迪弗洛及其同事们创造性地将随机对照实验分析方法广泛的运用于反贫困研究中，打破了传统发展经济学家们的逻辑推理与历史演绎方法下的发展经济学框架。其次，埃斯特·迪弗洛的研究视角的宏观——微观转变，研究也是以发展中国家穷人的微观行为为主，并对具体的扶贫项目进行田野实验，这使得发展经济学的研究结论从宏观的政策设计向微小的政策干预转变。最后，埃斯特·迪弗洛是一个实干派，她的研究成果都是建立在扶贫项目的实践中，研究的内容也是基于现实的问题，如对于教育的投资，她具体到购买课本对于教育质量的影响这使得迪弗洛的反贫困研究早已

① 阿比吉特·班纳吉，埃斯特·迪弗洛．贫穷的本质（修订版）．景芳，译．北京：中信出版社，2018：272.

超出了理论层面，而与实际结合得更紧密。

虽然随机对照实验分析方法在迪弗洛的影响下，成为发展经济学微观贫困研究领域的“新标杆”。但是，将其视为“万用良药”也是不可取的。首先，由于随机对照实验分析方法涉及的样本数量较小，往往只涉及几所学校、几个班级等少量的样本数据，其实验结果可能会存在标准误差，从而使得研究结论产生不确定性。其次，随机对照实验分析方法的结论是基于局部实验得出，换一个场景或环境，实验的结果可能就不一样了，因而实验结果的外部有效性存疑。最后，由于基于随机对照实验分析方法得出的因果关系具有局部性，因而在一个地方发挥作用的因果关系，在另一个地方可能就不存在或者效力大小不同，这就导致随机对照实验分析方法的可移植性较差。虽然随机对照实验分析方法具有上述的缺点，但瑕不掩瑜。其作为一种认识贫困的工具，随机对照实验分析方法还是值得大力推广的。

第七章　总体评价及对我国的启示

发展经济学作为“第二次世界大战”后兴起的一门经济学科，至今已走过了80多年的历程。如同发展中国家的发展进程一样，发展经济学的演进并非一帆风顺，甚至一度接近消亡。20世纪40年代—60年代初是发展经济学的建立和大发展时期，在这一时期，许多西方发展经济学家根据发达国家经济发展的经验，形成了“唯经济论”的“一维扶贫”观。围绕着经济增长的基本论点，发展经济学家构造出不胜枚举的理论和模式来助力发展中国家摆脱贫困，走上发展之路。尽管这些理论和政策主张都存在不同程度的片面性，也与发展中国家经济发展的实践有着一定的差距，但对于当时的发展中国家的经济发展和反贫困还是起到了良性的促进作用。进入20世纪60年代末期，“新古典主义”在发展经济学中复兴并逐渐占据主流地位，到了80年代初，新古典经济学的理论几乎完全贯彻整个发展经济学领域，发展经济学的生存受到了威胁，如Hirschman（1981①）曾一度发出“发展经济学衰落”的哀叹。许多经济学家甚至开始质疑发展经济学存在的意义，如拉尔（1985②）曾道：发展经济学的消亡有益的。80年代中后期，新古典主义虽然仍对发展经济学领域发挥着重大的影响，但随着越来越多学者开始从道德伦理、价值观念、生态环境等角度探究发展，发展经济学的理论研究呈现出多元化、多学科融合的发展趋势，发展经济学再度焕发新的生机。

由于时代背景和思想渊源的不同，研究对象和理论视角的差异，当代西方发展经济学的反贫困思想也出现了较大的差异，形成了以投资为手段促进经济增长的“一维扶贫”观、以经济增长与社会结构改革为宗旨来摆脱贫困的“二维扶贫”观，以及“以人的自由与社会可持续发展”为目的的“多维扶

---

① Hirschman A O. The rise and decline of development economics. Cambridge：Cambridge University Press，1981.

② Lal D. The poverty of “development economics” . Cambridge：Harvard University Press，1985.

贫”观。对这些反贫困思想进行总体的分析和提炼，指出各个思想的特征、历史使命、以及发展趋势，以期为巩固脱贫攻坚成果，持续推进乡村振兴提供一定的借鉴和启示。

第一节　当代西方发展经济学反贫困思想的总体评价

一、当代西方发展经济学反贫困思想的积极意义

（一）消除刻板印象，深化对贫困问题的理解

1. 消除对穷人的刻板印象

对于个人贫穷，人们褒贬不一，但大多数比较负面。纳克斯和莱宾斯坦认为穷人是短视的，易受消费主义的影响；斯宾塞等人则认为性格或生理缺陷是个人穷困的主因；而缪尔达尔则认为穷人喜欢多生。但事实上，这是一种的对穷人傲慢的偏见和对穷人错误的认知；因而，基于这些刻板印象提出的反贫困的口号和方案，并不能真正有效的帮助穷人，甚至会严重阻碍世界反贫困的进程。

穷人也是人，他和普通人在欲望、弱点和理性的层面上的差别，实则不大。两者之所以产生贫富的差异区别主要在于，两者所处境遇的差异，导致两者在做决策时的选择不同。事实上，正是由于穷人的贫穷，穷人在做抉择时往往更加的谨慎，因为穷人要想生存，就必须成为精打细算的“经济学家”①。可惜的是，正是这种精打细算，在很大程度上使得穷人陷入贫困陷阱。

生活的贫困，虽存在一定自身的原因，但外界的影响更为重要。森等学者打破了社会对穷人的刻板印象，将个人贫困更多的归因于权利的剥夺。在“食物与权利”的论述中，森直指社会各阶层间权利的分配不均。森指出“事实上，至今还没有确凿的证据表明，在某次饥荒中，一个国家的所有阶层都遭受饥饿。这是因为，不同社会阶层对食物的控制能力是不同的。这种能力和权利关系网的阶层差别化，可能导致国家政策上的扭曲。在森看来，穷人的贫困和饥饿，更多的可能是由于穷人对食物控制能力和权利缺少导致的。然而，权利缺失和贫困相互交织，穷人的贫困则很有可能也会影响穷人权利获得机会，

① 阿比吉特·班纳吉，埃斯特·迪弗洛．贫穷的本质（修订版）．景芳，译．北京：中信出版社，2018：X.

也就是说可能会进一步导致穷人权利的缺失，进而使得穷人越来越难改变自己的贫困命运。当所有合法的手段或权利都已丧失，穷人铤而走险也不是不可能。因而，保障穷人权利，最重要的是保障穷人对食物、商品的实际控制能力和权利显得尤为必要。为保障权利的实现，森后来提出了“把个人自由看作一种社会承诺”和“以自由看待发展”的思想。其实质就是在既定的资源禀赋组合和合法权利体系中自由地获取和富人一样生活的质量。因而，在扶贫时应关注穷人的经济状况，摒弃对穷人轻视刻板的习惯，花点时间走进穷人的生活，真正去了解他们想要什么、需要什么，只有这样扶贫的实践才会取得有效的进展。

2. 深化对贫困问题的理解

社会发展至今，贫困已成为一个多维度、综合性的概念，受物资和精神因素的共同影响。诚如阿玛蒂亚·森所言，一切形式的贫困皆源自个人“可行能力的剥夺”，即“一个人所拥有的、享受自己有理由珍视的那种生活的实质自由”①。收入低下只是贫困问题一种基本体现，教育、健康以及正常参与社会活动的能力的缺乏才是需要重视的问题。因而，贫困问题研究的视角也从最初的资源或收入的匮乏，逐渐演变成权利的剥夺及可行能力的剥夺。

传统衡量贫困是基于收入水平来进行测度的，即将每天收入低于某一确定数值的人定义为贫困。这种衡量方法虽然简单易行，但是忽略了国与国之间经济水平、生活习惯等方面的差异，因而缺乏一定的指导意义。随着贫困内涵和外延的拓展，贫困的度量标准也发生了相应的变化。森等人在衡量贫困时，将个人的能力因素纳入考量的范围，对贫困进行了多维度、多层次的测度。在森等人思想的影响下，1990 年，联合国开发计划署将预期寿命、教育水平、生活质量作为基础变量，并创设了人类发展指数（HDI），动态的反映人类发展的基本内涵，揭示了各国社会发展中存在的薄弱环节，为世界各国尤其是发展中国家消除贫困，助力经济增长提供参考依据。

（二）引入伦理道德，明确价值取向

伦理道德是社会价值的重要体现，在人类反贫困进程中起到了独特的作用。马克斯·韦伯（1986②）曾说过，社会前进的动力是经济（即理性），但

① 阿玛蒂亚·森．以自由看待发展．任赜，于真，译．北京：中国人民大学出版社，2002：85.

② 韦伯·马克斯．新教伦理与资本主义精神．成都：四川人民出版社，1986.

是掌控社会前进的方向却是道德伦理。伦理虽无法像新兴要素那样直接解决扶贫过程中面临的现实问题，但是从伦理的视角探究贫困，有助于人们更为深入的了解贫困形成的机制及其解决的路径，这在一定程度上也体现了人文主义关怀。

随着社会发展，贫困的内涵也在不断发展变化，可以说是非常广泛的，即涵盖了物质财富，也包含了个人能力的追求，同时还涉及伦理和道德等方面。经验历史表明，单纯依靠经济的增长来消除贫困的战略是行不通，且从长期来看会对整个社会的良性发展产生重大的阻力。通过社会制度变革和经济增长的消除贫困的做法是片面的，会导致社会割裂、阶级对立现象的凸显。这两种摆脱贫困的战略方针虽然在一定程度上改善了人们的生活条件，但是最终都会导致个人幸福感的降低，精神上的困惑增加，且易于产生“金钱迷失”的现象。因而，后期的发展经济学家将贫困问题置于经济和伦理的框架下，重视个人与社会发展之间的紧密联系，突出个人可行能力发展的关键作用，寄希望通过各个方面协调发展最终消除贫困。此外，由于人性的贪婪，有时会突破道德的底线，攫取不当得利，导致腐败的盛行，不公平现象和社会缝隙持续恶化。这些不公正现象的发生，易于使得个人丧失了奋斗的动力，消极、愤懑的情绪在社会中蔓延。因而，在扶贫过程中，引入伦理道德的约束是消除贫困的行之有效的方法。

（三）拓宽了反贫困研究的新思路

1. 拓宽了反贫困研究的视角

如果单纯强调经济或单纯强调社会制度，那么这种反贫困观都太过片面。经济的发展固然能带来物质生活增长，人权的自由固然能实现精神提升，但是由此产生的矛盾也日益凸显。以污染环境为代价的粗放式增长，生态环境遭到严重破坏，极大地限制了人类的生存和后续发展的空间。因而，过分强调物质或过分强调社会制度，而忽视与人共生的环境及相应的义务，也是不可取的。20 世纪 90 年代后，在探索脱贫的意义和反贫困路径的过程中，随着对贫困认识的深入，发展经济学的研究领域也随之从经济学拓展到生态学、环境学、哲学、伦理学等诸多学科。在对传统脱贫观批判的基础上拓展了贫困概念的内涵：在脱贫的探索中逐渐形成了新制度主义的脱贫思路；新的反贫困思想的兴起也促进了人与自然的融合；对资源枯竭和生态环境的担忧使得可持续发展成为西方发展经济学家研究的焦点；在个人主义和自由市场主义盛行的当今社会，人的自主权利在上升，人际关系变得尤为重要，这促使相关理论（如社会资本）研究的兴起。言而总之，西方发展经济学的反贫困研究突破了传统观念的桎梏，研究的范围涵盖教育、医疗、科技、妇女权益等多个方面，涉及经济学、生态学、法学、哲学、伦理学等多门学科，是一个多维度综合性的反贫困思想。因而，在今后的反贫困实践中，不仅要扶物质，也要扶精神、扶文化，扶权利等，实行多层次、宽领域、全方位的扶贫工作。

此外，早期的发展经济学一般都是从发达国家（或地区）的实践经验中提炼和总结相关的理论，并据此上升到一个国家或地区的政策设计。由于这种理论是建立在局部观测的基础上，缺乏普适性，其必然会导致政策的普遍失灵，发展中国家仍陷于困顿。尽管后继者试图将主流的理论和科学的方法融入发展经济学的研究中，但这种做法导致的直接后果就是，发展经济学科独立性的消亡。虽然发展经济学推行的政策，从主流理论的视角是正确的，但从实践的结果看却是失败的。如在发展转型的过程中，中国强调市场的作用的观点与新自由主义不谋而合，但是中国也并非仅突出市场，强有力的政府也是中国获得高速稳定发展的关键。因而，单从结构主义或单从新自由主义的理论来看，中国所实行的发展政策与之不符，但中国成功的实践表明，中国模式不是对西方发展范式的克隆，而是有着其内在的逻辑性、科学性。

正是由于各国发展问题的独特性，因而基于他人经验或主流理论得出的见解或政策主张，常常会出现负外部性，从而阻碍一国经济的发展。基于此，后继者逐渐将研究的目光转向特定的微观实践研究。正是由于研究视角上的宏观—微观转变，使得发展经济学在脱贫思维上、脱贫策略上有了新的特征，这也就使得反贫困研究产生了一系列新的突破。

2. 拓宽了反贫困研究的方法

研究贫困问题的难点之一在于脱贫实践主体的独特性。如何在已知条件的脱贫实践中推断出具有普适性的反贫困策略和理论？这些都离不开运用科学的方法对脱贫实践的效果进行有效的评估。20 世纪 90 年代中后期，随着发展经济学研究视角的宏观—微观转变，工具变量法（Instrumental Variables）、倾向得分匹配（propensity score matching）、断点回归（regression discontinuity design）、双重差分（difference in difference）等方法被发展经济学家 Becerril J, Abdulai A, Alan Krueger, Daron Acemoglu 等广泛地运用于微观实证研究中。虽然上述方法可以控制脱贫实践评估中的偏误，但部分学者对这些方法的科学性尚存质疑。如班纳吉和迪弗洛曾指出，上述方法虽然兼顾脱贫实践主体的独特性，但仍可能存在未知的偏误，从而错误的估计脱贫策略的有效性（Banerjee

A 和 Duflo E.，2017①）。因而，后续有学者尝试从不同的研究视角、不同的研究方法以克服旧方法的不足，从而有助于社会寻找更为有效的脱贫路径。

随机对照实验分析方法（randomized controlled trial，简称 RCT 法）就是在这一时期背景下再度回归经济学视野，并在埃斯特·迪弗洛（Esther Duflo）、阿比吉特·班纳吉（Abhijit Banerjee）和迈克尔·克雷默（Michael Kremer）的脱贫实践中的被广泛使用，使得发展经济学焕发新生。在埃斯特·迪弗洛创立的 Jameel Poverty Action Lab 近千个科研项目中，埃斯特及其合作者均是从细微着手进行 RTC。借助 RCT 法，学者可有效改善旧方法评估中的偏误，发现原本忽视的细微之处，从而有助于社会寻找更为有效的脱贫路径（Duflo E. 和 Chattopadhyay R.，2010②）。此外，RCT 法还可用于衡量扶贫政策是否适宜。以小额信贷为例。学界一直有一种观点认为，穷人之所以贫穷是由于缺乏有效的融资渠道，因而在扶贫过程中，应畅通穷人融资的渠道，鼓励金融机构给予穷人贷款。然而，这一做法是否合理，迪弗洛和班纳吉提出了质疑。经过 RCT 实验，迪弗洛和班纳吉发现对穷人发放的小额贷款不仅违约率畸高，而且所起的扶贫作用也远不及预期，甚至可能出现负面效应。正是由于 RCT 在政策评估上的优势，自 20 世纪 90 年代后期以来，发展经济学家开始广泛将该方法运用于发展中国家或地区的实证研究上，并由此形成了发展经济学研究的新潮流。

二、当代西方发展经济学反贫困思想的局限性

作为一门专门研究发展中国家经济发展的学科，发展经济学主要研究三个方面的内容：第一，研究发展中国家贫穷与落后的根源；第二，找寻促进经济增长，消除贫困的发展范式；第三，探索因地制宜，符合一国国情的反贫困路径。本文顺着西方发展经济学的历史演变，将其大致分为四个阶段：40 年代中后期—60 年代初为第一阶段，即“唯经济论”时期；60—70 年代为第二阶段，即“经济与社会变革论”时期；80 年代至今为第三阶段，即“以人的自由与可持续发展”时期。与之相对，也形成了三个颇具特色的反贫困思想，即“一维扶贫”“二维扶贫”和“多维扶贫”的反贫困思想。这三种不同时

① Banerjee A.，Duflo E. An introduction to the “Handbook of Field Experiments”. Handbook of economic field experiments，2017，1：1-24.

② Duflo E.，Chattopadhyay R. Women as policy makers：evidence from a randomized experiment. Working Papers，2010.

期的贫困观对其所处时代的减贫、脱贫事业都起到了关键性的作用，但是由于其历史和阶级的局限性都存在着一些不足。

（一）“一维扶贫”观的局限性

在这一时期，世界经济结构发生了重大变化，西方发达国家迈入了快速发展的“黄金时期”，而众多刚刚独立的殖民地国家和半殖民地国家则民生凋敝，无法走上独立自主的发展的道路。借鉴学习发达国家的经济发展经验，成为发展中国家摆脱经济贫困问题的主要途径。在当时，工业作为衡量一个国家强盛的指标，各国都致力于发展自己的工业化。由于西欧各国过去把殖民地主要作为自己农产品的生产基地，导致殖民地的工业发展落后。因此，大多数发展中国家迫切希望通过投资非农业产业来促进国家经济良性发展，提升居民的生活水准，从而摆脱贫困的恶性循环。在这种思想作用下，经济增长是一国脱贫致富的先决条件，也是学者们研究的重心。

若将这一时期学者的观点进行综合考察，不难发现这一时期的发展经济学具有结构主义倾向。在结构主义看来，发展中国家的经济结构具有刚性、短缺性、滞后性、过剩性、供求低弹性等特点。由于发展中国家经济结构的特殊性，导致价格传导机制和市场机制的失灵，进而导致发展中国家普遍存在结构性失衡的现象，即某些市场供不应求，而某些市场供过于求。又由于这些经济结构的特殊性，导致经济发展的成果无法惠及社会各阶层，进而形成有增长无发展的怪象。同时，由于发展中国家的经济结构存在一定的刚性，因而，短期内不会发生变化，长期内也很难有显著性的改善。关于如何破解发展中国家原有的经济结构，走上发家致富的康庄大道。结构主义认为，依靠内部力量发家致富是行不通的，只能寄希望于外部力量的干预。因此，主张政府进行计划性干预，大力发展工业化，只有这样这样，发展中国家才能突破原有的经济结构。著名的经济学家威廉·刘易斯以城乡二元经济结构为切入点，提出大力发展工业化是吸收农村大量剩余劳动力的有效途径。西蒙·库兹涅茨则是从动态的角度分析经济结构刚性变化的过程。而罗格纳·纳克斯和哈维·莱宾斯坦均认为贫困是发展中国家经济结构特殊性的后果，要消除这种后果就要在发展中国家内部实现各部门均衡增长。

但需要指出的是，这一时期西方发展经济学家的观点，都呈现出一定程度的单极的发展范式，即偏向于制定一个适应于所有发展中国家“宏大的”发展理论。例如，恶性循环理论，按照罗格纳·纳克斯的解释，发展中国家若想向发达国家转变，都应有足够的储蓄和投资对国内各部门进行投资，以达到发展的最小阈值，使本国经济迈入发展的通道。其他的如临界最小理论、大推进理论、起飞理论等都持有相同的观点。同时，这些反贫困思想过于重视效率，而忽视了公平，没有探讨如何将发展成果进行合理的分配，也忽视了底层百姓最基本的需求。再者，这种反贫困思想也没有重视政治环境、自然条件、文化习俗等因素的影响，在发展中国家只关注经济增长，容易导致粗放式发展模式的盛行，造成资源的极大浪费以及生态环境的破坏。

（二）“二维扶贫”观的局限性

经过多年的发展，人们发现“唯经济”的“一维”发展理论与发展中国家经济发展的客观事实不符，只注重经济增长而忽视社会发展，导致社会矛盾愈加严峻，落后国家仍然深陷赤贫的境地。发展经济学家不得不重新审视自身的经济发展理论，在多方面进行修正，将经济增长与社会结构的变革等多种因素结合起来考虑，关注的重点从单纯的经济增长转向经济增长和社会结构变革。联合国的“第二个发展十年计划（1970—1980）”也放弃了仅以国民生产总值作为衡量国家贫富的指标，将就业、收入和财富分配等反映社会状况的指标也纳入了考量的范围。

“二维扶贫”论与“一维扶贫”论，这两个时期西方发展经济学在研究思路、研究策略以及政策建议等方面，都存在较大的区别。“一维扶贫”论时期西方发展经济学比较注重一国发展中社会、经济、结构等特点，其突破了新古典经济学的统一体系，提出了贫困的恶性循环、临界最小努力等特殊理论；而“二维扶贫”论时期，在许多问题分析中，西方发展经济学家重回新古典主义，无论是对计划化的驳斥、重估市场的作用，还是在强调农业的重要性上，都暗含着新古典主义的身影。但这并不意味着对是“一维扶贫”论时期的发展理论和发展策略的全盘否定，也不意味着新古典主义在发展经济学中全面复活。在20世纪40—50年代，发展中国家普遍存在贫困的现象，最为稀缺的必然是资本，在资本有限的情况下，工业必然成为其发展的优先产业，因而加速资本形成，实行工业化和计划化谋求经济上的独立，不仅反映了民族愿望，也符合当时发展中国家经济发展的基本国情。随着经济的发展，发展中国家面临的重任已经转向了结构和社会改革的方面，在沿用“一维扶贫”论时期的经济发展理论已不太合时宜，但如果仅强调市场机制的作用，对经济完全采取自由放任的态度，经济增长的利益在短期内，甚至永远都无法惠及广大民众，因而政府也应该在计划干预、政策管理等方面有所作为。因此，“二维扶贫”论时期的西方经济学家开始逐渐改变自己的看法，开始意识到发展过程中“看不见的手”与“看得见的手”同等重要，理论和政策的观点也逐渐从结构主义向新古典主义演进。但是，这种贫困观否定了经济增长对社会发展的重要性，忽视了工业产业对农业改造的支撑作用，也忽视了不发达国家在经济发展中生产力和生产关系的客观规律。

（三）“多维扶贫”观的局限性

步入20世纪70年代末，欧美一些发达国家陷入了滞胀，而亚洲一些不发达国家经济却得到快速增长，人民生活水准不断提高，温饱已不在是社会关注的焦点。但是随着经济的增长，社会发展进程中所面临问题的负面效应逐渐凸显，一些发展中国家在发展方向、发展方式、发展目标、价值取向等方面都存在问题。在发展方向上，只注重经济增长，而忽视了人的全面发展；在发展方式上，主要采取粗放型发展，而忽视对资源环境的保护；在发展目标上，以效率优先，公平次之；在价值取向上，只关注物质享受，而忽视精神的追求，出现了“金钱迷失”的现象。这些问题引发的社会割裂，阶级对立现象的凸显，引起西方发展经济学家们的反思，重视人的可行能力，重视人与自然的和谐关系成为其研究的焦点，并形成了“以人的自由与社会可持续发展”的发展理念。

此外，自20世纪90年代后期，实证分析方法逐渐成为发展经济学的主流。其中，最典型的是随机对照实验（RCT），在发展经济学界，RCT方法几乎成为研究者的标配。但是，RCT法存在：第一，样本设计量小，因而实验的精度或无偏性不足的问题；第二，RCT的结论是基于局部实验得出，因而RCT实验结果的外部有效性存疑；第三，由于基于RCT法得出的因果关系具有局部性，因而RCT法的可移植性较差。同时，由于RCT实验的成本较为高昂，即使是迪弗洛等操作较为简单的RCT实验，动辄也需耗费上百万的经费。由于耗资较大且可移植性差，使得重复RCT实验的难度较高，因而很难获知基于单个实验的结果是否能够可靠地在不同环境下推广。

第二节　西方发展经济学反贫困思想对我国的启示

贫困作为一个世界性难题，受到各国政府及社会各界的广泛关注。由于贫困问题的历史性、艰巨性和复杂性，贫困在各国的表现形式和严重程度虽然存在着差异，但是本书主要是研究西方发展经济学中有关发展中国家，尤其是南亚诸国贫困形成的机制以及摆脱贫困的路径。中国作为历史文明古国，地处亚洲，影响着南亚诸国国家的文化。中国作为全球最大的发展中大国，正处于相对贫困问题突出和社会矛盾的凸显期，吸收和借鉴西方发展经济学反贫困思想，有助于为我国实现共同富裕，促进社会主义经济发展以及社会主义和谐社会的构建提供理论支撑。西方发展经济学中反贫困思想对我国的借鉴和启示可从微观、中观和宏观这三个层面进行总结和归纳。

一、微观层面：加大人力资本投入，提升个人可行能力

西方发展经济学的反贫困思想认为，个人贫困不应只归结于物质资料的匮乏，更应是可行能力的不足，而贫困者可行能力的缺失大多归咎于他们自身人力资本含量的低下。在舒尔茨看来，人力资本提升的关键在于加大资本投入，尤其是教育的投入，社会应当摒弃传统将教育开支当作消费的观念，将其视为一种生产性投资，这对于个人和国家都具有积极的作用。人是社会与经济发展的首要因素，一个受过良好教育且拥有强健体魄的劳动者更易于获得就业机会。我国十分重视教育，对于教育的投入不断地加大。但是，近年来"毕业即失业""读书无用"在底层百姓兴起的情况引起重视。教育体制相对落后、对职业教育的忽视等均是造成我国人力资源错配的主要原因，也是导致个人陷入贫困窘境的深层次缘由，也是使贫困者无法适应新时代工作岗位的新要求的根源。因此，在扶贫工作时，我们应当注重人力资本的投入，加大对教育、医疗、健康等的投入，以增强贫困者的竞争能力。

（一）调整教育发展模式，实现教育层级的均衡发展

据《2020年中国教育经费统计年鉴》数据，我国2020年教育经费总投入约为5.3万亿元，其中，学前教育为0.36万亿元，义务教育2.43万亿，高中教育为0.84万亿元，高等教育为1.4万亿元。可见，我国基础教育的投入十分充足，基础教育的效果十分良好，人口识字率较高，高等教育也很发达，但中等职业教育投入相对不足。我国的基础教育主要以学习自然科学知识为主，而高等教育则是在中等教育之上的专业教育，主要是以培养高级专门人才为目的的社会活动。然而，实践表明，我国的高等教育主要惠及的是富人，而大多数穷人无法从中受益。据报道，职业院校70%以上的学生来自农村，而高等院校80%以上的学生来自城市。以2021年北京大学本科生源比例为例，农村生源仅占15%。这种教育投入的模式使得穷困人口无法从教育中习得摆脱贫困的能力，使其长期陷入贫困状态。教育是贫困者脱贫的主要途径，要使其发挥重要作用，就需要调整我国目前的教育投入结构，在大力发展基础教育的基

础上，加大职业教育的投入，使教育的益处惠及更多的穷人，具体措施包括：

第一，全面落实义务教育，加大对贫困儿童的帮扶。我国虽然实行九年义务制教育，但是在一些贫困或偏远山区，出于劳动力和短期经济效益的考虑，失学、中途辍学等现象时有发生。因此，我国在加大落实九年制义务教育制度实施的力度的同时，应对于特别贫困家庭上学的孩子适当地发放现金或物质补贴，以鼓励家长让孩子接受教育。此外，儿童正处于生长发育的阶段，贫困导致的营养不良和发育迟缓等会影响和阻碍儿童的健康和智力的发展受限于收入及固有思维贫，穷家长只能确保自己的孩子吃得饱，不关心或者无力关心孩子是否吃得好。根据联合国 2019 年儿童基金会报告①，全球约有 1.1 亿的儿童陷入因缺乏必需营养素而造成的隐性饥饿中。我国也有超 3 亿人正处于“隐形饥饿”②，其中儿童是重灾区。因此，政府应继续加大对贫困地区儿童的帮扶，继续将免费午餐的计划纳入帮扶的常规项目之中。同时，还应当加大对贫困地区教育资源的投入，以改善贫困地区教育教学的条件。

第二，大力发展中高等职业教育。目前，我国的九年义务制教育只能起到“扫盲”的作用，无法给予穷人提供就业所需的技能。贫困地区落后的教学条件和教学质量，使得穷人的子女较少有机会能接受高层次的教育。因而，政府在对贫困地区加大扶持力度的同时，也可以加大对中高等职业教育的投入，对于未能接受中高等教育的毕业生，提供 3—4 年的职业培训，这样既能在一定程度上弥补劳动力职业技能的不足，也能使他们的身心发展得更为健全，避免出现“童工”的现象。此外，在教育体制中还应增加技术、职业、专业的相关培训，为社会培养所需的“专才”。

第三，加强职业技能培训，提升就业能力。对人的改造是当代西方反贫困思想的核心要素之一。针对贫困地区贫困人口受教育不足、现代科技知识缺乏等现状，政府在扶贫工作中应当组织农民参加各种短期培训，引导农民接受和使用科学的耕作方法和机器设备，以培育掌握新技术、新方法的三实型新农民。随着我国经济体制改革的深化以及大量农村剩余劳动的析出，我国将长期面临劳动力过剩的现象。但在劳动力大量供给的背景下，我国却常常出现“用工荒”的情况，劳动力的供给无法有效匹配劳动力的需求，这不仅造成了

① 联合国儿童基金会．2019 年世界儿童状况［OL］．https：//www.unicef.cn/reports/sowc-2019-executive-summary，2019-09-16.

② 李丽丽．全国 3 亿人“隐性饥饿”孩子成为“重灾区”．养生大世界，2017（8）：2.

人力资源的巨大浪费，也成为贫困的重要来源。因而，加强职业技能的培训，有助于提高贫困人口的技术水平，缩短他们就业—失业—就业之间的“空窗期”。

此外，还应提升教师的社会地位和薪资水平，吸引更多优秀人才加入。百年大计，教育为本。教育大计，教师为本。由于社会与经济等诸多因素，近年来许多人都不愿从事教师行业，尤其是当乡村教师，师资队伍因而得不到有效的补充，使得培养和招聘的门槛不断降低，甚至出现了低分免试进师范，出来就当乡村老师的现象。教育质量的沦落，不仅损害了育人的质量也阻碍了经济高效的发展。因此，我国应当提高教师的社会地位和经济地位，让广大教师享有应有的社会声望，这样才能留得住，才能吸引得住一批有才能的人加入教师行业。此外，我国还应当加大对教师培养的力度，从质和量两方面，提高教师队伍的整体素养。

（二）完善医疗卫生保健体系，提高贫困者的身体素质

从人力资本的角度来看，强健的体魄是人力资本发挥作用的前提。因为，健康不仅是个人和社会的一种资本，也是个人可行能力提高和社会经济发展的基础。在对贫困人口进行投资时，需要同时关注智力投资和体质投资，这两者缺一不可，忽视任何一个都会对脱贫攻坚产生不利的影响。埃斯特·迪弗洛的诸多案例表明，不少家庭致贫或返贫的原因就是因为家庭成员生了病，巨额的治疗费成为压死家庭的“最后一根稻草”。此外，体质的强弱在一定程度上也会影响个人择业的范围和机会。因此，在扶贫时，除了加大对贫困人口的智力投资外，还需要重视他们的健康状况，提高贫困者整体的身体素质，其具体包括以下几个方面：

第一，加大医疗保障体系投入，解决贫困人口看病就医难题。目前，我国医疗资源配置处于失衡状态，优质的医疗资源大多集中在经济发达的区域，医疗资源的分配呈现城乡之间、区域之间的差异，贫困地区的医疗服务、资源配置、服务效率等方面都较为低下且无法满足居民的基本需求。虽然，目前我国的保障制度可以报销跨地区治疗的费用，但报销比例远低于当地就诊报销的比例，这在一定程度上限制了贫困地区的居民享受优质的医疗服务。高昂的医疗费用使得许多居民因病致贫或因病返贫，缺医少药成为贫困人口常见的健康状态。因此，我国政府应当加大对贫困地区医疗建设的投入，加强医疗卫生人员的在岗培训，完善贫困人口医疗救助制度，加快推进大病保险制度的建设，以为全民的基本医疗保障兜底。

第二，完善公共卫生服务体系建设，加强疾病预防工作。受自动化思考机制的影响，穷人常常做出错误的选择进而导致严重的后果。由于贫困人口大多生活居住的条件较为恶劣，对于疾病的防控意识不足，使得在许多疾病，尤其是传染病的发病率相对较高，且一旦染病又因为穷困而无法得到有效的治疗。由于寄希望穷人自身的觉醒是漫长的，西方经济学家因而主张外界力量的干预，以打破“贫困的恶性循环”。因此，在扶贫时，我国政府应当大力扶持地方疾控组织的发展，制定提高传染病防控的政策法规，完善公共卫生服务体系建设，加大疾病预防宣传力度，增强人们疾病防控的意识，从而控制和预防传染病及慢性病发生率。

第三，加大优生优育工作宣传力度，提高出生人口质量。人口一直是西方发展经济学反贫困思想热议的主题之一。大部分学者认为穷人倾向于多生，因穷人的资本十分有限，多生将摊低对各个个体的资本投入，在无外力的作用下，穷人将陷入恒久贫困。我国自20世纪70年代初实行的计划生育以来，人口规模已经得到显著控制，出生率不断走低且已低于人口更替的水平。如何在低出生率水平的基础下，提高人口出生的素质是我国目前人口政策的主要任务。虽然自2000年，我国实施的《中共中央国务院关于加强人口与计划生育工作稳定低生育水平的决定》表示：在全国范围内开展出生干预工程，推行优生优育工作。但是由于多种因素的影响，农村地区的优生优育工作质量明显落后于城市。因此，我国应当加大优生优育知识在农村传播的范围和力度，并在孕前、孕后进行干预。在婚前，引导人们重视婚前检查，科普婚前保健知识；在孕中，提供免费检查，实施出生缺陷干预；在孕后，及时回访、帮助和解决家庭养育过程中面临的困难和问题。通过这种全程跟踪式的服务，以提高农村地区婴儿的身体素质和人力资源累积的水平。

（三）加强思想教育，提高反贫困意识

对于个人的贫困，人们褒贬不一。纳克斯和莱宾斯坦认为国家的穷困是个人穷困的诱因，而斯宾塞等人则认为性格或生理缺陷是个人穷困的主因。不管致贫的原因是什么，国际上传统的解决方法都是直接进行资金的救助。可是这种方法只能“治标”而不能“治本”，容易培养出“吃、拿、等、要”观念的懒人。扶贫的工作如果只依靠政府和社会各阶级的合作，而离开了核心要素（贫困者）的积极参与，扶贫的质量和效率将是低下的。因而，在扶贫工作中应当激发贫困人口的能动性，提高他们的思想认识。同时，加大先进脱贫案例的宣传力度，树立学习榜样，调动和激发贫困者的主动性和积极性。此外，转

变以往现金救助的模式，实行以工代赈的帮扶方案，这不仅有助于推动新农村的建设，也能有效避免“懒人”的出现。

由于贫困者在社会中所处的地位一般较为低下，日常除了受到物质生活的压力，还时常会受到自身和外界精神上的压迫，易于造成贫困者自卑、敏感、虚荣等不良心理。因此，扶贫工作的重点不应仅局限于物质资料的获取，还应扩展的心理、精神层面的帮助和关怀。对此我国可以借鉴欧美等发达国家的一些做法，将人文关怀纳入社区服务中，为穷人提供关怀、就业、照顾、帮扶等形式的服务。此外，在扶贫工作时，政府还应当加强思想引领，帮助他们克服心理障碍，以树立起他们自立、自信和自强之心。

二、中观层面：调整产业结构，促进产业间的协同发展

民以食为天，务农重本，国之大纲。农业作为国之根本，不仅是生活资料供应的来源，也是社会稳定、国家富强的基础。但是20世纪50—60年代，由于传统农业生产效率的低下，许多国家纷纷采取大力发展工业，忽视农业，甚至损害农业的发展道路。这虽然在短期内能促进发展中国家工业化发展，但是此种发展模式是不可持续的，落后的农业最终将会制约发展中国家的经济发展。近年来，由于各种原因，我国农业耕地的面积有所下降。据媒体报道，我国十三五期间耕地面积预计将减少7000万亩。我国的玉米、稻谷、小麦这三大主粮的产量从2015年整体上呈现下滑趋势，而粮食进口量连年攀升，从2015年粮食进口总量的1.2亿吨到2022年的1.4亿吨，增长了16.67%。美国前国务卿基辛格曾说“如果你控制了石油，就控制了所有国家；如果你控制了粮食，你就控制了所有的人”。可见，粮食危机将会带来严重的后果。因此，我国应从自身实际出发，采取以下几方面的措施来促进农业和工业的协同发展。

（一）改造传统农业，提供农业生产效率

农业作为国家和社会稳定的根本，其重要性不言而喻。传统农业的资源配置是合理的，但是由于传统农业中增加原有生产要素的投资收益率低，因而无法对储蓄和投资形成足够的经济刺激，从而使得其长期处于停滞和落后的状态，无法成为经济增长的源泉。鉴于此，我国自1949年对传统农业进行改造升级起就致力于现代化新农业的建设，虽然取得了较大的进步，但也存在一定的问题，其主要以下几个方面：（1）劳动力不足，大量青壮年劳动力进城务工，留守人口以“老弱”为主，无法从事较为繁重的农活。（2）生产效率低，

由于耕地分割的碎片化，不适宜使用机械设备进行种植，个体种植粮食仍然以手工种植为主。（3）土地利用效率低，因为耕种的性价比不高，使得一些土地被荒废或被占用，造成土地资源的浪费。为了应对上述问题，我国应从以下几方面着手：

第一，转变农业产业发展模式，从粗放型向可持续发展。我国早期实行的家庭土地承包责任制，在发展初期有利于提高劳动生产效率。但随经济的发展，大量的土地承包者进城务工或者从事其他的产业，导致部分耕地的荒废，同时又由于制度的束缚，土地因而难以流转出去。基于此，我国于2016年10月发布并实施《关于完善农村土地所有权承包权经营权分置办法的意见》，其旨在盘活闲置土地、加强土地资源的合理利用，促进农业产业向集约化模式发展。通过这种发展模式的转变，不仅有助于促进农业技术、农业机械化的广泛运用，也有助于促进农业生产力的提高，推动新型工业化、信息化城镇化、农业现代化的协同发展。在实现农业集约化转向的过程中，我们应当：（1）加大宣传力度，提高人们的思想认识。始终确保农民的主体地位，维护农民的合法权益，加强宣传力度和示范效应，消除农民的顾虑，以调动农民的主动性和创造性。（2）农业主体多元化。引导私人资本、专业合作社、工商企业加入农业领域，鼓励这些经营主体之间相互合作进行专业化、规模化经营，以加快农业现代化的进程。（3）促进土地流转市场化。建立健全的土地流转制度，搭建土地流转平台，规范市场运行机制，在维护农民的合法权益的同时，解放农村劳动生产力。

第二，严守土地红线。随着科技发展，单位土地的亩产出量有所突破，但是土地耕种面积的减少以及对粮食需求的增长，加剧了粮食供给与需求之间的差距，导致我国粮食进口总量年年攀升，我国也正逐渐成为粮食第一进口大国。农业作为国之根本，对社会稳定、国家安全起着重要的作用。因此，我国应当坚守18亿亩耕地的红线，将其视为“约束性”指标，不可以突破，并强化对耕地质量的保护，防治补充耕地数量和质量不到位的问题等。此外，我国还应坚持农村土地集体所有制度，这是农村基本经营制度的根本，任何个人和组织都无权进行干预。当集体土地被征收或流转时，应当切实保障集体成员的知情权、表决权和管辖权，确保农民集体的主体地位，防止权力寻租、腐败的滋生。

（二）调整农村产业结构，解决三重“空心化”问题

在我国，产业结构在城乡之间、区域之间发展不平衡的问题仍然存在。40

多年现代化进程的胜利果实，主要被东部沿海等城市分享，中部、西部等地区较少获得机会和收益，这使得经济欠发达地区人口的大量流出。与此同时，城市化的飞速发展创造着大量的工作机会，形成的“虹吸效应”不断吸收着农村剩余的劳动力，并由此引发了贫困地区三重“空心化”问题。一重是“人口空心化”，在经济理性的驱动下，贫困地区的人口选择“出走”进城务工，大量的青壮年劳动力持续外流，农村常住人口以老人和儿童为主，导致农村空巢老人和留守儿童问题较为突出。二重是“居住空心化”，大多数农民常年在外工作，只有重要的节假日才会返乡。同时，受传统习俗等因素的影响，大多数农民会拿出大部分外出务工所得新建房屋，但是却又不拆除旧的房屋，造成“人走屋空”“外扩内空”等现象。三重是“产业空心化”，大多数农民工作在外、消费在外，农村的产业发展缺乏人力和物力的支持，对产品的需求也不足，使得农村经济发展乏力甚至趋于停滞。为了解决农村“空心化”的问题，国家可以从以下几方面着手：

首先，应加大政策扶持力度，缩小地区之间差距。为了打破“贫困的恶性循环”，我国早期的发展以“效率优先”，着重对东部沿海地区进行了大量的资金和政策的支持。随着市场经济的发展，“改革春风”吹到了中西部等内陆城市，但是在较长时间内却始终忽视对农业和农村的发展。我国是一个农业人口大国，对农业和农村经济的关注与投入，必然会影响脱贫的效率和对发展成果的分享。因此，在扶贫工作中，政府应当加大对农村的财政转移支付，实行优惠的投资政策，鼓励本村居民留在当地发展，同时也吸引外部资本对农业和农村进行投入。

其次，发展劳动密集型产业，创造就业机会。虽然我国实行多年的计划生育政策，但“人丁兴旺”的传统思想在农村仍有一定的市场。由于人口基数大，我国农村剩余劳动力也较多，但大多人力资本素质较差。国际经验表明，对于人口众多而资源匮乏的国家，其产业结构必定会经历从劳动力密集型向资本技术密集型产业的过度。基于我国农村丰富的人力资源，我们应当优先考虑发展劳动力密集型产业，充分发挥劳动力优势，解决就业问题。同时，加大对农村地区公路、铁路、医院等公共设施的建设，减弱或消除贫困地区的回波效应，缓解地理上的二元经济结构。此外，农村就业机会的增加，会吸引农民返乡工作，有助于维持农民家庭结构的完整，缓解空巢老人和留守儿童等社会现象。

最后，大力发展第三产业，提高就业容量。随着专业化程度的深化，会导致对第三产业需求的增长。1978 年，我国就业人口中只有 12. 2%从事第三产业，而2021年则占就业人口的48%，第三产业一跃成为吸纳就业的第一主体。相较于欧美等发达国家超过70%的人口从事第三产业，我国第三产业的发展还存在较大的发展空间。第三产业具有准入门槛低，就业容量大的特点。据统计，我国第三产业每上涨1%，就会增加130万个就业岗位。其中，第三产业中的酒店业、旅游业、服务业等对劳动力素质需求的弹性较大，有助于不同层次尤其是受教育层次较低的下岗职工和年龄偏大的就业困难群体。此外，随着我国老龄化、家庭小型化和分工专业化的发展，对于养老、医疗、家庭服务需求的日益增加，市场前景巨大。因此，大力发展第三产业，是解决我国就业问题的重要途径。在发展的同时，还应加大信息网络建设，实时公布就业信息，减少因信息不对称导致的搜寻成本和迁移成本的增加。

三、宏观层面：转变发展模式，强调人与社会可持续发展

随着社会发展，西方发展经济学反贫困思想的重心也从初期的个人资本投入和国民经济增长，逐渐演变成人与社会的可持续发展。这种和谐的脱贫模式是建立在经济、政治、文化等自由的基础之上。要想实现这些自由，实现人与社会的共赢，我国可以从以下几个方面着手：

（一）完善社会保障制度，为贫困筑底

迄今为止，世界上绝大多数国家建立了社会保障制度，欧美等发达国家保障制度相对较为全面和完善。其意义在于：一旦社会成员因为病痛、生育、年迈等等各种原因暂时或永久性的失去收入来源时，该制度可以为人们提供最基本或最低限度的生活需求。我国的社会保障制度虽然也在不断地发展，但是成形时间相对较晚，法制建设滞后，保障覆盖面也较为狭窄。直至今日，我国都缺乏一部整体的社会保障制度的法律法规。社会保障制度作为社会良好运行的“减震器”，保障了社会成员基本的生存底线，是国家经济发展和社会和谐的重要保证，也体现了一定的社会价值取向。可以说，建立完善的社会保障制度，是实现国家长治久安和满足贫困人口最低需求的前提，也是各国体现人文关怀和反贫困的一个重要制度保障。

森十分重视社会保障制度，其认为社会保障制度可以改善贫困人口的生活状况，减少贫困的发生。1993年，我国在上海试点最低生活保障制度，后随即在全国范围内进行推广，但是我国最低生活保障的水准始终落后于最低工资和GDP的增长水平。以上海为例，1994年上海最低生活保障线是135元/月，2022年上调到1420元/每月，而最低工资水平在1994年是220元/月，2022

年则是 2590 元/月，上海 GDP 在 1994 年为 1990 亿元，到 2022 年则高达 44652.8 亿元。可见，我国最低生活保障标准的涨幅低于最低工资上涨幅度，更远低于经济的增长，居民尤其是下层阶级并没有分享到经济发展的成果。因此，在综合考虑经济水平、财政转移支付能力、通胀程度等因素后，通过科学的测算适当的调整最低生活保障水平，并将其调整常规化、制度化，使下层阶级也能共享发展的果实。

同时，随着工业化、城市化进程的加快，大量的人口从农村或欠发达的地区流向了城市或发达地区。我国部分保障制度是按照属地管理原则执行，因而无法将这些流动但符合所在城市最低生活标准的居民纳入保障的范围。当他们处于贫穷困境时，就无法享受到“贫困安全网”的保护。因而，我国应扩大低保制度覆盖的范围，让人人都公平的享有社保制度的权利。同时，应依据收入水平而非户籍归属地作为衡量最低生活保障线的标准。

（二）改革户籍制度，实现权利平等

计划经济时期形成的户籍制度，人为导致了城乡之间的割裂，制约劳动力和资本自由合理的流动。尽管随着经济的发展，各级政府逐渐放宽了户籍管理制度，缓解了外地流动人口就业的问题。但是，对于一线大城市（北京和上海）外来人口的落户条件极其严苛，对于前来务工的农村人口来说，根本是无法触及的。他们虽然为城市发展贡献了力量，但是因为户籍的制约使得他们及其后代无法享受本地居民同等的学习、就业、社会福利等权利，并逐渐被社会的发展“边缘化”。因而，改革户籍制度，是保障外来人口获得平等权利的前提，是认可他们的贡献，防止贫困扩大化的基本途径。

首先，我国应逐步改善现有户籍制度，向城乡一体化户籍制度迈进。1958 年，出于控制城市人口的增长的需求，我国实行了城乡二元户籍管理制度，人为导致了我国城乡二元经济结构。二元户籍管理制度，在改革发展初期，虽然对控制城市规模，促进城市经济高速的发展起到了积极的作用，但是，制约了城乡一体化发展，扩大了城乡之间的差距。城乡差距的扩大，不仅不利于减贫事业，也不利于社会的和谐发展。因此，应当打破造成城乡割裂的二元户籍管理制度，建立城乡一体化的户籍管理制度，有助于促进人口的自由流动和城乡之间的和谐发展。

其次，消除户籍上的不平等待遇，实现权利平等。我国很多的福利待遇是按照属地原则执行的，这意味着大多数外来人口是无法享受当地居民享有的一些利益和权利，这形成了外来和当地人口事实上的不平等。这种不平等，在一

定程度上剥夺了人可行能力提升的自由。我国宪法规定：不论出生、民族、性别、职业、社会地位等，人人均享有一切平等的权利和义务。但是广泛存在的户籍歧视，不仅不利于公民平等权利的保障，还引发了诸多的社会矛盾，同时，还限制了劳动力的自由流动，使得我国贫困问题始终难以解决。因此，我国应取消户籍造成的歧视性政策，剥离户口附加造成的就业、教育、福利待遇等各方面的差别。

（三）加快税收制度改革，兼顾公平与效率

1978 年，以市场为导向的体制改革释放了经济发展的动力，人们的生活水准得到了极大的改善。但是，随着制度的改革和经济的发展，收入分配的差距不断扩大，社会分配不平等日益恶化，贫困问题也日益严重。收入差距的过分悬殊，会对个人、企业和社会生产的积极性形成抑制，阻碍国民经济持续有效的运转。因此，在分配领域，应当实行合理的税收机制，防止收入分配的两极化，将收入差距控制在合理的范围内，兼顾公平和效率，是缓解贫困问题，也是缓解社会矛盾的内在要求。西方贫困经济学家从收入分配出发，通过采取以下措施，来兼顾经济的增长和分配的公平。

第一，落实减税政策，促进经济的良性循环。自 1994 年实行分税制改革后，我国居民可支配收入增加了 8.9 倍，而财政收入却增加了 29.6 倍，若算上土地出让、社保收入、预算外收入等，我国政府的“宏观税负”收入增加了 44.6 倍。我国企业税负在全球 189 个国家中排名倒数第二。个人和企业税负的高企，由此引发了消费的不足或降级，以及大批企业的关停和倒闭清算。因此，为个人和企业减税，调动经济的活力是全社会的共识。虽然我国近年来对外宣布了一系列的减税政策，但据官方统计资料，我国个人和企业所得税、增值税、消费税等均达到了 13%以上的增长，而同时期 GDP 增长为 6.8%。因此，政府应当做到：（1）确切落实减税政策，使得财政收入的增长低于 GDP 的增长以及居民收入的增长；（2）降低增值税、所得税、消费税等的税率，加大征税的起点以及各档次之间的差额。

第二，加强监管力度，避免偷税、漏税。税收是调节分配和再分配的重要工具，完善税收制度，加大执法力度，对于避免贫富差距悬殊、缓解社会矛盾起到了积极的作用。我国自 1980 年开征个税以来，在个税的征管执行不到位，偷税、漏税现象严重。据统计，我国实际缴纳个税的人口占总人口不到 2%，而且主要是以工薪阶级为纳税主力，而高收入人群反倒缴纳较少。这种穷者多缴，富者少缴的不正常现象，会加剧贫富差距的扩大，不利于社会的和谐发

展。因此，从税收调节的角度来看，必须完善征税程序，加大监管力度，强化税收的分配作用，缓解因贫富悬殊而导致的社会现实问题，确保“兼顾公平与效率”的原则的落实。

参考文献

一、中文文献

（一）报告

［1］国际劳工组织．世界就业和社会展望：2016 年趋势［R］．北京：中国财政经济出版社，2018.

［2］联合国开发署．1997 年人类发展报告［R］．北京：中国财政经济出版社，1997.

［3］欧共体委员会．向贫困开战的共同体特别行动计划的中期报告［R］．1993，第 98 卷．

［4］世界银行．1990 年世界发展报告［M］．北京：中国财政经济出版社，1991.

［5］世界银行．1990 年世界发展报告［R］．北京：中国财政经济出版社，1991.

［6］世界银行．2000/2001 年世界发展报告［R］．2000/2001 年世界发展报告翻译组，译．北京：中国财政经济出版社，2001.

［7］世界银行．1981 年世界发展报告［R］．《世界发展报告》翻译小组，译．北京：中国财政经济出版社，1983.

（二）论文

［1］陈可．亚当·斯密眼中的贫困［J］．云南社会科学，2011（1）：56-58.

［2］陈可．亚当·斯密与阿马蒂亚·森贫困观比较研究［J］．湖南大学学报（社会科学版），2011（6）：119-122.

［3］陈力军．改革开放撞击着“贫困恶性循环”的怪圈［J］．西北师大学报（社会科学版），1993（4）：98-101.

［4］陈淑华．贫困地区经济发展的客观约束［J］．求是学刊，1998（1）：42-45.

[5] 国家统计局中国城镇居民贫困问题研究课题组．中国城镇居民贫困问题研究［J］．统计研究，1991，8（6）：12-18.
[6] 郭申阳．诺特斯坦人口思想的一个重大变化——“人口转变论”札记［J］．人口与经济，1985（3）：57-58.
[7] 黄荟．阿玛蒂亚·森的贫困概念解析——以他的自由发展观为视域［J］．江汉论坛，2010，000（001）：141-144.
[8] 黄国勤．中国扶贫开发的历程、成就、问题及对策［J］．中国井冈山干部学院学报，2018，11（3）：117-124.
[9] 姜汝祥．莱宾斯坦的落后经济理论与中国贫困地区发展［J］．开发研究，1992（5）：22-24.
[10] 蒋谨慎．论阿玛蒂亚·森对贫困理论的变革［J］．社会科学家，2017（5）：41-45.
[11] 李芳，王涛．基于阿玛蒂亚·森“能力贫困”的精准扶贫困境研究［J］．世界农业，2018（2）：190-194.
[12] 李丽丽．全国3亿人“隐性饥饿”孩子成为“重灾区”［J］．养生大世界，2017（8）：2.
[13] 李明忠．贫困的经济学分析：要素流转视角［D］．上海：复旦大学，2007.
[14] 李孝．摆脱贫困的思考［D］．长春：吉林大学，2008.
[15] 李学术．从创新视角对舒尔茨贫困经济学的再认识［J］．中国软科学，2007（7）：105-114，146.
[16] 李雪妍．“玻璃人”的世界：以饥饿为例透视“无法摆脱”的贫穷——从《贫穷的本质：我们为什么摆脱不了贫穷》一书谈起［J］．青年时代，2016（21）：65.
[17] 刘博．脱贫经济理论研究［D］．长春：吉林大学，2011.
[18] 刘利．欠发达地区县域走出“纳克斯困境”的路径［J］．北方经济，2008（7）：67-68.
[19] 刘小畅．软政权下的发展困境——关于缪尔达尔在《亚洲的戏剧》中对南亚经济问题的论述［J］．求实，2014（A01）：43-45.
[20] 马新文．阿玛蒂亚·森的权利贫困理论与方法述评［J］．国外社会科学，2008，000（002）：69-74.
[21] 尚玥佟．发展中国家贫困化理论与发贫困战略［D］．北京：中国社会科学研究生院，2001.

[22] 宋德勇，张瑾．埃斯特·迪弗洛对发展经济学的贡献［J］．经济学动态，2015（12）：121-130.
[23] 孙祈文．马克思恩格斯对马尔萨斯贫困理论的批判［J］．学理论，2011（7）：80-81.
[24] 童星，林闽钢．我国农村贫困标准线研究［J］．中国社会科学，1994（3）：86-98.
[25] 王清．刘易斯与舒尔茨经济发展理论比较研究［J］．经济纵横，2011（1）：20-24.
[26] 王文．联合国四个发展十年战略评析［J］．国际论坛，2001，3（3）：35-41.
[27] 王朝明．社会资本与贫困：一个理论框架的解释［J］．当代经济，2009，000（017）：11-13.
[28] 王稚文，华小琴．低水平均衡陷阱与临界最小努力理论模型探析［J］．西北成人教育学报，2012（3）：54-56
[29] 王成峰．正义还是人道：贫困治理中一个亟待解决的问题［J］．华中科技大学学报（社会科学版），2019，033（004）：24-29.
[30] 薛芳．庇古福利经济学伦理思想探析［D］．南昌：江西师范大学，2005.
[31] 杨黛．论布阿吉尔贝尔的经济思想及其现实意义［J］．广东教育学院学报，2003，23（3）：35-38.
[32] 杨虎涛，徐慧敏．演化经济学的循环累积因果理论——凡勃伦、缪尔达尔和卡尔多［J］．福建论坛·人文社会科学版，2014（4）：28-32.
[33] 杨守涛．穆罕默德·尤努斯的社会企业思想研究［J］．陕西行政学院学报，2012，26（2）：71-74.
[34] 杨维．庇古福利主义伦理思想研究［D］．南昌：江西师范大学研究生院，2013.
[35] 叶普万．贫困经济学研究［D］．西安：西北大学，2003.
[36] 叶兴庆，殷浩栋．发达国家和地区的减贫经验及启示［J］．西北师大学报：社会科学版，2020，57（4）：7.
[37] 张静．马尔萨斯的贫困观——评马尔萨斯的《人口原理》［J］．赤峰学院学报（汉文哲学社会科学版），2010，31（7）：50-53.
[38] 赵黎青．非政府组织与可持续发展［M］．北京：经济科学出版社，1998：22.
[39] 朱霞梅．反贫困的理论与时间研究——基于人的发展视角［D］．上海：

复旦大学，2010.
[40] 邹丽兵．贫困的另一种诠释：权利的获得与剥夺——兼评阿玛蒂亚·森贫困理论［J］．内江科技，2011，32（2）：27，24.

（三）著作

[1]（春秋）左丘明．春秋左传正义（卷第四十七）［M］．李学勤，编．北京：北京大学出版社，2000.
[2]（东汉）许慎．说文解字（第二册卷十二）［M］．汤可敬，编．北京：中华书局，2020.
[3]（东汉）郑玄，贾公彦，注疏．十三经注疏·周礼注疏（卷第十六）［M］．李学勤，编．北京：北京大学出版社，1999.
[4]（战国）庄子．庄子浅注（修订本）［M］．曹础基，编．北京：中华书局，2000.
[5] 丁冰．瑞典学派［M］．武汉：武汉出版社，1996.
[6] 傅殷才．制度经济学派［M］．武汉：武汉出版社，1996.
[7] 鲁友章，李宗正．经济学说史［M］．北京：人民出版社，2003.
[8] 谭崇台．发展经济学概论［M］．武汉：武汉大学出版社，2001.
[9]［德］马克思．资本论［M］．曾令先等，译．南京：江苏人民出版社，2011.
[10]［德］马克思，政治经济学批判．马克思恩格斯全集［M］．北京：人民出版社，1962：41.
[11]［德］马克斯·韦伯．新教伦理与资本主义精神［M］．成都：四川人民出版社，1986.
[12]［法］布阿吉尔贝尔．布阿吉尔贝尔选集［M］．伍纯武，梁守锵，译．北京：商务印书馆，1984.
[13]［法］布阿吉尔贝尔．法国详情及补篇［M］．伍纯武，译．北京：商务印书馆，1981.
[14]［法］布阿吉尔贝尔．谷物论 论财富、货币和税赋的性质［M］．伍纯武，译．北京：商务印书馆，1979.
[15]［美］凡勃仑．有闲阶级论［M］．蔡受百，译．北京：商务印书馆，2016：54.
[16]［美］蕾切尔·卡逊．寂静的春天［M］．吕瑞兰，李长生，译．北京：京华出版社，2000.

[17] [美] 劳埃德·雷诺兹. 微观经济学分析和政策 [M]. 马宾, 译. 北京: 商务印书馆, 1982.

[18] [美] 哈维·莱宾斯坦. 经济落后与经济成长 [M]. 赵凤培, 译. 北京: 中华书局, 1957.

[19] [美] 哈里·兰德雷斯, 大卫·C·柯南德尔. 经济思想史 [M]. 周文, 译. 北京: 人民邮电出版社, 2011.

[20] [美] 丹尼斯·米都斯. 增长的极限 [M]. 李宝恒, 译. 成都: 四川人民出版社, 1984.

[21] [美] 欧文·费雪. 资本的性质和收入 [M]. 谷宏伟, 卢欣译. 北京: 商务印书馆, 2017.

[22] [美] 西奥多·W. 舒尔茨. 报酬递增的源泉 [M]. 李海明, 赵波, 译. 北京: 中国人民大学出版社, 2016.

[23] [美] 西奥多·W. 舒尔茨. 改造传统农业 [M]. 梁小民, 译. 北京: 商务印书馆, 1987.

[24] [美] 西奥多·W. 舒尔茨. 论人力资本投资 [M]. 吴珠华, 等, 译. 北京: 北京经济学院出版社, 1990.

[25] [美] 威廉·伊斯特利. 权威政治 [M]. 冯宇, 邓敏, 译. 北京: 中信出版集团, 2016.

[26] [瑞典] 冈纳·缪尔达尔. 亚洲的戏剧——南亚国家贫困问题研究 (重译本) [M]. 方福前, 译. 北京: 首都经济贸易大学出版社, 2000.

[27] [瑞典] 冈纳·缪尔达尔. 世界贫困的挑战——世界反贫困大纲 [M]. 顾朝阳, 等, 译. 北京: 北京经济学院出版社, 1991.

[28] [印度] 阿比吉特·班纳吉, [法] 埃斯特·迪弗洛. 贫穷的本质: 我们为什么摆脱不了贫穷 [M]. 景芳, 译. 北京: 中信出版集团, 2018.

[29] [印度] 阿玛蒂亚·森. 贫困与饥荒——论权利与剥夺 [M]. 王宇, 王文玉, 译. 北京: 商务印书馆, 2001.

[30] [印度] 阿玛蒂亚·森. 生活水准 [M]. 徐大建, 译. 北京: 上海财经大学出版社, 2007.

[31] [印度] 阿玛蒂亚·森. 以自由看待发展 [M]. 任赜, 于真, 译. 北京: 中国人民大学出版社, 2002.

[32] [英] 阿瑟·赛西尔·庇古. 福利经济学 [M]. 朱泱, 等, 译. 北京: 商务印书馆, 2006.

[33] [英] 乔治·拉姆塞．论财富的分配 [M]．李任初，译．北京：商务印书馆，2022.
[34] [英] 约翰·梅纳德·凯恩斯．就业、利息和货币通论 [M]．陆梦龙，译．北京：商务印书馆，2009.
[35] [英] 托马斯·马尔萨斯．人口原理 [M]．陈小白，译．北京：华夏出版社，2012.
[36] [英] 伯纳德·曼德维尔．蜂蜜的预言（第一卷）[M]．肖聿，译．北京：商务印书馆，2016.
[37] [英] 约翰·穆勒．论政治经济学若干未定问题 [M]．张涵，等，译．北京：商务印书馆，2016.
[38] [英] 斯密·亚当．国民财富的性质与原理 [M]．赵东旭，丁毅，译．江西：江西教育出版社，2014.
[39] [英] 亚当·斯密．道德情操论 [M]．蒋自强，钦北愚，等，译．北京：商务印书馆，2009.
[40] [英] 伊丽莎白·拉蒙德．论英国本土的公共福利 [M]．马清槐，译．北京：商务印书馆，1989.
[41] [英美] 拉格纳·纳克斯．不发达国家的资本形成问题 [M]．瑾斋，译．北京：商务印书馆，1966.
[42]《唐诗鉴赏大全集》编委会．唐诗鉴赏大全集 [M]．北京：中国华侨出版社，2010.
[43] 中共中央马克思列宁恩格斯斯大林著作编译局，译．马克思恩格斯文集（第二卷）[M]．北京：人民出版社，2009.
[44] 中共中央马克思列宁恩格斯斯大林著作编译局，译．马克思恩格斯文集（第三卷）[M]．北京：人民出版社，2009.
[45] 中共中央马克思列宁恩格斯斯大林著作编译局，译．马克思恩格斯文集（第五卷）[M]．北京：人民出版社，2009.
[46] 中共中央马克思列宁恩格斯斯大林著作编译局，译．马克思恩格斯文集（第一卷）[M]．北京：人民出版社，2009.
[47] 中共中央著作编译局，译．马克思恩格斯全集（第十三卷）[M]．北京：人民出版社，1962.
[48] 中共中央著作编译局，译．马克思恩格斯全集（第四卷）[M]．北京：人民出版社，1958.

（四）电子文献

[1] 国务院办公厅. 国务院办公厅关于进一步动员社会各方面力量参与扶贫开发的意见 [OL]. http://www.gov.cn/govweb/zhengce/content/2014-12/04/content_9289.htm, 2014-12-04.

[2] 联合国. 第二个联合国发展十年国际发展策略 [OL]. https://www.un.org/zh/documents/treaty/A-RES-2626（XXV）, 1970-10-24.

[3] 联合国. 第三个联合国发展十年国际发展策略 [OL]. https://www.un.org/zh/documents/treaty/A-RES-35-56, 1980-12-05.

[4] 联合国. 第四个联合国发展十年国际发展策略 [OL]. https://www.un.org/zh/documents/treaty/A-RES-45-199, 1990-12-21.

[5] 联合国. 各国经济权利和义务宪 [OL]. https://www.un.org/zh/documents/treaty/A-RES-3281（XXIX）, 1974-12-2.

[6] 联合国. 建立新的国际经济秩序宣言 [OL]. https://www.un.org/zh/documents/treaty/A-RES-3201（S-VI）, 1974-05-01.

[7] 联合国. 最不发达国家问题会议报告 [OL]. https://documents-dds-ny.un.org/doc/UNDOC/GEN/N82/069/24/PDF/N8206924.pdf? OpenElement, 1981-09-01.

[8] 联合国. 变革我们的世界：2030 年可持续发展议程 [OL]. https://www.un.org/zh/documents/treaty/A-RES-70-1, 2015-09-25.

[9] 联合国. 发展权利宣 [OL]. https://www.un.org/zh/documents/treaty/A-RES-41-128, 1986-12-04.

[10] 联合国. 联合国千年宣言 [OL]. https://www.un.org/zh/documents/treaty/A-RES-55-2, 2000-09-08.

[11] 联合国. 蒙特雷共识 [OL]. https://www.un.org/zh/documents/treaty/A-CONF-198-11, 2002-03-22.

[12] 联合国儿童基金会. 2019 年世界儿童状况 [OL]. https://www.unicef.cn/reports/sowc-2019-executive-summary, 2019-09-16.

[13] 联合国开发计划署. 2016 年人类发展报告 [OL]. https://www.docin.com/p-2042379516.html, 2016-03-21.

[14] 中共中央，国务院印发. 中国农村扶贫开发纲要（2011—2020 年）[OL]. http://www.gov.cn/gongbao/content/2011/content_2020905.htm, 2011-12-01.

二、外文文献

(一) 报告

[1] CPAG. Poverty in Scotland 2014: The independence referendum and beyond [R]. CPAG Scotland, 2014.

[2] United Nations Development Programme (UNDP). Human development report 1997 [R]. New York: Oxford University Press, 1997.

(二) 论文

[1] American Psychological Association (APA). Resolution on poverty and socioeconomic status [J]. Roeper Review, 2003, 25 (3): 103-105.

[2] Banerjee A., Duflo E. The economic lives of the poor [J]. The Journal of Economic Perspective, 21 (1): 141-167.

[3] Banerjee A., Duflo E. An introduction to the "Handbook of Field Experiments" [J]. Handbook of economic field experiments, 2017, 1: 1-24.

[4] Coleman J S. Social capital in the creation of human capital [J]. American journal of sociology, 1988, 94: S95-S120.

[5] Curran L. The psychology of poverty: Professional social work and aid to dependent children in postwar America, 1946-1963 [J]. Social Service Review, 2002, 76 (3): 365-386

[6] Czibere I. The sociological context of poverty [J]. Metszetek-Társadalomtudományi folyóirat, 2014, 3 (1): 151-168.

[7] Dalton P S., Ghosal S., Mani A. Poverty and aspirations failure [J]. The Economic Journal, 2016, 126 (590): 165-188.

[8] Duflo E., Chattopadhyay R. Women as policy makers: evidence from a randomized experiment [J]. Working Papers, 2010.

[9] Ellis H S., Nurkse R., Haberler G., et al. Equilibrium and growth in the world economy: economic essays [J]. Journal of Political Economy, 1963, 44 (4): 503.

[10] Feagin, J. Poverty: We still believe that god helps who help themselves [J]. Psychology Today, 1972 (6): 101-129.

[11] Foster J., Greer J., Thorbecke E. A class of decomposable poverty measures

[J]. Econometrica, 1984 (3): 761-766.

[12] Fraser M W. Risk and resilience in childhood: an ecological perspective [M]. Washington, DC: NASW press, 1997.

[13] Garmezy N. Stress-resistant children: The search for protective factors [J]. Recent research in developmental psychopathology, 1985, 4 (19): 213-233.

[14] Harper D J. , Wagstaff G F. , Newton J T. , et al. Lay causal perceptions of third world poverty and the just world theory [J]. Social Behavior and Personality: an international journal, 1990, 18 (2): 235-238.

[15] Karlan D. , McConnell M. , Mullainathan S. , et al. Getting to the top of mind: how reminders increase saving [J]. Management Science, 2016, 62 (12): 3393-3411.

[16] Kukk K. (Re) Discovering Ragnar Nurkse [J]. Kroon and Economy, 2004 (1): 45-51.

[17] Leibenstein H. Allocative efficiency vs "X-efficiency" [J]. The American economic review, 1966: 392-415.

[18] Lott B. Cognitive and behavioral distancing from the poor [J]. American Psychologist, 2002, 57 (2): 100.

[19] Loury G C. Intergenerational transfers and the distribution of earnings [J]. Econometrica: Journal of the Econometric Society, 1981, 49 (4): 843-867.

[20] Lummis C D. Development against democracy [J]. Alternatives, 1991, 16 (1): 31-66.

[21] Miller S M. , Roby P. Poverty: changing social stratification [J]. The concept of poverty, 1971: 124-145.

[22] Moreira V. Poverty and psychopathology. In S. Carr & T. Sloan (Eds.), Poverty and psychology: from global perspective to local practice [J]. NewYork: Kluwer Academic/Plenum Publishers, 2003: 69-86.

[23] Nasser R. , Abouchedid K. , Khashan H. Perceptions of the causes of poverty comparing three national groups: Lebanon, Portugal, and South Africa [J]. Current Research in Social Psychology, 2008 (7): 101-118.

[24] Nurkse R. Causes and effects of capital movements [J]. International Investment, 1933: 97-116.

[25] Nurkse R. Some international aspects of the problem of economic development [J]. The American economic review, 1952, 42 (2): 571-583.

[26] Oppenheim C. Poverty: the fact [J]. Child Poverty Action Group, 1993 (08): 101-108.

[27] Orshansky M. How poverty is measured [J]. Monthly Labor Review. 1969, 92 (2): 37-41.

[28] Pearl A. The poverty of psychology: an indictment [J]. Psychological factors in poverty, 1970: 348-364.

[29] Rankin B H., Quane J M. Neighborhood poverty and the social isolation of inner-city African American families [J]. Social forces, 2000, 79 (1): 139-164.

[30] Richard R N. A theory of the low-level equilibrium trap in underdeveloped economies [J]. The American Economic Review, 1956, 46 (5): 894-908.

[31] Wolf J P. Sociological theories of poverty in urban America [J]. Journal of Human Behavior in the Social Environment, 2007, 16 (1-2): 41-56.

[32] Young A. Increasing returns economic progress [J]. Economic Journal, 1928 (38): 527-542.

（三）著作

[1] Alcock P. Understanding poverty [M]. London: Macmillan Press, 1993.

[2] Bronfenbrenner U. The ecology of human development: experiments by nature and design [M]. Cambridge: Harvard university press, 1979.

[3] James S. Duesenberry-income, saving, and the theory of consumer behavior [M]. Cambridge: Oxford University Press, 1949.

[4] Hirschman A O. The rise and decline of development economics [M]. Cambridge: Cambridge University Press. 1981.

[5] Jefferson P N. The Oxford handbook of the economics of poverty [M]. Oxford: Oxford University Press, 2012.

[6] Jeffrey S. The end of poverty: economic possibilities for our time [M]. New York: Penguin, 2005.

[7] Lal D. The poverty of "development economics" [M]. Cambridge: Harvard University Press. 1985.

[8] Lewis O. Five families: Mexican case studies in the culture of poverty [M]. New York: Basic books, 1975.

[9] Murray C. Losing ground: American social policy, 1950-1980 [M]. New

York: Basic books, 2008.
[10] Myrdal G. An American dilemma: The negro problem and modern democracy [M]. New York: Harper & Bros, 1944.
[11] Myrdal G. Economic theory and underdeveloped regions [M]. New York: Harper & Row, 1957.
[12] Piven F F., Cloward R. Regulating the poor: The functions of public welfare [M]. Vintage, 2012.
[13] Poynter J R. Society and pauperism—English ideas on poor relief, 1795-1834 [M]. Toronto: University of Toronto Press, 1969.
[14] Rowntree B S. Poverty: a study of town life [M]. New York: The Macmillan company, 1901.
[15] Theodore W. Schultz. Investing in people [M]. Berkeley: University of California Press, 1981.
[16] Townsend J. A dissertation on the poor laws [M]. Berkeley: University of California Press, 1971.
[17] Townsend P. Poverty in the United Kingdom: a survey of household resources and standards of living [M]. Berkeley and Los Angeles: University of California Press, 1979.

（四）电子文献

[1] Ragnar Nurkse. Ragnar Nurkse: Trade and Development [OL]. http://universitypublishingonline. org/anthem/ebook. jst? bid-CBO9781843318187
[2] The World Bank. Ending extreme poverty and sharing prosperity: progress and policies [OL]. https://openknowledge. worldbank. org/bitstream/handle/10986/23604/Ending0extreme0rogress0and0policies. pdf? sequence = 1&is Allowed=y/
[3] World Bank. World development report 2015: Mind, society, and behavior [OL]. https://documents. worldbank. org/en/publication/documents-reports/documentdetail/126291473335233501/world-development-report-2015-mind-society-and-behavior